21世纪高等学校规划教材

终身学习与职业生涯发展

（第2版）

◎ 夏海鹰 吴南中 彭飞霞 编著

人民邮电出版社

北京

图书在版编目（ＣＩＰ）数据

终身学习与职业生涯发展 / 夏海鹰，吴南中，彭飞霞编著. -- 2版. -- 北京：人民邮电出版社，2013.9
21世纪高等学校规划教材
ISBN 978-7-115-32561-7

Ⅰ. ①终… Ⅱ. ①夏… ②吴… ③彭… Ⅲ. ①终生教育－高等学校－教材 Ⅳ. ①G72

中国版本图书馆CIP数据核字(2013)第177405号

内 容 提 要

本书主要介绍了现代社会中终身学习、职业生涯发展的知识，引导读者找到切合自身职业发展的方向和路径，切实地帮助读者在终身学习的知识经济格局中有所成长。本书主要内容包括现代社会与人的发展、职业发展的能力和素质、终身学习与职业发展、终身学习：需要来自外界的力量、职业教育：如何面对职业变化的挑战、规划自己的人生：未雨绸缪等。

本书适合大学生、职场新人、再就业人群等需要了解终身学习，需要进行职业生涯发展规划，跟上社会发展速度，应对职业变化和职业危机的读者阅读，也适合作为本、专科各个专业通识课程的教材。

◆ 编　著　夏海鹰　吴南中　彭飞霞
　　责任编辑　桑　珊
　　责任印制　焦志炜

◆ 人民邮电出版社出版发行　　北京市丰台区成寿寺路 11 号
　邮编　100164　电子邮件　315@ptpress.com.cn
　网址　http://www.ptpress.com.cn
　大厂回族自治县聚鑫印刷有限责任公司印刷

◆ 开本：700×1000　1/16
　印张：13　　　　　　　　2013 年 9 月第 2 版
　字数：263 千字　　　　　2025 年 8 月河北第 43 次印刷

定价：31.00 元

读者服务热线：(010)81055256　印装质量热线：(010)81055316
反盗版热线：(010)81055315

前　言

手机闹钟 7 点钟准时响起，一边启动电脑，一边打开收音机收听早间新闻；随后，一边刷牙洗脸，一边把吐司面包丢进面包机准备早餐。速度、效率、多变、危机，21 世纪的生活已与这些词汇紧密关联，你我的世界，每天都在以类似早晨的这一幕诠释着这些词汇。要应对这样的生活，持续不断地学习，已然成为了生活的一种必需。

知识经济时代的到来正在使个人职业生涯发展的关键落脚于参与终身学习的成效。或许这时你仍然不以为然，因为你觉得你的知识用于你的职业恰好够用，或许还游刃有余。但还不需要打开此书，你的不以为然就能被击破。回想一下新进来的同事吧！他们总能以一些娴熟的技能解决某些你看上去很棘手的问题，比如熟练的计算机盲打能力用一个小时就解决了你原本预算一个上午的文件整理，熟练的检索能力让你为茫然不知道往哪里投的稿件找出适合的杂志社并把论文投递出去，货比三家的网购能力解决了你正头疼的办公室设备购买问题。且不说他们拥有的最新的专业领域的知识和能力，即使是类似这样的生活技能已经带给你不小的压力，或许这个时候，你已经隐约感觉到自身知识的一些欠缺，对终身学习有了那么一丝迫切的希望。但是当你深入到工作中遇到各种无能为力的事情而承受各方面的挑剔时，当这些压力悉数转化为动力时，属于你的职业生涯发展的终身学习时代已经到米。

我们无法对你的专业技能一一提出指导，那是专业培训和终身学习体系需要做的事，我们试图为你的职业发展与终身学习提供一些帮助。首先，我们在前 3 章为你描述了现代社会与人的发展、职业发展需要的能力和素质、终身学习视角下的职业发展，希望能让你在这 3 方面有所解惑；其次，我们用第 4 章尝试为你寻找方法，终身学习需要哪些来自外界环境的保障在这里可以找到答案；再次，在第 5 章中我们给你介绍了完备的职业教育生涯，有助你更好地做出个人的职业生涯规划；当然，这条需要你不断学习前进的职业生涯之路是无法做到按部就班的，但我们仍然可以未雨绸缪地尽可能详细地作出个人规划，这将有助于我们减少前进的阻力，这也就是我们第 6 章的主要内容。

有这样一句话："世界上有许多事情不愿意做，又不得不做，这就是责任。"本书付梓之际，我们却想说："世界上有许多事情愿意去做，又有机会，这是幸福。"此书的编撰，于我们正是这样一件幸福的事。首先南旭光博士指导设定了本书从目录到风格的大方向，认定了终身学习的价值，尤其是在职业生涯发展方面，提出要寻找一个平衡点，既体现终身学习的理论，同时兼顾对职业生涯发展的指导意义。其次，本书受到重庆市高等教育教学改革研究重点项目"应用型人才培养的创新型教材开发研究——以远程开放教育为例（1202102）"研究资助，项目组对创新型教材的编写理念在本书中得到了体现。

在本书的撰写过程中，我们参考了国内外许多文献和资料，在此对其作者表示衷心的感谢。由于编者水平有限，难免有不妥和疏漏之处，敬请广大读者批评指正。

编　者
2013 年 4 月于重庆

目　录

第 1 章　现代社会与人的发展

第 2 章　职业发展的能力和素质

第 3 章　终身学习与职业发展

第 4 章　终身学习：需要来自外界的力量

第 5 章 职业教育：如何面对职业变化的挑战

第 6 章 规划自己的人生：未雨绸缪

LIFELONG LEARNING

AND CAREER DEVELOPMENT

第 1 章

现代社会与人的发展

科学技术的进步将会给人们的生活带来巨大的影响，人们要不断适应这种时代的变化，而不要坐等未来，失去自我发展的良好机会。

——比尔·盖茨（Bill Gates）

※章节引语

从 2010 年 10 月初开始打电话到上海联通预约 iPhone 4 起，石静已经和对方销售人员保持电话、短信往来两个月了。她几乎每周都催问对方什么时候到货，得到的总是似是而非的答案，"可能下周"、"就过几天了"……

可到现在为止，她仍在等待。

她并不知道，在国内和她一样处于茫茫无期等待状态的预约用户，一度多达 60 万，且每天还在以 8 000 到 10 000 万的速度增长，而联通的铺货速度，始终跟不上不断爆发的需求。

石静的同学 Antia，并不想买联通的套餐 iPhone4，只想买一台单机，但同样找不到"货源"，苹果官方商店始终是缺货状态，淘宝上一些打着"现货"旗号的卖家，却奇货可居地动辄售价六七千元。

Antia 在 3 个多月前，把玩了同事从美国带回的 iPhone4 之后，决定抛弃用了三年的诺基亚 N72 手机，加入"爱疯"大军，理由是"方便上网、玩游戏、看书……"

中国联通销售总经理在 2010 年 12 月接受媒体采访时表示，目前联通版 iPhone 4 的预定情况依旧火爆，日均预订量超过 1 万人，截至目前，联通版 iPhone 4 共计售出约 130 万部。

苹果公司 iPhone4 的全面缺货，只是当下智能手机火爆的一个生动个案。

除此之外，基于谷歌 Android 操作系统的摩托罗拉、三星、HTC 等公司的智能手机也在市场上获得垂青。以摩托罗拉公司的"Milestone"为代表的经典款型，同样也是不时断货。

市场调研机构 IDC 的保守估计，2010 年中国智能手机销量将突破 2600 万部。而赛迪顾问更是乐观预测，到 2011 年，智能手机的市场规模将接近 7000 万台。而在今年前三个季度中，全球智能手机发货量为 2.006 亿部，与去年同期的 1.196 亿部相比，增长 67%。

根据中国移动的测算，2010 年的数据流量比去年增长了 150%以上，有的省份增长超过 200%～300%乃至更多，主要原因就是智能手机的大量应用。

于是乎，多年来"只闻楼梯响"的移动互联领域，似乎让业界等到"终见君下楼"的那一刻。

在中国，被卷入这股潮流的，除了联想等手机厂商外，更多还是在 iPhone、Android 等智能手机平台上的应用开发者们。已投身参与其中的，除了一些中小创业企业，还有几乎所有互联网巨头。

如影随形的，还有形形色色的资金。就在 2010 年 11 月，IDG 和网龙成立 5000 万美元的移动互联网专项投资基金，专注投资这个领域；联想也宣布，推出 1 亿元的"乐基金"，专注投资国内移动互联应用团队。

而当下这种状态，路透 Insight 专家石安，称之为移动互联的"爆发前夜"——（智能手机）用户快速增长，在未来几年逐步普及，可能 3～5 年之后，就是移动互联应用领域的真正爆发之时。

资料来源：陈中小路，iPhone4：三个月卖了 130 万台[N] .南方周末.2011-01-06

2010 年，手机市场的格局悄然发生改变：6 月 7 日，苹果公司首席执行官史蒂夫·乔布斯在苹果全球开发者大会上推出最新的第四代 iPhone 手机，整个世界为之疯狂，疯狂的苹果粉丝冲进苹果体验店，"一机难求"的局面在全球出现。时隔不久，曾经的手机业界霸主诺基亚，于 2010 年 10 月，裁员 1 800 人。事实上，这次裁员并没有将诺基亚拉出苦海，2011 年 11 月 18 日，诺基亚完成了与工会关于裁员问题的谈判，截止到 2012 年底，诺基亚将继续裁员 1 700 人。而这一系列的举动能否让诺基亚这个老牌手机帝国起死回生我们还得拭目以待，但诺基亚从此坠落神坛是不争的事实，尽管诺基亚采取了多种应对策略，包括高层调整和市场的重新布局，甚至放弃了自己经营了多年的塞班系统，并停止了对 MeeGo 系统的研发，转而和微软的 WP 系统结成战略联盟。但是一切的一切，无法阻止一个神话的终结。

然而这所有的一切，并非完全没有征兆。任何一个企业，不管曾经创造了多少传奇，拥有过多少忠实的拥趸，在谓之于信息时代的当今社会，在战略层面一有闪失，就会失去发展的先机，大厦就会轰然倒地。

我们将视线投到个人命运的路线：曾经遍地都是的国字头企业倒闭的信息已经罕见，而下岗职工无论是就业再培训还是在招聘中享受一定的优惠的政策却还停留在我们的视野。一度很辉煌的国企倒闭我们可以解释，受集体经济体制自身的桎梏只能接受被市场淘汰的命运，而生活在城市每一个角落的下岗职工以及毕业就失业的大学生们，为何不能在社会主义现代化的建设事业中找到自己的位置？

□ 终身学习由应然走向必然

吉林省社会科学院于 1998 年 10 月在长春市对下岗职工进行问卷调查，从调查中发现，具有正规大学专科毕业的下岗职工的再就业比例远远高于低层次学历的职工。如果说已有教育程度才是再就业的关键，而认为这个结果的呈现并不具备太多意义的话，我们可以看另外一组数据：参加过就业培训的下岗职工的再就业率为 36.1%，而未参加过培训的再就业率为 18.4%。[①]再就业培训能提高下岗职工的职业技能，能让原来形成的职业特点发生一定的转变，增加了其对社会职业需求的适应性，因而是否参加过再就业培训对能否实现再就业影响很大。职工下岗作为某个历史序列中的一个小阶段，而随着科学技术的快速发展和社会的进步，人类社会拥有的知识总量迅速增长，知识发展和更新的速度大大加快，学习和教育必须贯穿于人的一生。有专家估计，最近 20 年来人类社会所创造和积累的知识总量，已经相当于甚至超过过去 20 世纪知识量的总和。有的专家甚至预测，未来30 年人类的科技知识总量将在现在基础上再增加 100 倍。在这种情形下，人们必须适应信息时代的发展，不断地更新和丰富自己的知识结构，才能不迷失自我。在农业经济时代，我们只需要 5 年到 7 年的学习，就能满足一生工作的需要，而在信息技术高度发达的知识经济时代，我们要不断把学校教育延长到生命的整个过程才能满足。这个时候，学习的场所就不仅仅是学校，而是拓展到了家庭、社区和工作地点，以及每一个你所会出现的地方。

速度、多变、危机

如果让你来描述当今的世界，你会用什么词汇？或者你想到了压力、多彩、变化等。无可非议，这些都是当今社会的一些特征。有人曾很传神地用 3 个词汇来描绘当今的这个世纪：速度、多变、危机。

速度

再也没有哪个词能比速度更深入到人们的思想里。铁路提速、地铁开通、高

---

① 苗兴状，影响下岗职工再就业的因素分析[J]，江南论坛，2001 年 12 月

速路、效益、快餐、速溶咖啡、一次性用品等，各种东西指向一个目标：速度。当我们谈起改革开放所取得的成绩的时候，我们也习惯用 GDP 的快速增长、变化的日新月异、发展的蒸蒸日上、经济增长的速度、转型的速度、改革的速度等来描述。"速度"正悄然改变着人们的生活方式并在未来较长的时期内仍然是主要的影响因素。有学者[①]从交通速度、网络通信速度和创新速度三个维度研究"速度"如何改变并推动中国的经济发展。这种观点认为交通速度的升级为经济发展的"血液"提供了畅通的管道，改变了人们的观念和生活方式，极大地推动了经济发展；网络通信速度的加快拉近了与世界的距离，使中国参与全球化的过程直接迅捷，并在全球互动中实现共赢；创新速度的提升缩小了中国与世界的技术差距，充分体现了发展中国家的后发优势。生活里速度的改变也让大家兴奋，大家手舞足蹈地谈论着速度的变化。如地铁的开通，从那里到那里就少了多少时间；高铁的建设，远距离的旅游就多了一个安全快捷的交通方式给我们选择了；各种速成班，更是出现在城市的每一个角落，成了生存遇到困境的人的生活希冀。然而和速度相关的这一切，隐含了一种我们无法忽视的焦虑，不仅是单个人的焦虑，而是整个社会都存在的焦虑。而这样的焦虑不是空穴来风，有专家指出，到 2020 年，知识的总量是现在的 3 倍到 4 倍；到 2050 年，目前的知识占届时知识量的 1%。在农业经济时代，人们只需要接受小学教育，有会记账和写对联的秀才就行了；在工业时代，人们需要大学教育，需要能开得动机器的技术员；而信息社会，机械的自动化程度得到了前所未有的提升，生产线不需要多少工人了。以往"一考定终身"的人才选拔体制明显过时，"一次受教育终身受益"的年代已经过去。人们不得不改变自己的知识结构，不断地学习。有的教育培训机构，打出了这样的广告语："未来唯一持久的优势，就是你有能力比你的竞争对手学习得更快。"又是一个快！

多变

"我是一个后知后觉的人，地铁通了之后，我才知道，这里在修地铁。好快啊，听说一年多就修好了！""城区种植了很多的银杏树，变得漂亮多了"。"又换工作了"。"股票又涨了！"……变化充斥于我们生活的世界里的每一个角落，对于改革开放的中国显得更加特别，下面罗列一些我们能深刻体会到的变化。

高考。1977 年是中国才子们的狂欢年，高考的大门重新开启，这仍是中国人

---

① 黄鹏，"速度改变生活"与科技引领发展[J].发展研究，2009 年 12 期

改变命运的最重要路径。以 2008 年高考的录取率为例，最高的省份达 76.8%，即使是最低的省份，也有 33%。这和 30 年前相比，已是天壤之别。

倒爷。1979 年后，国家实行原材料价格改革，形成了所谓价格"双轨制"。"双轨制"是"倒爷"阶层形成的重要原因，另一个原因是中俄边境贸易的开放，造就了"国际倒爷"。当年一句流行的谚语是"十亿人民九亿倒，还有一亿在寻找"。"倒爷"虽被人诟病，但在客观上融化了计划经济的坚冰。

打工潮。1984 年，中共中央一号文件规定"允许务工、经商、办服务业的农民自理口粮到集镇落户"，20 多年严苛的城乡隔绝体制终于有所松动。此后几年间，大批农村剩余劳动力向乡镇转移。20 世纪 80 年代末 90 年代初，随着沿海地区的开放，农民涌向沿海的大城市。1992 年邓小平南巡之后，打工潮呈波澜壮阔之势。最近的《经济学人》杂志预测，中国剩余劳动力 10 年内不会枯竭。于是我们的春运就成了世界最大规模的人口大迁移，不是因为自然灾害，不是因为战争，而更像自然灾害，更像战争。

炒股。1990 年底，上海证券交易所和深圳证券交易所相继成立，从此股民成为一个庞大的群体，在不同的时期上演着各自的悲喜剧。

下海。同样是受南巡讲话的影响，1992 年在政府的中低层官员中出现了一个下海经商热，据《中华工商时报》的统计，当年度全国至少有 10 万党政干部下海经商。

留学。20 世纪 80 年代以及 90 年代前期，中国海归主要是在科技教育领域做出了贡献。到了 1990 年代后期，当代海归在创业方面开始发挥突出作用。

新经济。新经济时代，一批网络新贵以迅雷不及掩耳之势崛起，与之前"92派"不同，他们的企业与政商几乎毫无瓜葛。

海选。当李宇春成为超女冠军时，她不经意间完成了中国人命运改变的民主转型，尽管在某种程度上这只是一种商业的幻象。

中央电视台有个叫《社会记录》的栏目曾放映过一部叫做《巴士阿叔》的短片，主人公那句很有意思的"你有压力，我有压力，未解决，未解决"曾在国内引起了不小的轰动。的确，过快的变化，对每一个人的压力都很大。有学者[1]曾系统地就城市农村的生存环境、科技的发展、文化的更新给人造成的极大压力的现象指出：由于城市的过度拥挤、经济发展的不平衡、贫富差距的拉大，这些伴随

---

[1] 夏海鹰，吴南中，心理学与健康生活，外语教学与研究出版社，2011 年 6 月 1 日

着社会发展而来的问题使人们对未来充满怀疑，信息科技的使用，让人温情急剧变少。我们每天面对各种真的、假的、有用的、没用的信息的狂轰滥炸，每天需要处理大量超过人们阅读能力、分析能力和决策能力的信息。中国青年政治学院副院长陆士桢通过对社会人群的调研发现："社会变迁给予了青年更多的发展机会，也给他们带来了更多的困惑。"在超越温饱以后，20 多岁的年轻人在精神方面也会遇到更多的烦恼。关于社会变迁给人带来的机会和挑战，我们后面有具体的章节会专门谈到。我们这里需要说的是这样的变化，急需我们具备一种能力——适应未来的变迁的能力，这种能力我们只能从终身学习中获得。

危机

未知的变化对人类本身就是一种危机，特别是当我们转身看别人的时候，这样的危机真实地现身于我们的周围。我们会为未来的不确定更加胆战心惊，实际上，变化和发展孕育着危机。比如，随着社会的发展，科研成果转化为产品、商品的周期缩短，生产模式随着自动化程度的增加，很多工种消失了。据有关调研显示，在 1990～2005 年期间，发达国家原有的技术工种消失了近 8 000 个，而与此同时，产生了 6 000 个新的技术工种，以往那种人们梦寐以求的"终身事业"和经过学校培训"一次性充电"就受用终身的情况一去不返。其实不只是制造业自动化给人带来的问题，随着全球化和信息化的发展，危机潜伏在我们周围的每一个角落，而且变得更加迅速和凶猛。除了个人的生存危机，世界性的发展危机也在我们身边出现，特别是进入 21 世纪以来，世界范围内的重大危机此起彼伏，九一一事件、伊拉克战争、SARS 爆发、禽流感、炭疽病毒爆发、破坏力极大的地震、局部战争等。越来越多的人认识到，重大危机的出现是一种必然，其可能性和破坏力将越来越多，正在或即将给人类社会带来深远的影响。有学者对世界性的发展危机发生的必然性从以下几个方面做了分析。

1. 人类的需求大大提高。特别是对自然物质和科技的依赖性大大提升，这种变化增加了人类社会的脆弱性，人类社会和自然之间的问题一旦有任何处理不当，就会是危机产生的原因。尤其是人类对能源的依赖无以复加，很多国家为了自己的能源安全，动用一切可以动用的力量，有的甚至不惜发动战争。所以，有专家指出，每一场战争的后面，都有无数双盯着能源的眼睛。

2. 可持续发展是近年来国际上尤其是中国流行的词汇，也是人类发展历程中逐步认识到的理想的发展状态。而在过去的几百年的人类发展历程上，我们没有做到可持续发展。不仅如此，很多累积的问题如全球变暖、荒漠化、物种灭绝等可能在 21 世纪集中爆发。2004 年对两栖动物、蝴蝶、植物和鸟类进行的多项大规模研究发现，植物和动物的多样性正在下降。其实生物多样性的下降对我们来说已经不是什么新闻了，就算从 1973 年联合国环境规划署的《濒危物种国际贸易公约》算起，我们对生物多样性的关注也有 30 多年了。而逐年严重的问题，使我们不能闭上眼睛当做视而不见：2004 年，全球 155 589 种物种遭受灭绝的威胁。其中，32%的两栖动物，约 45%的水龟、陆龟，12%的鸟，23%的哺乳动物，大约三分之一的鲨鱼，18%的鲸，正面临着灭绝的危机[①]。

3. 随着全球化和信息化进程的发展，局部危机越来越容易演变为全局性的重大危机。美国气象学家爱德华·罗伦兹曾很富有诗意地用"蝴蝶效应"来描述在动力系统中，这种初始条件下微小的变化能带动整个系统的长期和巨大的连锁反应：南美洲亚马逊河流域热带雨林中的一只蝴蝶，偶尔煽动几下翅膀，可以在两周之后引起美国得克萨斯州的一场龙卷风。这个描述，在全球化和信息化进程的发展过程之中得到了验证：局部的危机能造成全局性的重大危机已经不是传说中的那扇动翅膀的蝴蝶，而是活生生的事实。如 2011 年 10 月，由于泰国一次洪灾的影响，造成全球电脑硬件市场价格大幅上扬，特别是硬盘和内存，涨价速度让人难以接受。很多通过预售渠道接受预定手机的商家，不得不降低出货量。

4. 全世界应对重大危机的经验不足，准备不够。进入 21 世纪以来，世界范围内重大危机接连不断，给人类社会带来了严重危害。在我国，各种危机事件让我们措手不及，非典疫情、禽流感、北京大雪、城市暴雨……在我国，危机应对也不时成为社会各界讨论的热点问题。"从公共卫生的突发事件，到企业的运营困境，我们的社会可谓是'危机四伏'。"上海交通大学宋苏晨博士如是说。然而我们对危机发生时的准备却是远远不够的。无论是日本海啸中的核电站，还是在风雨中摇曳的希腊财政，重大危机没有减少的趋势，我们也没有形成多少有效的经验。危机，我们还在不停地面对和遭受。

这种世界性的大危机引发的各种变化，或许对你的生活没有多少改变，你也不准备对此有多大的关注。可是我们不能不提醒你，没有一个企业、没有一个单位、没有一个职位是绝对安全的。破产和失业会成为 21 世纪一个最时髦的词，如果你不相信，可以走向人才市场去看看滚滚人流，任何一个有编制的工作都会引来很多人的关注。

当我们描述了 21 世纪现阶段的许多问题时，也许你会觉得坐立不安。然而坐

① 刘莉，多样性下降：自然的"贷款"何时还[N]，科技日报，2005.1.26

立不安不是我们的目的，我们只是描述了眼前的境况。应对这样的境况我们不是没有办法，聪明的你也可以从很多事情中看出端倪。即使裁员，那些能力突出的人也不会被裁掉；退一步，即使被裁掉，有些人也能够通过一定的培训或者自我学习调整，顺利进入别的工作岗位。我们需要什么？才能卓立于人群中，时刻让我们充满竞争力？

读《教育，财富蕴藏其中》

有一首著名的寓言诗《农夫和他的孩子们》里面有这样一句话，"千万不要把祖先留给我们的产业卖掉，因为财务蕴藏其中"。祖先留给我们的产业是什么呢？其中究竟蕴藏着怎样的财富？1996 年，雅克·德洛尔代表国际教育委员会向联合国教科文组织提交了一份《教育——财富蕴藏其中》的报告，极大地引起了大家的关注。这份报告引起最多关注的原因很大程度上是阐述了教育存在的价值，是财富的蕴藏之地：教育在个人发展和社会发展中都起着基础性的作用，它虽然不是灵丹妙药，也不是打开一个可以万事如意的理想世界的神奇魔方，但它是促成更深刻、更和谐的人类发展并借以减少贫困、排斥、愚昧、压迫和战争的主要手段之一。以全球化为主宰的未来将会带来很多长期的矛盾：世界与地方的矛盾，全体与个体的矛盾，传统与现代的矛盾，长远利益与眼前利益的矛盾，竞争与机会均等的矛盾等等。不管民族文化是如何多样，也不论社会组织制度如何，但是一个挑战是四海皆通的，那就是重铸创造并保持社会和谐的民主埋想。

在这种情况下，终身学习是 21 世纪挑战的必然。雅克·德洛尔在报告中提出，支撑教育的 4 个支柱分别是学会认知、学会做事、学会生存和学会共同生活。我们可以发现，在这 4 个支柱的基础上，所有社会都应迈向一个必然的理想王国，在这个"王国"里，每一个人像宝库一样被深埋的才能能得到充分的开发而不致被埋没。

学会认知

将掌握足够广泛的知识与深入研究少数学科相结合。学会学习，以利用一切学习的机会。学会认知，不仅要重视分类的系统化知识的获取，而且要学会掌握认知的手段；学会认知，不仅要通过考试，取得好成绩，而且应该有意识地培养自己的思维能力和创造能力；学会认知，还要拓展自己的视野，在各个领域汲取知识养分，提升学习能力，拓展探索空间。

学会做事

学会做事，也就是不仅要有专业的知识，而且还要具备应用专业知识的能力。

也就是说除了获得专业资格外，获得能够应付许多情况和集体工作的能力，除了具备处理常规事务的能力，还应该培养自己的创新能力。学会做事的能力，不仅是学会实际动手操作的技能，更重要的是要具备一种综合而成的能力，协作能力、交际能力、适应能力、管理能力、应变能力和解决矛盾的能力。

学会共同生活

了解与自身不同的文化和价值观。能倾听他人的意见和建议。在学习和生活的冲突中，增进对他人的了解和相互依存。中国现阶段大量独生子女涌入职场，共同生活的问题受到极大的挑战，很多 80 后、90 后因为缺乏这种和别人沟通相处的能力，不得不离开自己的岗位。比如《杜拉拉升职记》中那个被迫离开公司的王蔷，就是一个典型的因为无法和周围职场的人共同生活而丢了自己的工作的人。

学会生存

充分发展自己的人格。不断增强自己的自主性、判断力和个人责任感。对创新的需求的增长要求我们充分注重发展各种潜能：记忆、推理、美感、体力、交往等等，一个不能少。

这篇报告还从全新的视角探讨了学习的阶段及沟通这些阶段的桥梁，借此新的方法，教育制度将更多样化，而每种教育制度的价值将更加得到提升。如果说普及基础教育是一种绝对的必需，那么，中等教育在年轻人各自的学习道路上和在社会的发展过程中，就有着不可或缺的作用，而高等教育机构以及和它同样层次的社区教育则应多样化，以充分发挥它们作为知识中心、作为专业培训场所、作为终身学习的关口、作为国际合作伙伴的功能和使命。强调了教师的关键作用和改善其培训、社会地位和工作条件的必要性。在一个日益受技术左右的世界，必须同时强调利用技术以服务于教育的方法，强调如何培养人去掌握技术以服务于生活和工作。通过广泛的对话和增强各级教育所有受益方的责任感和参与程度来调整改革的战略，将是教育革新的一个关键因素。

社会可持续发展

毋庸置疑，尽管前面提出了人类的发展没有真正做到可持续发展的现况，但可持续发展仍然是当代人类主流的发展观。因为它摒弃了那种仅仅将自然资源的开发当做是社会经济发展节点的旧观念，把社会发展看做是人与自然的和谐发展，将自然资源的开发和社会资源、人力资源开发结合起来，充分认知到了人力资源开发和发挥人的创造力对社会发展的基础性、战略性和决定性意义，而终身学习则是可持续发展的推动力。

如果仅仅从物质支持来思考社会的可持续发展会没有退路。道理很简单，如果仅仅从物质的层面来思索可持续发展，就忽视了人在发展中的主观能动性。社会可持续发展其实可以分解为人和社会各个方面的可持续发展，人是可持续发展的主体，而社会结构、社会关系等其他方面是可持续发展的客体。也就是说，"客体"的发展是为"主体"的发展提供物质手段和前提的，而人的发展，无论是素质的普遍提高，还是潜力的充分发挥，在知识经济时代，都需要人们不断增加新知识，掌握新技术，创造新经验。只有这样，才能有效地将个人学习、个人需要和社会教育、社会发展有机结合起来；只有整个生活范围之内最大限度地利用、开发社会资源和每一个人自身的资源和智力资源，才能最有效地通过教育和学习手段推进人与社会的可持续发展。

更多的支持

对终身学习成为 21 世纪的必然的判断，不仅是《教育——财富蕴藏其中》孤零零提出的。1968 年，赫钦斯发表了《学习社会》一书，提出 20 世纪应该实现新的教育和社会——学习社会。即"就是任何时候不只提供定时制的成人教育，而且以学习、成就、人格形成为目的成功地实现着价值的转换，以便实现一切制度所追求的目标的社会。"英国学者贾维斯也曾这样描述："学习社会曾是依附终身教育而来的一种理想。在此社会中，提供所有社会成员在一生任何时间均有的充分的学习机会。因此，每个人均通过学习，充分发展自己的潜能，达成自我的实现。"[1]我国台湾学者胡梦鲸也认为：学习化社会将是一个以终身教育体系为基础，以学习者为中心，人人均能终身学习的理想社会。在描述学习化社会的特征中，我们可以从中认识到，教育与学习远远超出了学校的范围，充盈于社会的各个角落。在这样一个社会，新型的学习组织将会产生，是应对社会的"快速、变化、危机"而生的，它必然会是人类生存权利的必要基础。无论是政府、企业还是个人，终身学习已经成为了一种大众意识。当我们审视这个时代的时候，也可以隐约地发现，传统的思想、习惯，陈旧的知识和快速折旧的技能，会将人推向无知的边缘。

---

① Jarvis peter.An International Dictionary of Adult and Continuing Education,Londan:Routiedge,1900.p199

唯有居安思危，增强学习能力，构建学习化社会才能使人类不断向前发展。

终身学习，由应然变成了必然。

□ 人的一生面临着更多的选择

近 10 多年是中国经济快速发展的一段时间，国内生产总值由 1998 年的 84 402.3 亿元增长到 2010 年的 397 983 亿元，后者相当于前者的 4.71 倍。不管我们对 GDP 这种评价模式有多少反面的意见，但是 GDP 这种枯燥的数据对经济发展有着生动而具体的阐释。

政治家和经济学家所说的发展，是关于各种经济指标的增长，投入与产出比例的变化，能源消耗、碳排放的减少。而对于社会学家，或者是人文社会科学研究者来看，是考察人们对自己的生活机遇和生活动机是怎么理解的。当我们对经济增长和社会变化进行深度考察的时候，我们可以发现，我们生活的社会发生了一些非常重要的，甚至谈得上是根本性的变化。多年以来，我们习惯以"改革"为坐标，将之前的发展称之为改革开放前，之后称之为改革开放后。这个定位是重要而且准确的，因为改革开启了中国社会的历史性的变化。比如在 20 世纪后期，中国每年的 GDP 增长速度一直保持在 7%以上。这为我们的生活提供了丰富的选择，我们可以深切地体会到，人的一生面临着更多的选择。

生活方式

"兄弟，我现在面临一个重大难题，对于我来说，异常困难，让我早晨在床上的时候纠结挣扎了半天，我想起了你，我最好的朋友，你能给我出出主意吗？你说我早晨是吃牛肉面还是排骨面呢？"这是朋友转发的一条短信，冷不然会让人笑出声来，略带夸张的郑重其事，充满了幽默的智慧。然而仔细想想，物质世界的极大丰富，确实给人们生活方式带来了很多的选择。

服装是一个时代最为鲜活生动的特殊印记。当我们将时光的镜头缓缓倒回，我们可以发现由当下色彩斑斓、个性张扬的服饰潮流回溯而上，会掠过那曾经清一色的"蓝海洋"、"军装绿"、"黑粗布"，点击任意一个镜头，展开的都是一幅纪实的历史画卷。然而不管怎么变化，我们总是能勾勒出一些时代特征，但是如果请你来为现代社会的服饰潮流做一些精要的概括的话，估计你只会想到"个性"之类包容性极大的词汇。

　　食物的变化也能让我们体会深刻，电视剧《血色浪漫》有一个镜头让我们忍俊不禁：主人公之一的袁军父母因为文化大革命被隔离，袁军用自己从家里"顺来"的古董换来的钱，买了一桶冰激凌和朋友一起吃，吃到大家一起拉肚子。之所以会出现这样的场面，走过那段岁月的人都会有体会，在肚子没有填饱的年代，那些东西对他们是多大的诱惑。随着社会的发展，食品物品都极大丰富，往往是我们面对着菜单什么也不想吃，或者走进菜市场的时候什么也不想买。在80后的小夫妻中，决定买什么菜经常成为小两口一个又一个比"选择牛肉面还是排骨面"更为"艰难的决定"。

　　当我们同龄人在抱怨房价的高涨的时候，都会义愤填膺地诅咒房地产商的极度不善良。可当我们去思索中国住房条件的变迁、住房条件的变化时，感想也是深刻的。在三四十年前，一个家庭在20多平方米的小房子里住着十几个人的现象非常普遍。有的为了赶上单位福利分房，匆忙结婚，有的因为没有能赶上分房，甚至出现极端行为。那时候要得到房子的手段无外乎是3种：等、靠、要。等国家建房，靠组织分房，要单位给房。现在绝大多数家庭（除从农村流入城市的人群），住房条件得到极大的改善。住房观念已经由原来的"有没有房子住"，变成了"住什么样的房子"。

　　在出行方面，这几年给人的视觉和听觉的刺激就更多了，动车、高铁、磁悬浮列车等高科技的事物，轻松的融入我们的生活。笔者所在的城市，两年前还在为以后要不要买车而纠结。不买，城市的公交拥挤让人无法忍受，而买，高昂的费用让钱包无法忍受。现在不存在这个问题了，多条轨道交通通行了之后，出行得到极大的改善，虽然地铁上也很拥挤，但是心里有底，知道自己能在什么时间到达某个地方。即便是轨道不能到达的地点，由于轨道交通的分流，打出租车也容易了很多，而且更多的轨道正在修建之中，可以想象，未来的交通会顺畅很多。而出远门，就更轻松，可以坐上列车，体会缓慢前进的旅途中变化的风景；也可以钻进飞机，体会古人"一日千里"的梦想；有的地方，甚至还可以坐上轮船，体会和风习习和温凉惬意。

　　以上所说的，都是人们生活方式发生的变化。**生活方式**是经济、政治、文化、习俗、地理特征等多种因素经过长期冶炼而成的，在一个地区、一个群体中有一定稳定性的群体特征。然而这种稳定性在改革大潮的冲击下，也发生了深刻的变化。这些变化中，既有现代，又有传统，既追求时髦，又墨守成规。在这种矛盾的冲击下，很好地去适应和应付矛盾是一件很困难的事情，如何去适应这种变化万千的生活方式，需要不断去学习。

职业选择

上梅中学对面的那条小街转角处有一个姓李的师傅开的专门做学生生意的饭店，虽然说是做学生生意的，却是年代久远。笔者的叔叔和姐姐都曾在饭店的门口进去和出来，只是在不同辈分人的眼中，对这家饭店的看法也不同。在叔叔眼里，那是用省下来的钱和粮票去打牙祭的好场所，在我们这一代人的眼里，只是一个不甘心去食堂吃苍蝇而转战到这里的场所。

因为这里的马路要扩建，很快这里就要拆迁了。饭店的主人在我们吃饭的时候时常说起，过两年你们回母校的时候，就看不到这个饭店了。后来听说由于补偿的缘故，李师傅进了县里的电力局，由于无一技之长，后来又进了电力局的食堂。日子还算是过得快乐，唯一担心的是一对双胞胎女儿。

铺面已经没有了，没有考上大学的女儿一直在寻找自己的位置。李师傅曾努力托关系想将她送进部队，后来没有成功。李师傅一直期待着女儿能找一份正当的职业，没想到女儿迷上了钢管舞，成天周转于各个舞场之间，衣着稀少，与钢管热切地接触，面对着台下无数挥动的手臂和疯狂呐喊，而觉得浑身充满力量。李师傅一直想让女儿学点别的，脱离那种被别人注视的生活，但是女儿却一个劲地嘲笑父亲的老土。让李师傅不解的是，自己的另外一个闺女，成绩超群，举止文静，研究生毕业后在某大城市有着一份在他眼中非常体面的工作，她却在这个问题上和自己持有截然不同的观点：对自己的双胞胎姐姐眼中的"事业"异常支持。

李师傅怎么也不明白，生活方式在这一代人的眼中竟然和自己有这么大的差异。笔者的语文老师也是在同一职位上度过了 19 年，虽然教材不断地在变化，可是他的教法却大体上没有任何的变化。我因为涉及一个新课程改革的问卷去找他时，他还很得意地告诉我："不管以后怎么改，只要给我三尺讲台，我就可以上课了。"当新课改推行之后，我又去找他，问到了他新课程的适应程度，他一脸的茫然，然后开始感叹："老了，教不动了。"这是社会给他的被动选择，让他觉得不适应，可是还有一部分人，生活却不是这样子。

其实有很多像李师傅的女儿的人，在公务员迷和国企迷之外选择。"淘宝大学"就是一个鲜活的例子，义乌有一所职业学院，淘宝做得好，可以免修学分。随着职业的稳定性已经在渐渐降低，从上文中提到的中国职业稳定性的变化我们也可以感知，上辈很多人一辈子在一个职位上，而现在这种情况已经少见。包括中国在内，世界各地职业都变得更加不稳定。美国一家科研机构，对美国职业稳定性方面收集了一些数据，说明就业稳定性正在逐渐衰退。

◆ 50 年前，一份工作的平均寿命是 23.5 年。到 1996 年，这一数字降低为 3.5 年。也就是说，如果你 20 岁开始工作，等你 32 岁的时候，你大概已经换了三四份工作，到你退休的时候，你可能换过不少于 10 份工作。

◆ 公司的机构重组、体制改革、人员调整，乃至与其他公司合并，这些事件的发生频率较之过去已经翻倍，人员流动频率当然也会随之成倍增长。

◆ 在 20 世纪初，美国服务类行业吸纳的就业者仅占就业总人数的 31%，而农业和制造业则占到了 69%。今天，这个比例恰恰相反，从事服务行业的人员占到了 78%，而从事农业和工业的仅占 22%。2001 年至 2002 年，美国制造业的人才需求量继续萎缩，由美国本土向中国及马来西亚等发展中国家转移的工作机会至少有 200 万个。就算美国经济复苏，预计制造业人才的需求量，也仅会以每年 0.3% 的速度缓慢增长，这一增长速度是所有工业行业中最低的。通用电气（General Electric）、IBM 这样的大型制造业公司，通过将事业重心转移到服务业，增大对金融咨询领域的开发，以保持其在业内的领先地位。它们采取的经济战略势必使制造业的人才需求量减少，但是相对的，它们创造了更多服务业的工作机会。

◆ 企业要在残酷的竞争中生存和发展，就必须随市场变化不断调整自己的策略，以保持较低的成本水平。如果你所在的企业因此需要与别的企业合并，那么你所在的部门也许将不复存在，你也很可能因此而面临失业。最近一个时期，在海外就有类似的现象：一些公司在合并之后，会将它们的策划工作和客户服务工作整体外包，以降低其运营成本。

尽管就业形势的变化使就业趋于不稳定，人们频繁地失业、再就业，但是失业仅仅是这种改变中不利的方面。这种改变不仅影响到了公司的管理层，在另一方面，它也直接作用于我们。实际上，它或多或少地显示出了人才对企业的重要性，这是它有利的方面。其他对雇员有利的发展趋势还包括以下几个方面。

◆ 再过几年，婴儿潮（Baby Boom）时期出生的人大都到了退休的年龄，数以百万计的人口将在未来 10 年退休。也就是说，到 2010 年，美国职场将出现一个大约 500 万的人才缺口，而那时刚进入社会的年轻人，根本不足以填补这些职位空缺。

◆ 空余职位的增加，促使一份工作的寿命继续缩短，工作更趋于不稳定。人们将更频繁地换工作。由于我们从一家公司跳到另一家公司时，总会有一些职位是空缺的，所以那时的总体失业率仍会维持在一个较低的水平上。

◆ 人们将不再消极地看待跳槽。在 10 年前,如果有人 10 年间换了 3 个工作,那他将被贴上"不断跳槽"的标签,那代表着缺乏忠诚,是一个不可信赖的人。现在,人们的思想转变了,雇主们会想:"如果他真的那么优秀,为什么要在同一个地方待上 10 年呢?"

◆ 在卫生保健、工业技术、服务行业等其他领域,长期存在着缺乏熟练技术工人的状况。由于本土学校提供的毕业生数量不足,美国每年都要引入大批技术移民,来填补诸如护理、社区工作、计算机程序员和许多其他行业存在的人才缺口。据美国华盛顿就业政策基金会(The Employment Policy Foundation in Washington,DC)预测:"高品质的人才将会持续缺乏。"在未来 30 年中,这种人才的缺乏将转变为高就业率和薪金水平的良性增长。尽管对是否真的存在人才短缺这一问题仍有争议,但对求职者而言,技术性人才的缺乏确实是未来发展的一个趋势。即使在经济萧条时期,这种短缺的态势也不会消失得太久,经济衰退产生变革,变革会刺激新的需求,周而复始,循环不息。

因为职种的变化,解雇是我们这代人必须正视的问题。 在以往,我们中的大多数人认为,只有依靠自己服务的一家公司,我们才能一步步地走向成功。如果被解雇了,那一定是我们的错,一定是我们在工作中发生了重大失误,不可能有其他的原因。但是,真的是这样吗?现在,如果让我们失业者扪心自问,"我究竟做错了什么?"好好想想,结果你会发现,答案只有一个:"你没有做错任何事。"出现这样的情况,分析其原因我们可以清晰地得到答案,一家公司为了生存,必会将经济利益列为首要考虑因素,管理者根据市场的不断变化,进行人员配置的相应调整。企业不是慈善机构,不是收容所,新时代的企业,在知识经济的框架下生存,内部结构和职业种类都会随着市场的变化而变动,即使你在一个领域里面是非常出色的,也不见得地位会悍然不动。不仅是个人,企业也是同样的道理,强大如诺基亚,现在不也正在泥潭里挣扎吗?

当然,正是这种不确定性也是给我们带来选择的重要原因。很多公司不是因为经营市场的变化,而做出人员调整,就是为了给团队注入新鲜的血液,不停地更换着工作人员,以保持团队整体高昂的斗志和积极进取的文化氛围。正是因为这种影响,社会各个舞台轮流为新进入职场或者是想调整自己舞台的择业者提供机会,而新兴的各个产业更是极大地刺激了更换职业的兴趣,再加上以往终身职业的破灭,这些因素结合在一起,极大地丰富了我们的职业选择。

职业选择也就是个人对自己就业的种类、方向的挑选与确定。它是人们真正进入社会生活领域的重要行为,是人生的关键环节。有的人没有对自己形成正确的看法，没有对自己形成长远的人生规划；有的是自己的就业观本身就存在问题，"宁要北京一张床，不要西部、基层一套房"成为很多人的就业心态；也有的人对传统职业不屑一顾，将自己火热的青春投入到创业大军之中，自己拼搏美好未来。那么我们应该怎么去选择自己的职业，如何做到有的放矢，找到自己的位置呢？

兴趣与择业

兴趣是指一个人力求认识、掌握某种事物，并经常参与该种活动的心理倾向。人的兴趣在职业活动中起着十分重要的作用。据有关研究资料表明，如果一个人对某一工作有兴趣，他能发挥自己的全部才能的 80%～90%，并且长时间保持高效率不感到疲劳。相反对工作没有兴趣的人，只能发挥全部才能的 20%～30%，也容易精力疲乏。这也是解释为什么很多人对自己的工作提不起兴趣，甚至长久停留，产生职业倦怠的原因。另外，兴趣还可以开发智力，是成才的起点，能有效地促进终身学习产生实效。在信息社会这个大背景之下，一次性选择自己的职业，是不太可能的事情，但是选择自己的职业方向尤其重要。这里向大家介绍 10 种选择以供参考。

1. 喜欢同具体事物打交道，而不喜欢与人打交道，可以选择诸如制图、勘测、工程技术、建筑、机器制造、出纳、会计等工作岗位。

2. 喜欢与人交往，对销售、采访、传递信息一类活动感兴趣，则相应的工作岗位应该是：记者、推销员、服务员、教师、行政管理人员等。

3. 愿干有规律的工作，特别喜欢按常规、有规律、有秩序地进行活动，习惯于在预先安排好的程序下工作，其相应的工作岗位是：邮件分类、图书管理、档案整理、办公室工作和打字、统计等。

4. 乐于助人，喜欢从事社会福利和助人工作的人，相应的工作岗位是律师、咨询员、科技推广人员、医生、护士等。

5. 喜欢掌管一些权力，希望受到众人尊敬和获得声望，希望在企业单位中起重要作用，则可考虑充任行政官员、企业管理干部、学校班主任、辅导员等。

6. 对人的行为举止和心理状态感兴趣，喜欢研究人的行为，谈论人的问题，那么相应的职业应该是心理学、政治学、人类学等研究工作及教育、行为管理等研究人、管理人的工作。

7. 如果喜欢从事科学技术事业，对分析、推理、测试等活动感兴趣，长于理论分析和独立地解决问题，也喜欢通过试验获取新发现，那么相应的职业应该是生物、化学、工程学、物理学、地质学等工作。

8. 如果喜欢抽象的创造性的工作，对需要想象力和创造力的工作感兴趣；或者喜欢独立地工作，对自己的学识和才能颇为自信，长于解决抽象的问题，而且喜欢了解周围世界，则相应的职业是社会调查、经济分析、各类科学研究和化验、新产品开发等工作。

9. 如果对运用一定的技术去操作各种机器机械、制造新产品等感兴趣，喜欢具体的不是抽象的东西，例如喜欢使用工具、机械等，特别是喜欢大型的、先进的机器，其相应的职业应该是各种车辆驾驶员、机器制造、建筑、石油、煤炭开采等工作。

10. 如果喜欢从事具体的工作，希望能很快看到自己的劳动成果，愿意做能看得见、摸得着的产品制作工作，并从完成的产品中得到满足，相应的职业则是室内装饰、园林、美容、手工制作、机械维修等工作。

气质与择业

一个人独有的气质，对职业的选择和发展也起重大的作用。气质是人的一种心理特征，它包括人在与外界事物接触中反映出来的感受性、耐受性、反应的敏捷性、情绪的兴奋性以及心理活动的内向性与外向性等特点。它是与生俱来的一种特性。在我们的生活中，存在各种各样气质的人：有的人脾气很急，走路、办事总是急急匆匆；有的人说话办事慢条斯理，很少发急；有的人喜形于色，大大咧咧；有的人沉默寡言，深思熟虑。这些心理特征，往往一辈子也难以改变，可谓"青山易改，本性难移"。气质对人们所从事的职业性质和工作效率都有一定的影响。什么气质类型的人适于从事什么职业，这是古往今来许多专家研究的一门学问。比较普遍的提法是把人的气质分为 4 种类型：多血质型、胆汁质型、粘液质型和抑郁质型。这里简要介绍一下 4 种不同气质的特点以及各自适合的职业，为我们的职业选择提供一定的参考。

1. 多血质。属于活泼、好动、敏感的气质类型。他们感受性低而耐受性高，举止敏捷、姿态活泼；情绪色彩鲜明，具有较大的可塑性和外向性；语言表达能力和感染能力强，善于交际，感情外露但又显得粗心浮躁；办事多凭兴趣，富于幻想，缺乏耐力和毅力。多血质的人工作能力强，容易适应新环境，适应面较广泛，适合做政府及企事业管理工作、外事工作、公关工作、驾驶员、医生、律师、运动员、新闻工作者、演员、公安侦察员、服务员等。多血质的人不适合做过细的工作，单调机械的工作也很难胜任。

2. 胆汁质。属于热情、直率、外露、急躁的类型。他们感受性低而耐受性高，情绪高涨、抑制性差，日常生活中表现为积极热情，精力旺盛，显得坚忍不拔，语言明确，富于表情，喜欢新的活动、热闹场面，处理问题迅速而坚决；性情直率，但易急躁，热情忽高忽低，办事粗心，有时会刚愎自用，傲慢不恭。胆汁质型的人适合做导游、勘探工作者、推销员、节目主持人、外事接待人员、演员等工作，他们适应于热闹、繁杂的工作环境，而对长期安坐的细致工作很难胜任。

3. 粘液质。属于稳重、自制、内向的类型。他们的情感不易变化和暴露，平素心平气和，不易激动，一旦引起波动就变得强烈、稳固而深刻；他们说话慢且言语少，遇事谨慎，善于克制忍让，对工作埋头苦干，有耐久力，注意力不易转移；但往往不够灵活，容易固执拘谨。粘液质型的人适合外科医生、法官、组织、财会、统计、播音员等工作。

4. 抑郁质。属于好静、情绪不易外露、办事认真的类型。他们感受性高而耐受性低，沉静、深含、易相处、人缘好，工作细心审慎、稳妥可靠，但遇事缺乏果断和信心，工作适应能力差、容易产生悲观情绪。抑郁质型的人可以较好地胜任胆汁质型的人难以胜任的工作，比如：人事、机要、秘书、编辑、档案、化验、保管等工作。也适合从事研究工作和艺术造型工作等。

需要说明的是，气质并无好坏之分，任何一种气质都有其积极和消极的方面，气质并不决定一个人的社会价值和成就的大小。据有关专家研究认为，俄国 4 位著名的文学家，就分别属于 4 种气质类型：普希金属于热情、奔放的胆汁质型，赫尔岑属于活泼好动的多血质型，克雷洛夫属于稳重、寡言的粘液质型，果戈理则属于深沉、孤独的抑郁质型。

另外，现实生活中，纯粹属于某一气质类型的人也不多，多数人是几种气质兼而有之的混合型。还要说明，决定人行为的实际能力的是性格特点，而性格是后天形成的，是可以锻炼改造的，只要扬长避短，每一种气质类型的人都可以在大部分职业中有所作为。所以，确定职业意愿要考虑气质因素，但又不能将它的作用扩大化、绝对化。

性格与择业

性格是指一个人在先天生理素质的基础上，在社会实践活动和不同环境熏陶下逐渐形成的比较稳定的心理特征，如热情、开朗、活泼、刚强或淡漠、沉默、懦弱、顺从等。性格与气质不同，它有好坏之分，性格在一定程度上能够掩盖和改造气质，还对能力的形成和发展起制约作用。性格中对劳动、对工作的态度的成分，直接影响到职业的选择和职业的成就。有的人以劳动为荣，把劳动当做自己的需要；有的人将劳动和工作看成自己的负担。有的人积极、主动，也有人消极、怠慢；有的人对集体积极认真，也有人对公益事业漠不关心。美国心理学家霍兰德经过十几年的研究，认为人的性格大致可以划分为 6 种类型，如果一个人具有某一种性格类型，便易于对这一类职业发生兴趣，从而也适合从事这种职业。

1. 现实型。现实型的人喜欢有规则的具体劳动和需要基本技能的工作。这类职业一般是指熟练的手工业行业和技术工作，通常要运用手工工具或机器进行劳动。这类人往往缺乏社交能力。

现实型的人适于作工匠、农民、技师、工程师、机械师，鱼类和野生动物专家、车工、钳工、电工、报务员、火车司机、机械制图员、电器师、机器修理工、长途公共汽车司机。

2. 研究型。研究型的人喜欢智力性强的、抽象的、分析的、推理的、独立的任务。这类职业主要指科学研究和实验方面的工作。这类人往往缺乏领导能力。

3. 艺术型。艺术型的人喜欢通过艺术作品来达到自我表现，爱想象，感情丰富，不顺从，有创造性，能反省。艺术型的人缺乏办事员的能力，适于作室内装饰专家、摄影家、作家、音乐教师、演员、记者、作曲家、诗人、编剧、雕刻家、漫画家。

4. 社会型。社会型的人喜欢社会交往，常出席社交场所，关心社会问题，愿为别人服务，对教育活动感兴趣。这类人往往缺乏机械能力。社会型的人适于作导游、福利机构工作者、社会学者、咨询人员、社会工作者、学校教师、精神卫生工作者、公共保健护士。

5. 企业型。企业型的人性格外倾，爱冒险活动，喜欢担任领导角色，具有支配、劝说和言语技能。这类人往往缺乏科学研究能力。企业型的人适于作推销员、商品批发员、进货员、福利机构工作者、旅馆经理、广告宣传员、律师、政治家、零售商等。

6. 传统型。传统型的人喜欢系统的有条理的工作任务，具有实际、自控、友善、保守的特点。这类人往往缺乏艺术能力。传统型的人适于作记账员、银行出纳、成本估算员、核对员、打字员、办公室职员、统计员、计算机操作员、秘书、法庭速记员等。

能力与择业

从心理学的角度看，能力是指影响活动效率、使活动顺利完成所必须具备的个性心理特征。例如，观察的精确性，记忆的准确性和思维的敏捷性是完成许多活动所不可缺少的；节奏感和曲调感对从事音乐的人来说是必须具备的；缺乏充分的想象力，就很难使他与作家、艺术家结缘。

当然，要顺利成功地完成某项活动，单靠某一种能力是不够的，它需要多种能力的统一体。比如当作家，仅仅是有想象力是不够的，它还需要文字表达能力、观察能力、逻辑思维能力等。在从事某种活动中，各种能力的独特结合称之为才能。如果一个人的各种能力能在活动中最完美地结合，那他就能最大限度地实现自己的人生理想，从而创造出更多的社会财富。

能力由一般能力和特殊能力构成。一般能力是指在不同种类的活动中表现出来的共同能力，适用于广泛的工作范围，是有效地掌握知识和顺利地完成活动所不可缺少的心理条件。例如，观察力、思维力、记忆力、注意力、想象力、语言表达能力和操作能力都属于一般能力，也就是通常所说的智力，其核心是逻辑思维能力。特殊能力是指在某些特殊领域的活动中所表现出来的能力。如节奏感、色彩鉴别力、准确估计比例关系等就属于特殊能力。特殊能力总是建立在一般能力基础上，经过一般能力的专业性训练发展而来的，因而，一般能力必然包含在特殊能力之中。一般能力与特殊能力在发展中相互作用，构成有机整体，保证有效地完成某种活动。

对自己的能力，无论是一般能力或特殊能力、现有能力或倾向能力的自我认识和评价，对我们的职业定向与职业选择往往起着筛选和定位的作用。

1．智力。我们知道，智力包括记忆能力、观察力、注意力、想象力、思维能力，最为重要的是逻辑思维能力。职业或专业水平越高，对人的智力要求也就越高。例如，教师需要较高的智力水平，保育员需要中等智力水平，清洁工所要求的智力水平要低一些。

2．口头表达能力。口头表达能力强的人，可选择演员、教师、推销员等职业。如果一个口头表达能力较低的人，参与这类职业，往往容易丧失自我效能感。比如我们都熟悉的数学家陈景润，他早年当过中学教师，由于胆子小又不善言辞，因此教学效果不好，自己常常为此懊恼。

3．沟通能力。这种能力适合主持人、企业管理、心理咨询师、接待员等职位。

4．数理能力。这种能力较强的人，比较适合出纳、会计、建筑师等行业。

5．空间判断能力。这种能力较强的人适合从事图纸、工程、艺术、飞行、司机等职业。

6．逻辑思维能力。这种能力较强的人可以从事科研、计算机等研究性较强的工作。

7．动手能力。这种能力较强的人可以从事司机、维修、操作员等动手能力要求较多的行业。

人生发展

每一个人的人生，都是一段非常值得珍惜的"生命旅程"，在不长的人生发展过程中，每个人都希望这个旅途非常精彩，在茫茫世界寻觅，抵达成功的彼岸。**人生发展是一个老生常谈的事情，也是一个非常现实，很艺术的问题。一次成功的生命历程，实际上就是一个自我认识、自我定位、自我发展和自我实现的过程。**

自我认识

古希腊有位学者毕达哥拉斯曾说过：每个人都是一个"小宇宙"，都有无穷的潜力。现在，每个人都希望用自身的"小宇宙"这把开启社会和科技迅猛发展的"金钥匙"来开启幸福生活的大门的时候，你是否在某一时候闪过这样的镜头，在遥远的古希腊，充满智慧的人们篆刻在戴尔菲城神庙上的箴言？那是当时被认为是人类智慧的最高体现。时光荏苒，两千年过去了，但是这句话的意义却历久弥新，那就是："认识你自己。"正如毕达哥拉斯所言，每个人都有无穷的潜力，这是大自然赋予他的一种灵性，如果将这种潜力无限地发挥，就能创造极大的价值。当然，潜力终归是潜力，由于人所处的生养环境、教育、实践、选择、事业的不同，自身素质的不同，大部分人浪费掉了可以挖掘的潜力。所以，戴尔菲城神庙在两千多年就"前瞻性"地提醒我们认知自己很重要，同时也告诫着后人，如果企图达到某一高度，先得认识自己。

自我认识，就是要对自己的能力倾向、兴趣爱好、人格气质形成正确的认识，在此基础上做出正确的判断。"我考虑问题比较理智、清晰，能形成客观的判断，交际能力是我的优势，我有一些独特的、创造性的观点，喜欢来自多方面的挑战"、"我有些只注重自己，自以为是，太过于注重别人的感觉，我很想得到来自别人的支持"、"我不能轻易放弃自己喜欢的东西，这个是我的毛病"、"我的抽象思维能力很强，但是在语言表达上有所缺欠"……这些都是对自我的一个正确的评价，一般来说，过高的自我评价，容易使人在生活中目空一切，无法虚心学习、持久进步；而过低的自我评价会引起自我效能感低下，对完成有挑战性的问题时有所畏惧。而恰如其分的评价，一方面可以让自己明确发展的方向，明确自己的优势，找出自己擅长的领域去构建自己的未来；另一方面可以意识到自己的缺陷，能有意识地寻求一些解决的办法，尽可能地完善自己，取得更高的成就。

自我定位

同样是孜孜不倦地为工作、为生活奔波，有的人能取得非凡的成就，有的人却收效甚微；有的人将事业做得顺风顺水，有的人则始终在原地打转，各个方面都很难有突破。其中有一个主要原因就是在于是否能为自己准确地定好位。自我定位，也就是需寻找一个合适的位置。一个人要想取得成绩，先要认识自己，认清自己的能力，然后给自己定好位——能做什么、想做什么、怎样去做，成为一个什么样的人。

那么，如何给自己定位呢？首先，面对各种诱惑要做到有选择，有放弃。善于选择、勇于放弃，就能为自己定位清除干扰，找到正确的方向。其次，要把职业定位放在决定人生成败的重要位置，一个人职业发展的高度在一定程度上决定着其社会上的生存地位。要给自己合适的定位，就是要选择能发挥自己潜能的职业和职位，以明确的职业定位开始职业生涯。第三，要将高定位和低起步结合起来。也就是说，在定位的时候，适度将自己的位置调高点，但是处理事情的时候，要从底层做起，不能想着一步登天。第四，不能走向自我定位的误区。有的人给自己定位时，以赚钱的多少、当官的大小为标准，这类人往往苦不堪言。

自我发展

理解自我发展，我们可以从经济学的理论来寻找一些启示。经济学认为，自我发展就是指商品生产中利用市场经济的一切条件，采取一切可以采取的合法措施，从技术、管理等方面发展，增强自身的竞争力和实力。借用这个观点，自我发展就是利用社会能利用的一切条件，采取一切合法的措施，从学习、锻炼等方面，发展自己的实力，在竞争中获得比较优势。关于自我发展的理论，精神分析理论有相对独到的视角，人格由本能的本我、现实的自我和道德化的超我 3 部分组成。本我是人生而具有的本能。随着个体的生长发展，受现实的影响，自我从本我中分化出来，在现实原则的支配下，管制本我的冲动。随着儿童对社会道德要求和行为准则的学习和内化，超我从自我中分化出来，根据道德原则指导自我，监督、管制本我，是人格中最后形成、最文明的部分。

自我实现

自我实现就是充分地发挥自己的潜力，表现自己的才能，当人的潜能得到极大的发挥的时候，人们会感到最大的满足，心理学上将这种状态称之为自我实现。要达到自我实现的状态，通常要做到以下几点。

1. 准确认识现实。自我实现者能够采用客观的态度去认识自己、认识他人、认识周围世界，因而他们不带任何主观偏见去看待现实，能够按照事物的本来面目来认识，更能发现事实的真相。

2. 宽容。自我实现者能够承认和接受任何事物都具有的积极与消极两个方面的事实，他们不否认任何人和任何事物的消极面，因为对此有较大的宽容性。他们知道自己的长处，也承认自己的不足，因而能够悦纳自己。

3．自发性、单纯性和自然性。自我实现者坦率、自然，倾向于真实地表达自己的思想和感情，行为具有自发性。他们有什么想法，就讲什么；他们有什么感情，就表达什么；他们想做什么，就做什么。他们不矫揉造作，完全按照自己的本性行事。

4．以问题为中心。自我实现者不以自我为中心，而以问题为中心。他们一般不会关注个人，而以工作、事业为重，能够全力以赴解决问题，实现自己的目标。对他们来说，工作不是为了金钱、名誉和权利，而是工作本身就是享受，能够发掘出自己的潜能。

5．超然于世的品质。自我实现者是自我决定、自我负责的个体，他们不依赖他人，不害怕孤独，常常主动追求独处的环境。

6．自主性和独处性。自我实现者更多的受成长动机驱动，而非受匮乏动机所驱动，因而能够摆脱对外界环境和他人的依赖，独立自主地选择自己的目标，并实现自己的目标。

7．欣赏力。自我实现者具有奇妙和反复欣赏的能力，在他们眼里，每一次朝阳都是那么灿烂，每一个婴儿都是那么令人惊奇，每一朵花都是那么美丽馥郁。他们带着好奇、敬畏、喜悦和天真无邪的心理去欣赏和体验对他们来说是陈旧的东西和例行公事的日常生活。

8．个人友谊。自我实现者比一般人具有更融洽、更崇高和更深厚的朋友关系。由于交往需要占有时间，他们的朋友圈子比较小，更倾向于寻找其他自我实现者作为亲密朋友。由于以共同的价值观和人格特征为基础，他们的朋友虽然不多，但感情上却非常深厚。

自我实现作为一种理想的追求状态，是自我价值的实现、自我需要的满足，也就决定了自我实现是一个一生的过程。只要身心健康，通过不断学习，他的自我价值就会不断增加，自我认识会得到提高，自我定位会不断提升，他的更高层次的需求会永无止境。

要做到自我实现，并同整个社会和时代结合起来，树立起正确的人生观、价值观，去更大限度地发挥自己的所学、所知、所能、所创。而作为自我生存与发展必须依赖的外部环境——社会，更应该是一个公正、公平、开放、透明的游戏规则的制定者和捍卫者，给每一个人创造同样平等竞争的机会。倘如此，每个成员才能自我实现，整个社会、整个民族才会更加辉煌。

□ 职业发展过程新的挑战增多

　　人们喜欢用三百六十行来概括各种职业门类。社会发展到今天，以三百六十行来概括显然不够。例如，在各大医院活跃着这么一群人，他们每天很早来排队挂号，然后把挂来的号再倒卖掉，价格从几十到几百块钱不等，这群人被称为"号贩子"。他们甚至形成了一个专业化的团队，分工明确，各司其职。其实，在全国从事这个行业的人不在少数，当然，场所也不限于医院。就在前几年的时候，人们排队抢购经济适用房，请人排队的费用甚至达到了上千、上万元；有部分人，拥有一些钱，他们在各个城市买房子，等房子涨价了，然后卖掉获利，我们将这些人称之为炒房客；还有一些人，专门为别人道歉，通过道歉服务获取收入；还有讨债者、婚姻中介、社区服务员等各种职业。社会变迁使人们的需求层面得到了提升，这些提升了的需求使更为细化的专业服务应运而生，加速了社会分工的细化，从而催生一个又一个新职业。

　　农业社会生产力低下，职业种类自然较少。随着工业化的进展，与之相关的工作和机械化变得愈发复杂起来。这就要求劳动者有更多的技能和功能。因为机械化生产取得了经济上的巨大成功，这使工厂的概念在社会上得到了极高的地位，造成了人们按照生产线的要求来设置岗位，流水线作业使工作极其简单和机械化，而我们的社会现在已经进入了另外一种时代，也就是谓之"后工业化时代"。这个时代，对人的要求和工业化时代大有不同，职业发展有了更多的变化。

职业种类在变化

　　职业种类的变化，在我们的生活里是体会深刻的。职业资格考试的名单中会出现很多我们从来未见的新职业资格考试，而现实的职业需求是走在考试和标准之前的，也就是说，很多职业的催生，实际上存在于考试资格之前。与此对应的是必然有很多原有职业种类的消失。

原有的许多职业随着社会发展而消失

　　茶马古道是滇西北通往西藏、南连博南古道的唯一通道，那里不仅有悠久的历史，也有一种活跃在这里的特殊交通运输方式，就是马帮。其实不只是云南，以青藏高原为中心通往各地的交通，马帮连同那些马，通过小说和电视被我们深深记住。小时候，流淌在耳边的关于那些神奇马帮的故事，是走南闯北的爷爷口中最为神奇的谈料，无尽的故事，千年都没有止息。卡瓦博格雪山脚下的喇嘛庙，是赶马途中的平安圣地；山里人很常见的景象就是，赶马的人经过有老人在期盼的门口，顺便将亲人的口信送到……这些故事，连同那些和马联系紧密的人群，随着开山爆炸的声响，渐渐地消失了。快捷的铁路和公路运输的发展，使现在已经很难再见到这些人群了。

其实正在消失的不仅是马帮，电话总机、货郎、吹鼓手、纤夫、说书、修自行车等职业，都不知不觉地在我们身边消失。时光肯定是恒速的，而时光在物质上的投影却让我们产生了很多错觉，特别是当物质的繁多而生存周期缩短时，新潮事物对过往物品构成的遮蔽，使人们在斑驳陆离的光线中，目睹倾情已久的历史，我们在无尽的伤感的同时，总是要面对那些消失的鲜活。

许多被称之为蕴涵文明最多的积累和嬗递的手艺正在消失。儿时很喜欢城门口那个雕花匠，他手中流动的刀很富诗意地雕出精美的作品，这是我们心中的最大的能耐，而现在旅游地到处可见的雕花，已经失去了人的灵性，留下了机器的痕迹；儿时巧妇手中流动的针线，织出身上最合适的毛线衣，那是一种能耐，现在这种结实和简洁美观的衣服，已经消失了。其实这些职业，在大机器年代就面临着挑战，更不用说数字化生存时期会面临着什么样的命运了。道理看起来很简单，工业文明对产品的要求就是高技术的无限"复制"，而凡是人文含量越高的物品或者行业，就越先被流水线时代淘汰的物种。职种消失背后就是那些鲜活的人群。

这些职业的消失和群体文化的更新有一定的联系，有的职业随着社会制度和经济体制改革悄然发生着变化。老王是注视着对面供销社的人物的命运是如何辗转的，20 世纪 70 年代供销社职员是人们艳羡的职业，参照当地公务员的标准，一个供销社职员相当于两个普通公务员的收入。老王没有门路，只能在旁边摆了个摊修自行车，后来开了个便利店。供销社由于体制的原因一日不如一日，最开始承包给个人，随着周围大型超市的冒出，终于走了到尽头，解散了。而老王的便利店却改造成了市场份额占了一大块的超市，对面被解散的职员们很多来到这里，当起了收银员。

20 世纪 90 年代后中国向市场经济体制转轨过程中，产生了大量的因为体制变化而造成的职业消失，我们习惯称之为下岗。虽然随着私营经济规模的扩大，特别是生活消费品市场，私营经济已经占据了极大的比例，下岗慢慢地消失在我们的视野，但是随着这种社会生产自动化程度的进一步提高，失业人口也会进一步增多。

随着社会的发展，即使是一直存在的职业，工作内容和职业内涵也发生了极大的变化

在工业化时代的教师，只需要在专业知识上，对学生形成比较优势，就可以胜任这个岗位。而现在，社会对人的要求已经由具备单一的某种技能，上升为具备复杂的能力，比如判断力、诚信、求知欲、好奇心、创造力、自我激励、首创精神、耐力、热情、交际技能等复杂特征，[1]很多现代教育理念甚至开始了对智慧培养的研究。这个时候，对教师的要求显然不止是在知识上，对学生有比较优势，而应该具备包括知识优势在内的很多技能，如沟通的能力、激励的能力、组织的能力等能力特征，教育技术能力也是对教师能力的一个新的要求。留在脑海里的会计职业是和算盘紧密联系的，现代社会的会计对电算化的能力要求显然比对使用算盘的能力要求多很多，传统的算盘面对动不动就是上亿的数据，在操作上也有了更大的难度。计算机从业人员就更不用说了，本科时候学的是当时最先进的技术、最高级的版本，而所学的不少内容，还没有进入职场，就已经被淘汰。于是很多人感叹，似乎没有一种职业"可靠"。

原有职业种类减少的步伐，随着现代化的进程迅速加快。寻找稳定，是人们对工业化导致的社会职业结构发生的挑战而产生的必然结果，也就是如上文所说的，终身学习走向必然的原因。

知识经济催生了很多新的职业种类

灰领的兴起。蓝领、白领、金领各种领已经在我们身边生存了很久了。而新兴的部分职业，已经不能用蓝领、白领和金领概括了，一种新的称谓——灰领，流行在社会各界。灰领一词起源于美国，它是作为一种全新的职业概念而提出的。指的是具有较高的知识层次、较强的创新能力、掌握熟练技能的复合型人才。根据工作的行业和工作性质，"灰领"可以理解为是在制造企业生产一线从事高技能操作、设计或生产管理以及在服务业提供创造性服务的专门技能人员。他们不仅是某些关键生产环节中的操作者，还是整个生产环节的组织者；同时他们还具备很强的技术革新开发攻关、项目改进的能力。

灰领主要集中在三大行业：一是 IT 行业。这个行业产生了 20 世纪末和 21 世纪初最多的职业种类，电子工程师、软件开发工程师、电子商务员、多媒体作品制作员、计算机程序设计员、网页设计与制作等；二是设计行业，如装饰设计工

---

[1] 丹尼尔·格林伯格著，杨彩霞译.21 世纪学习的革命[M].中国人民大学出版社，2010，P39

程师、绘图工程师、集成电路版图设计员、室内装饰设计员、首饰设计员等；三是汽车技术行业，汽车维修高级技师、喷涂电镀工程师、汽车美容等。

灰领的典型特征是动脑与动手兼备。灰领因为手握学历证书与高等级职业技能资格证书"双证书"，拥有娴熟的技术，活跃在生产第一线，其薪资常常为一般蓝领的 3～5 倍。有着比蓝领更多的知识和更佳的专业的"灰领"型技能人才，将成为体现未来发展特征的先导型职业人才。

与知识经济相随的服务行业还兴起了一大批新兴职业。知识经济极大地解放了人的体力劳动，催生了一大批"知产阶级①"，随着个人财富的积累，手中有较多的余钱的人多了起来，工作人员的工资收入水平也保持较大幅度的增长，这些因素促进了新型服务行业的兴起。宝石鉴赏、保险精算、市场营销、理财顾问、营养与保健顾问等。

创意产业。广义的创意产业实指文化创意产业，狭义的创意产业指运用创造性智慧进行研究、开发、生产、交易的各种行业和环节的总和。创意产业在近几年得到极大的发展，根据联合国教科文组织统计，1998 年有关文化创意产业的国际贸易额达到了 3 879 亿美元。创意产业能得到极大的物质和精神收获，如《喜洋洋与灰太狼》的创作，造就了数以亿计的产业链；苹果手机取得的巨大成就，也和创意人员密不可分。

因为迈上世界而产生的新职业。中国这 20 多年影响力的扩大是毋庸置疑的，这和加入世界贸易组织后的中国与世界其他国家分享世界市场有一定关系，也和中国自身崛起相关。与此相关的是大批对外事务的职业的兴起，如对外汉语教学、国际经济与贸易、外交官等职业。

自由职业大行其道。自由职业指的是不受企业和公司的管辖，自己管理自己，以自己的劳动为主的职业类别。如自由撰稿人、摄影师、顾问、临时工等。改革开放以来，人们开始不满意于大锅饭生活，特别是经济与文化领域，一些知识分子表现出了强烈的独立个性，希望摆脱"组织"的存在，自由地支配自己的时间。特别是近年来，由于就业市场惨淡，自由职业受到年轻人的追捧，各种自由职业大行其道，充斥着我们的生活。

职业需求在更新

"刚接触电脑的时候，我连开机也不会。现在，我离开电脑就不会备课了。"

---

① 网络词汇，就是因为知识而获得较高财富和地位的人。

夏教授面带着微笑，和我们谈她和电脑结缘的过程。在我们这个年代，很多人有着和夏教授相同的经历，先是对信息化的东西不能很好地接纳，而后在各自职业上打上了信息化的影子。教师要求做教育技术培训，会计师要求会电算化，公务员都开始要求无纸化办公。以往生产线上的工人，只需要几个简单的动作，现在开始意识到合作精神和团队意识在生产线中的重要性。职业需求的变化，主要体现在职业种类的拓展了之后，每种新兴职业，都更新职业的内容；同一种职业，工作内容随着时代变化而变化。

　　新兴的职业对人有不同的需求。上文中我们提到了灰领这个概念。对于灰领所包括的职业种类来讲，和以往的纯体力活动为特征的蓝领有区别，主要做管理层和文职人员的相关事情，而灰领有娴熟的技术，他们需要经常动手，但是灰领不同于一线的蓝领。他们的薪资一般是蓝领的 3 ~ 5 倍，他们有着比蓝领更多的知识和更佳的专业技能，他们在人才市场也受到极大的追捧。某机电高专每年毕业的 300 多名大三学生，被大众、英特尔等大型公司"收"走 1/3，更不用说那些有实践能力的本科毕业生了。

　　其他新兴的职业也有不同的需求。如同为教师，对外汉语教师一般需要掌握一门娴熟的外语，才能较好地开展本职工作。而创意产业更是对一个人的创新能力提出了更高的要求，对创新的智慧、发现的智慧、规整的智慧有较高能力的人才能胜任创意产业对人才的需求。

同一职业工作内容随着时代变化而变化

　　在一次媒体记者的聚会上，不少人一进门就问："谁是×××。"这些人都是她的朋友，经常和她在 QQ、微博上分享及时的咨询，尽管每天都在交流，但是多数人没有见过对方长什么模样。而和传统记者跑新闻，找线索不一样的是，这个平台能提供他们最及时的信息。包括美国《商业周刊》等不少传统媒体很早就意识到了网络等媒体对记者工作内容的变化，很早就将最便携的电脑等装备到自己的员工手中。

　　"张京，你的笔记本电脑中居然装了 4 个即时通信软件！MSN、Yahoo、Skype，还有 Sametime（思科公司内部的即时通信工具）！"张京的一位朋友无意中惊奇地发现。

　　"这算什么，除了这些软件，公司还提供给我们很多方便的小软件，我的日常工作已经离不开它们啦。"

　　来思科中国任职行政助理一年多，张京已经对朋友们的惊异司空见惯了。不过，一年前，张京自己对这些软件也不太习惯呢。

记得两年前入职思科时，张京参加新员工培训，让她印象最深刻的是一堂由思科 IT 人员做的培训。培训人向大家介绍了很多工作上需要用的工具软件，Sametime 和 Meetingmaker 给张京留下的印象最深刻。"用 Sametime 可以很方便地找到你要找的人；而如果不用 Meetingmaker，就没法约同事开会。"技术人员的讲解让张京有点疑惑，用电话找人不是更方便吗？

刚开始张京不太习惯用 Sametime 找人，而是像往常一样打电话，但她很快就发现，打电话找人效率不高，而且如果找的是身处英国、法国、新加坡等地的外国同事，还要计算对方所在地的时差、现在是否在上班，接听电话是否方便。"我经常搞不清楚那些国家和城市的时间，换算时差很麻烦，但在 Sametime 上一看就知道对方是在上班还是在休息。"后来张京开始将与其联系较多的同事加入到自己的 Sametime 中，现在已经有 30 多个了。

现在张京每天上班的第一件事就是打开电脑，激活 Sametime、Meetingmaker、MSN 等软件，然后收邮件、听取电话留言。

随着 MSN 的日渐普及，张京发现很多公司外的朋友也开始用 MSN、Yahoo、Skype 等即时通信工具交流了。为了和朋友们保持联系，张京不得不安装了多个软件，因为有的朋友用 MSN，有的朋友用 Yahoo。现在很多公司为节省越洋电话费，通过 Skype 进行网上通话，思科用的是 VOIP，和 Skype 采用同一技术，即将语音网和数据网结合。

张京的职位是行政助理，负责两位副总裁的行政事务。她的老板在会场不方便打电话时，Sametime 也帮了不少忙，比如，"张京，帮我打印某某文件送到会议室来。"老板出差时也会通过 Sametime 与张京联络。"现在工作时间我用打电话的方式来找人的情况几乎很少了"，张京说。

让张京感到工作方式变化的还不止这些。作为行政助理，她的一项重要工作是协助上司召开会议，包括预定会议室、通知相关人员、及时根据参会人员的反馈调整会议时间或地点等。而思科提供给所有员工的在线会议系统一开始让张京深受触动。因为在原来的公司，开会的流程十分烦琐："我先要写一个关于会议主题、时间、地点的邮件，并把它发给每个参会者，然后再打电话一一确认，这至少需要十几分钟的时间。"现在她通过一个名为 Meetingmaker 的小软件，再辅以Sametime，可以让工作量至少减少一半。

因为 Meetingmaker 和思科的目录系统（此系统可查找所有员工的岗位、联络方式等信息）集成，可以在线预定会议室，并群发信息给所有的参会者，而如果对方时间有冲突，他立即会将原因发回。由于全思科的员工在工作时间都必须登录 Meetingmaker，因此会议信息几乎会被所有需要出席的人第一时间看到并处理。而通过 Meetingmaker 预定的会议信息会记录在案，方便随时查询。这个软件还会在会议前十分钟弹出一个小对话框，提醒参会人。

"如果哪天电脑出了毛病，我就会没着没落的，不知道今天需要完成哪些工作，需要参加哪些会议，也不知道谁在找我。"张京笑着说。

在北京广播电台没引进短信平台之前，除了专业司机，没事收听交通台的人恐怕不会太多。偶尔打车，会听到出租车收音机里的交通台。李莉是谁，杨洋是谁，大家根本不知道，也不关心。那时的交通台对很多人来说，更像是为专业司机服务的电台。

2002 年，交通台开始和搜狐、新浪合作，短信开始介入节目制作；2003 年 9 月，北京广播电台成立了北京广播公司，申请了特服号，摇身变为专业 SP，电台旗下的 8 个台也都纷纷用上了短信平台，很多栏目从此打开了局面，现在日均接收短信量在 1 万条以上。

以前编导做节目，想增加点有奖竞猜之类的互动性内容，除了电话、传真、写信以外就没别的办法了，尤其是电台，本来就和听众不照面，难度就更高了。所以一度热线电话很火，但热线电话毕竟太"热"，很难打通。现在有了短信平台，有手机的人就发吧，抒情的、煽情的、鼓励的、批判的，想说什么就说什么，没有任何限制。想得奖吗？只要你的拇指和脑筋动得一样快。就连春节联欢晚会也在几年前就放低身价用上了短信，移动、联通、小灵通用户，各有各的代码，午夜 12 点前的短信数量多到以亿计！

太多的工作因为技术和观念的冲击发生了极大的变化，而这些变化让我们压力剧增。当我们用"紧张状态"来描述生活极其容易被物理性损伤、生物性侵害以及精神上的创伤等因素干扰以来，我们的职业内容其实已经改变了。

学习力成就一个人的竞争力

一直以来，我们都认为企业的市场竞争实质上是产品的竞争，产品的竞争其实就是技术的竞争，而技术的竞争一定要归结到人才的竞争上。我们从前文得之，一方面我们面临着职业的不稳定性，另外一方面是终身学习成为必然，那么什么东西在我们所说的社会竞争和发展中起最大的作用呢？ 我们得先从发展谈起。发展是增强人的欲望和能力，从而满足自身的需求，使自己的欲望合法化。[1]这里的欲望指的是满足这种欲望，不会降低他人发展的欲望和能力。那么，需要这种发展的背景是什么呢？

我们生活在知识加速创新和传播的时代，即我们所说的知识经济时代。这个时代对一些国家，特别是对中国的教育和培训体系有着重要的影响。那么，"知识经济"有些什么特征呢？[2]

◆ 信息通信技术的高速发展正在降低信息处理和传播的成本——影响我们如何生成和分配商品，如何交流，如何组织我们的生活。

◆ 观念、技能和品牌正在推动着世界经济，更加重视研究和开发、教育、培训、软件、营销、分配、组织和网络等无形资产。

◆ 越来越多的编码化的知识是基于科学的进步。越来越强的信息处理、数学模型仿真的能力，反过来又加速了科学进步的速度。我们已经娴熟地在分子水平上处理新材料，我们正在设计新的生活方式。我们刚开始感受到这种变化对经济和道德的影响。

◆ 知识的快速创新和传播缩短了知识发明和运用之间的时间间隔。在生物科学领域，科学的基本发现被迅速地运用于商业开发，基础科学和应用之间的界限正在变得模糊不清。产品的生命周期正在缩短。

◆ 降低的交通和通信成本正在改变着经济活动的组织和分布。与世界另一面的人的通信费用和同一座城市的通信费几乎差不多便宜。集装箱、巨型船舶和飞机的发展，正在降低着运输费用。

◆ 世界正在变成一个一体化的大市场。大多数产品在全球内引进资源和分配。

◆ 所有市场的竞争都日趋激烈。生产外包给成本最低的生产商，是降低成本的主要手段。

◆ 竞争越来越依赖于产品创新、生产过程创新以及高水平人力资本成长和分配组织的创新。经济合作与发展组织国家对无形资产，如研究与开发、教育、软件等的投资已经和对硬件的投资相当。

◆ 当前创新和高等教育对经济增长日趋重要。经济学对增长的研究已经发现由于教育、更好的生产方式所带来的创新和生产力增长，比生产中单纯依靠资本

---

① 丹尼尔·格林伯格著，杨彩霞译.21世纪学习的革命[M].中国人民大学出版社，2010
② 曾智华等著. 终身学习与中国竞争力[M].高等教育出版社，北京，2007，P3

和劳动投入所带来的增长，占有更大份额。

这个新的变化浪潮，给我们的现实生活带来了更大的压力。这不管是我们称之的知识经济也好，还是信息社会也好，社会的特征发生了极大的变化。我们必须重视学习和技能，有效地利用新知识，促进经济和社会发展。

知识经济主要依赖于新观念而不是物，依赖于技术的使用，而不是原材料的转化和廉价劳动力的利用。上文所说的苹果的成功，其实就是这样的一种体现。全世界在经济发展过程之中，要转变劳动力市场需求，就需要每一个公民持续不断地更新、吸收和使用新的知识和技能。人与人之间的差距和现有知识和能力关系渐行渐远，而学习能力的卓尔不凡能让你在人群里脱颖而出。

学习力。所谓学习力，指的是一个人的学习动力、学习毅力和学习能力的综合。它既包括个人学习内容的宽广程度；也包括个人所包含的知识质量，即学习者的综合素质、学习效率和学习品质；还包括学习的速度以及吸纳和拓展知识的能力；最重要的是将学习成果的创新程度以及学习者把知识转化为价值的程度。[1] 对于个体来说，学习动力体现了学习的目标，只有有了努力的目标，才能具备"应学"的动力；学习的毅力反映了学习者的意志，只有坚定的意志，才能有"能学"的可能性；而学习能力则来源于学习者掌握的知识及其在实践中的应用。只有具备了丰富的理论和实践经验，才会有"能学"的力量。而学习力，是要将三者集于一身。

从前文我们可以得知，人才其实是一个动态的过程，随着时代的变迁，它的标准会随之发生变化。一个真正的人才，是能不断发展、不断晋级、学习力不断加强的。人才需求背后隐藏着一个学习力的竞争。那么为什么说学习力决定了一个人的竞争力呢？

一是能以最快速度，最短时间学到新知识，获得新信息。时间是人最大的成本，也是人的资本和财富。时间对每个人都是公平的，每一个人的时间都是 24 小时，1440 分钟。如果你能在比别人更短的时间内，将新的知识和信息转化为自身能力，就能提高自己的竞争力。因为科技的进步和经济的增长，使这个世界的整体水平都在快速地提升，在这样的背景下，所有的事物都在以前所未有的速度更新换代，一个人要想跟上这样的时代步伐，就不应该坚守原来的速度，亦步亦趋地去追赶，而应是有能力学习最先进的东西来武装自己。

---

① 吴光远.记忆力思维力学习力大全，新世纪出版社，2011 年 5 月，P87

　　二是员工尤其是领导层，只有不断的提高学习能力，才能为企业和单位的发展做出正确的选择。2009 年 3 月，纵横捭阖 IT 界多年的柳传志回到联想，业绩陷入亏损状态的联想集团斗志重新被点燃，而被称之为标杆式的柳传志淡然地面对联想出现的各种问题，说了一句让我们每一个人都会肃然起敬的话："2001 年前后我开始疏远 IT 专业知识，还需要再学习，半个月后会请人来给自己讲课。"联想之所以能在强者如林的 IT 界生存下来，也是因为企业有一种不断学习的能力。有固守，也有走向潮流。正是这种自上而下的学习氛围，让联想一直处于竞争的主动方。

　　知识经济给我们的影响，是人生的过程处处新鲜，同时也处处透露出压力。如果随时把自己当成新人来经营、学习，人不但不会变老，反而会变得更加年轻、更有朝气。平时积累的学习和经验，是我们在危急关头，最有力的支持者。

□ 总结性评述

　　"知识就是力量"，是悬挂在小学、中学、大学墙壁上那句一直让我们充满斗志的号召。学校教育使我们获得的知识无疑会让我们终身受益，但随着现代社会的发展，职业和人生都对知识有了更高的要求。很多时候，人在学校获得的知识只占一生所需知识的很少部分，很多知识我们需要从"后学校"年代中获得，特别是当你寻找到了自己的方向，开始自己的职业生涯之后，我们不能固守原有的那些知识而企图管用一生。特别是我们谓之于"速度、多变、危机"的当代社会，人的发展方向性不如以往明细，并且面临着更多的变化；职业发展过程新的挑战增多，主要体现在职业种类变化的速度加快，职业内容随着时代的变化有了较多的变化，这就要求我们对知识有更深更广的学习。

　　当今时代，知识挑战的严重程度有目共睹，每门学科、每个职业都是学无止境。对于未来，知识或服务的生命周期将会非常短暂，谁都很难取得专属权，只有保持高水平的学习力，终身去学习，才能具有竞争力，才能在职场成为具有竞争优势的宠儿。

　　总之，21 世纪是"知识爆炸"的时代，知识老化加速，职工更替频繁，社会变化急剧，任何人都不可能一劳永逸地拥有足够的知识，而需要终身学习。学习是人类生存和发展的重要手段，终身学习是自身发展和适应职业的必由之路。"活到老，学到老"是新世纪应有的学习观。

LIFELONG LEARNING
AND CAREER DEVELOPMENT

第2章

职业发展的能力和素质

没有非常的精力和工作能力便不可能成为天才。既没有精力也没有工作能力的所谓天才，不过是一个漂亮的肥皂泡或者是一张只能到达月球上去兑现的支票而已。但是，哪里有超乎常人的精力与工作能力，哪里就有天才。

——李卡克内西（W. Ludwig Liebknecht）

※章节引语

得知某一个知名公司招聘一名秘书的消息后，学习秘书专业的专科毕业生张荣带上了全部个人资料去公司应聘。结果到了招聘现场，发现其他的求职者都比自己学历高，他们有重点大学中文系的毕业生，有师范大学政教系的毕业生，还有一些研究生。与这些应聘者相比，张荣感觉自己矮了一大截。但既来之，则安之，他还是想努力争取。

上午9点整，主考官来到了招聘地点。他阐述了招聘岗位的工作要求，并让所有的应聘人员做两件事情：一是起草报告，二是文字录入。起草报告的内容为起草一份上报给总公司的报告，希望总公司增加一个秘书名额；再起草一份通知，要求公司各部门尽快把这一季度工作进程的情况报来，一律手写。交卷后领一份文件稿，用计算机录入、打印一份、复印两份。完成这两件事情后将试卷与简历一起交上来，一周之内等通知。

当看到这样的招聘题目时，张荣暗自松了一口气。因为他读书期间在学校附近一家公司勤工俭学，对文秘工作的工作流程、职场礼仪以及文字录入、文档编辑、文件输出、传真等轻车熟路。因此，在很短的时间内就全部完成，并上交了一份出色的答卷。

最后的结果可想而知，专科毕业的张荣打败了所有的本科生和研究生，收到了面试录用通知。

资料来源：梁文侠，思想品德修养[M].电子科技大学出版社.北京 2008

"到处都是传奇，可不见得有这么圆满的收场"，或许我们看到无数类似张荣成功的求职经历后，会借用张爱玲的话来自我解脱。但是很多时候，素质和能力决定了职业发展的方向和程度，特别是结束了一身力气就可以胜任工作的时代，一个人体现出来的能力与素质显得尤为重要，不仅是知识。知识学多少是一回事，如何将所学内容应用到工作和实践中却又是另外一回事。学历并不等于能力和素质。有了高学历并不一定能够找到满意的工作，只有具备相应的职业能力和素质才能够获取岗位的通行证，才能在激烈的竞争中取得胜利，获得职业发展的契机。因此，我们可以说，职业素质和能力是获得职业发展的基础和保证，二者缺一不可。若想成为"职场达人"，内要修炼良好的职业素养，外要打造过硬的职业能力。

□ 职业发展：需要素质和能力并存

职业素质

素质是常挂在我们嘴边的词汇：在遇到街头随地吐痰的陌生人时，在和朋友的嬉笑中，在正儿八经为学术辩护的教育实践中……很多时候，我们总是说某个人素质如何，那我们谈的素质究竟是什么呢？一般来说，我们口头说的素质指的是一个人外在的表现、举止、谈吐、处事、大方、成熟、稳重等一个人的外在表现，这里我们所要谈的素质这一概念，主要从教育学和心理学方面来进行解读。

从教育学方面来谈素质，**素质的指向主要是指人的身心发展的水平，是人的各种社会属性的综合，是人在先天禀赋的基础上，通过环境和教育的影响形成和发展起来的一种相对稳定的、具有内在特征的品质。**

从心理学上来讲，**素质指的是感觉器官和神经系统方面的特点，是人的心理发展的生理条件，主要是人的神经系统、脑的特性及感官等方面的特性。**

我们再将书翻到人文社科的典籍来看看：1895 年，心理学家弗洛伊德与布罗伊尔合作发表《歇斯底里研究》，弗洛伊德著名的"冰山理论"也就由此传布于世。在弗洛伊德的冰山理论中，他将人的人格分为 3 个部分：本我、自我和超我。在他的学说里，人的人格就如海里的冰山，露出水面的部分仅占冰山的一小部分，大概 1/8 的内容。这部分是人们通过学习和训练所获得的知识和技能，是有意识的、显性的部分，而冰山以下的 7/8 的内容，为人们的动机、品质、自我认知以及价值观等，是人的无意识层面，也就是人们素质、道德和精神方面的内容，这部分不易为人们觉察，但是它却在很大程度上影响甚至决定着人们的行为和处事方式。

后来，这一理论受到极大的重视，管理学界率先将这一理论引入到人力资源领域，提出了"冰山模型"理论，如图 2-1 所示。这一模型将员工的整体素质看成一座冰山。水面以上的部分为员工的显性素质，主要由员工的知识、技能以及获得的职业资格证书等方面组成，这部分是员工的外在表现，比较容易为人所了解及测量，并能够通过培训等来加以改变。而水面以下的部分为员工的隐性素质，主要包括员工的动机、品质、自我认知、角色定位和价值观等内容，这部分是人内在的品质和素养，是人们在长期的学习和生活实践中形成的，一旦形成较难改变，并影响甚至决定着员工的表现和行为。

由此可以看出，素质在人们的学习、工作和生活中发挥着重要的作用。在职场中，才能有高低，但是较高的职业素质却是每个工作岗位所必需的。知识可以通过日常的学习和培训获得，但是素质的形成却需要经历漫长的时间，甚至仅通过单纯的学习和训练无法成为高素质的人。而且，素质一旦形成，则在言行举止、工作学习生活等方方面面有所体现。素质的高低决定着人们行为和表现。

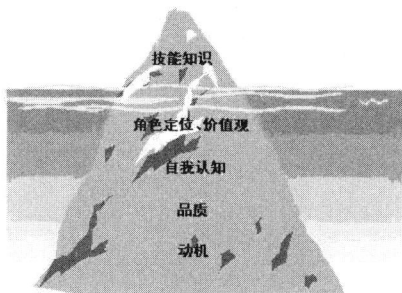

图 2-1

如果问到你职业素质是什么的时候，你可能会想到尽职尽责之类的词汇。确实，在之前很长一段时间的工业化时代，尽职尽责就是被推崇的职业素质。是不是职业素质的高低就是尽职尽责的程度呢？我们在分析职业素质到底是什么之前，看一下以下的例子。

菲勒创办的美国标准石油公司是当时世界上最大的石油生产、经销商，那时每桶石油的售价是4美元，公司的宣传口号就是：每桶4美元的标准石油。

他的公司有一个名叫阿基勃特的基层推销员，无论外出、购物、吃饭、付账，甚至给朋友写信，只要有签名的机会，都不忘写上"每桶4美元的标准石油"。有时，阿基勃特甚至不写自己的名字，而只写这句话代替自己的签名。时间久了，同事们都开玩笑地称他为"每桶4美元"。

4年后的一天，洛克菲勒无意中听说了此事，非常赞赏，于是邀请阿基勃特共进晚餐，并问他为什么这么做，阿基勃特说："这不是公司的宣传口号吗？"洛克菲勒说："你觉得工作之外的时间里，还有义务为公司宣传吗？"阿基勃特反问道："为什么不呢？难道工作之外的时间里，我就不是这个公司的一员吗？我多写一次不就多一个人知道吗？"

洛克菲勒对阿基勃特的举动大为赞叹，开始着意培养他。又过了5年，洛克菲勒卸职，他没有将第二任董事长的职位交给自己的儿子，而是交给了阿基勃特。这一任命，出乎所有人的意料，包括阿基勃特自己。其实，人们不应该感到意外，一个把公司的命运时刻放在自己心里的人，自然会受到老板的信赖；一个有一分热便发一分光的人，老板自然敢把公司事务托付给他。事后的结果证明，洛克菲勒的任命是一个英明的决定，在阿基勃特的领导下，美国标准石油公司更加兴旺繁荣。

资料来源：高原，胡卫红. 不懂策划怎能成功[M]. 中国言实出版社，2008

在普通人看来，阿基勃特的签名行为无异于一种怪癖，但在企业家洛克菲勒眼中，却是一种难能可贵的职业素质，是一种对公司事业的热忱和坚忍不拔的敬业精神。类似阿基勃特的故事，在职业界不胜枚举。

职业素质是从事职业工作的人所必须具备的素质，不同职业对素质的要求也不同。比如，公司职员需要具备职员的职业素质，教师需要具有教师的职业素质，医生需要秉持医生所需的职业素质。一个人要想在社会上生存下去，不能不从事职业活动，也不能没有相应的职业素质。良好的职业素质是获得职业发展的基石。

职业素质是素质的主体和核心。具体来讲，**职业素质主要指劳动者在一定的生理和心理条件的基础上，通过教育培训、职业实践和自我修养等途径而形成和发展起来的，并在职业活动中起决定作用的相对稳定的内在的基本品质。**职业素质也是劳动者对社会职业了解与适应能力的一种综合体现，主要表现在职业兴趣、职业能力、职业个性以及职业情况等方面。影响和制约职业素质的原因很多，主要包括：受教育程度、实践经验、社会环境、工作经历等基本情况。一般来说，劳动者能否顺利就业并取得成就，在很大程度上取决于本人的职业素质。

职业素质在我们的职业生涯中如此重要，那么如何培养良好的职业素质呢？

强化职业意识

行动所致，意识为先。良好的意识往往决定了个人的行为方向。职业意识是对职业活动的认识、评价、情感和态度等心理成分的综合，树立职业意识至关重要。作为一名学生，就要正确认识所选专业的性质、工作的内容及特点、学习方法以及应注意的问题等，使自己有充分的思想准备，有明确的职业动机。这样才能在学习中很快进入角色。而且在日常学习和生活中，也要不断强化这种意识，使其渗透到自己心灵深处，从而形成一种潜意识，贯穿到自己的行为之中。

养成职业习惯

习惯决定命运，习惯在人们的生活中有着重大的影响，但有了正确的职业意识，并不等于有了良好的职业习惯。人们的职业素质能在日常的工作和学习中得以流露和展现，甚至个人的一些生活习惯也能表现在职业生活之中，成为个人职业素质的真实写照。因此，养成良好的职业习惯，实际上就是职业素质提升的一个表现。换句话来说，一个人终身都具备良好的职业习惯，难道谁还会说这样一个人的职业素质太低吗？所以，至于良好职业习惯的养成，需要从身边的一点一滴的小事做起，从日常的学习、生活和工作的细节严格要求自己，培养良好的职业习惯，将职业素养渗透到每一件事物中去。

发挥集体作用

在职业素质中，合作能力即善于协调关系，协同他人工作。集体荣誉感和团队精神等职业能力都是在集体中形成的，在与人交往中养成的。有研究指出，人际交往的能力在职业素质中占据重要地位。人际交往能力实际上隐喻了发挥集体作用的能力，因此，要培养自己的集体荣誉感，培养互助合作的能力，发挥集体优势。

重视职业实践活动

实践证明，真实的任务最能有效提升一个人的职业素质，职业实践活动也是职业素质培养的关键环节。在职业实践活动中，要运用相关理论知识，解决实际问题，培养职业能力。树立"职业神圣"的理念，在实践中改进自己以往的职业素质理念，使自己的职业素质得到不断的提高和升华。

能力

我们时常会遇到这样的懊恼：明明我有能力做出这道题，却因为粗心错失了一个得分的机会；明明他没有我那么有能力，领导就是把这么重要的项目交给他；我们都说，王励勤在能力上是强于马琳的，就是心理素质不如他。我们非常熟练地使用着能力这个词汇，那么能力究竟是什么呢？心理学家认为：**能力是人们顺利完成某一活动所需要的主观条件，也是人们顺利完成任务的个性心理特征。**能力一般和人们完成某种活动有密切的联系，能力的大小直接影响活动的效率。能力与知识、经验和人的个性特质构成人自身的素质。

能力与知识技能

谈到能力，我们不得不对能力和知识技能做一定的区别。有人将能力和知识技能等同起来，认为能力就是技能。其实，能力和知识技能之间既有区别又有一定的联系：技能是指人们通过练习而获得的动作方式和动作系统；能力是指顺利完成活动的心理条件，包括顺利掌握知识、技能的心理条件，它预示着人在活动中可以达到的成就水平。能力与知识技能的发展特点不同，知识的增长是无限的，而能力的发展有一个顶峰期，人到了一定的年龄之后，能力会随着年龄的增长而呈现衰退的形势。

虽然能力与知识技能不同，但是二者又有一定的联系。能力是掌握知识、技能的前提，只有具备一定的能力才能够掌握相关的知识和技能。此外，能力是在知识和技能的基础上发展起来的，能力表现在掌握知识和技能的过程之中。

能力的几种类型

1. 一般能力和特殊能力。 一般来说，我们习惯将能力划分为一般能力和特殊能力。一般能力是指观察、记忆、思维、想象等能力，通常也叫智力。它是人们完成任何活动所不可缺少的，是能力中最主要又最一般的部分，也就是我们经常所说的能力；特殊能力是指人们从事特殊职业或专业需要的能力。例如，音乐中所需要的听觉表象能力。人们从事任何一项专业性活动既需要一般能力，也需要特殊能力。二者的发展也是相互促进的。

2. 流体能力和晶体能力。 心理学还有一种对能力的分法，可能对于我们来说比较新鲜，就是流体能力和晶体能力。流体能力是指在信息加工过程和问题解决过程中所体现出来的能力。它较少受学习和环境的影响，主要取决于个人的先天禀赋；晶体智力则是指获得数学、语文等知识的能力，取决于后天的学习。

3. 模仿能力和创造能力。 模仿能力指通过观察别人的行为、活动来学习各种知识，然后以相同的方式做出反应的能力；而创造能力则是指产生新思想和新产品的能力。

职业发展理念

职业概念由来已久，不同的学者从不同侧面对职业的内涵进行了界定。

从词义学的角度看，"职业"一词，由"职"和"业"组成，"职"指的是职位、职责，"业"是行业和事业。有人还认为"职"包含着社会责任、天职、权利和义务的意思；"业"包含着从事业务、事业、事情、独立性工作的意思。在英文里，"职业"一词为"voat"，是指生命的呼唤。事实上，我们每个人选择和从事的职业，正是各自对生命的呼唤。在德语里，职业一词为"Beruf"，是"天职"的意思，意味着要人为之终生不懈地奋斗。

在《国家职业大典》里，中华人民共和国人力资源和社会保障部明确规定了职业的 5 个要素：一是职业名称，他是职业的符号特征；二是工作的对象、内容、劳动方式和场所；三是特定的职业资格和能力；四是职业所提供的各种报酬；五是在工作中建立的各种人际关系。

综上所述，职业就是指人们为了谋生和发展而从事的相对稳定的、能够获得相应经济收入或报酬、具备一定专业类别的社会活动，通常又称为工作或工作岗位。因此，获得一份工作或从事一种职业，实际上是维持生计、承担社会分工角色、发挥个性才能的一种持续进行的社会活动。

职业发展理念是指植根于人们的内心、长期形成的，对未来的职业如何发展、自己将成为什么样的人的一种价值观念。职业发展理念是一个人顺利开启职业生涯，度过职业倦怠期，适时抓住职业机会，实现职业理想的基础和支柱，至于职业发展，我们还会在第 3 章中以不同的视角加以阐述。我们在这里主要提及职业发展的理念。不同的职业发展理念导致不一样的人生道路。有的人事业发展顺利，前程似锦；有的人处处碰壁，时刻面临下岗的危险。这正是由于人们的职业发展理念不同所致。所以，为了成为一名职场达人，就必须抛弃狭隘和固执的理念，重塑职业心智，以正确的职业发展理念来指导未来的人生道路，赢在职业发展的起跑线上。

树立职业危机意识

生于忧患，死于安乐。只有具备危机意识的人，才能够时刻保持清醒的头脑，能够不断取得进步。树立职业危机意识，并不是简单地对未来、对职业充满忧虑，而是把自我融入激烈的社会竞争中去思考自己应该如何去学习、如何与人沟通、如何生存、如何处理合作与竞争的关系、如何使自己具备职业核心竞争能力。

说到职业危机意识，我们不由不想到一个有名的心理学实验。19 世纪末，美国康奈尔大学曾经做过这样一个有名的"青蛙试验"。试验人员把一只青蛙投入热水锅里，青蛙马上就感到了危险，拼命一纵便跳出了锅，安全逃生。试验人员又把这只青蛙投入到冷水锅里，然后开始慢慢给锅加热。开始时，青蛙畅快地游来游去，毫无戒备。一段时间后，锅里水的温度逐渐升高，青蛙在感觉到熬不住必须想法逃生时，却发现为时已晚，最后，一只活蹦乱跳的青蛙就葬身在热锅里了。

青蛙没有死在滚烫的热水里，反而死在了冷水锅里，这不得不引起人们的深思。其实，这样的事情在我们的生活中也是常常遇见的。人们往往很容易习惯一种安逸的环境，并以为这种安逸可以持续下去。但事实上，在我们的生活、工作中存在许多不确定的因素，我们时刻处于一种发展变化之中，但如果我们对这些变化不能足够重视的话，一旦爆发，将无法适应新的要求，最后落得像冷水锅里的青蛙一样的下场。

因此要在激烈的竞争中保持优势，就必须要树立危机意识。努力做好本职工作，珍惜工作机会，不断追求进步。

突破职业发展障碍

在职业发展过程中，我们每个人必然会面临两种障碍，一种是内部障碍，另一种是外部障碍。

内部障碍是指我们自己的内在的职业生涯发展障碍，包括我们的职业意识、职业心态、心理素质、职业价值观、职业经历、知识结构、职业能力、自我管理能力等。在我们面临职业瓶颈时，必须先对自己的内职业生涯进行全面的分析，从生命周期、职业周期和组织工作周期 3 个角度全面分析自己的职业现状，分析自己到底遇到什么职业发展的内部障碍，是职业心态问题，比如严重的对比心态、心理不平衡或不敢冒险等；还是职业价值观问题，太关注现在的稳定与安全；还是职业能力问题或职业经历问题等等。主要表现为：一部分人在面对职业瓶颈时，往往是因为自己的冒险精神不足，即不愿或不敢去寻找新的机会，又不甘心自己的现状，于是在矛盾和复杂的心态下，每天痛苦地工作着；一部分人是因为职业能力和知识结构没有达到新的高度，自我认知又偏高，就产生了外部不认同的情况；一部分人是因为职业视野太窄，没有想到在自己的职业路径上，有许多可能性与可能的发展空间；一部分人是因为在本组织内的关系处理不好或没有对现在的组织表现出忠诚度，不能获得组织的信任或好的评价，丧失在本组织内晋升的机会；一部分人的职业竞争意识和学习意识差，不进步就等于退步，职业竞争力逐渐衰退等等。在职场生活中，各种各样的情况综合在一起，很多人被自己设置的障碍阻挡了前进的步伐。

外部障碍是指我们在职业发展过程中遇到的外部对我们的评价、认同、接受和支持等。包括我们的家庭因素、社会因素和组织因素等。在家庭因素中，工作生活的平衡，亲人的职业价值观和支持，将影响到我们的职业发展，当我们面临职业瓶颈时，家庭如何理解和支持我们，对我们的职业心态有很大的影响，甚至决定我们的选择；社会因素是指我们所从事的职业在社会中的发展阶段、社会需求、技术水平、竞争程度和资格要求等，在我们面临职业瓶颈时，我们所从事的职业类型与职业性质对我们选择什么样的方式有关键性的影响，一般情况下，通用性较强、岗位层级较低的人所遇到的职业瓶颈，突破的难度较小，而专业性非常强或岗位层级很高的职业瓶颈，突破的难度较大；组织因素是我们所面临的外部障碍中最具体的障碍，我们现在所在的企业的组织结构、发展速度、企业文化、领导风格和同事关系将决定我们在本企业内部的发展，而外部组织的各种人才需求、招聘要求和招聘时机，将带给我们很多的外部机会。可以说，现在的社会，最不缺少的就是机会，我们每天都可以在招聘网站上发现大量的招聘信息，企业内部的人员也处在动态的流动过程中，面对这种情况，我们通常会分析哪些机会是适合我的，哪些机会是真正的机会，这要求我们有敏锐的信息感觉能力和信息分析能力。在组织内部，存在转岗或晋升的机会；在组织外部，存在大量同等岗位或上一级岗位的招聘信息；甚至，我们也可以通过创业或做自由职业人来给自己创造崭新的职业发展空间。但机会的出现有一个时机和适合性的问题：一是机会的出现时机是否与我们的内职业生涯发展的现状相匹配，二是机会的性质是否与我们的内职业生涯发展的下一个职业目标相匹配；这就要求我们具有很强的自我分析能力和职业分析能力。

那么，如何能够突破职业发展障碍，抓住职业发展机会呢？需要从以下几个方面努力。

第一，明确职业发展方向，规划自己的职业发展阶段性目标，对实现目标将出现的内外部障碍进行提前性预测与分析。

第二，对自己的职业现状进行全面分析，理清自我现实障碍，确定下一步职业发展的外部障碍，有针对性地进行行动，提前进行有目的的准备工作。

第三，对自己从事职业的社会发展现状和发展前景进行认真分析，对职业能选择的方向进行认真研究，选择适合自己的最佳路线。

第四，建立对环境的敏感度，关注内外部的各种机会，不要把自己的职业发展完全局限在组织内部或外部，应充分考虑各种可能性。

第五，敢于承担突破的风险，勇于接受自己和环境的挑战，建立坚定的信念管理自己的职业发展。

第六，根据自己的职业方向选择，不断学习和创新，以提高自己的职业能力和职业竞争力，在可能的情况下，不断扩展人脉和建立自己的职业品牌。

坚定职业发展信念

有一个小故事，说的是很多高僧曾咬破自己的手指，用鲜血抄写经书，以此来达到修炼的目的。当高僧在追求伟大的信仰和理想时，必然要经历肉体的折磨，放弃小我，放弃尘世间的恩恩怨怨。当汩汩鲜血从他手指间流出，浸润在雪白的纸上时，当他抄写完厚厚的经书时，所有的佛教思想已经烙在他的灵魂深处。他用自己的行动证明了自己对佛教的笃信，也完成了灵魂的升华。

在职业发展道路上亦是如此。人生就像在和一个个障碍比赛，没有谁能够轻轻松松成功。哪怕一次微小的成功都必须要跨越重重障碍，经受心灵的煎熬，经历各种各样的挫折，最后才能迎来灿烂的阳光。

在我们面临职场困惑与危机时，不能逃避和放弃，而要具备坚定的职业发展理念，直面职场的风风雨雨。相信困难是暂时的，成功者往往是那些最能经受住最沉重打击的人。只要坚持不懈地努力，定会出现转机。

☐ 职业素质：职业发展的根基

我们在评论自己周围的人的时候，往往会出现这样的说辞：这个人办事能力强，干练，对工作充满了干劲，这就是我们所说的职业素质的内容。职业素质对于职业发展非常重要，是职业发展的根基。一般来说，职业素质包括了创新素质、诚实守信、忠诚品格以及敬业精神等内容。

创新素质

创新是一个人增强自身竞争能力的有效途径，也是每个人纵横职场的一把利器，创新也是一个国家发展的不竭动力。

创新：时代主旋律

太阳系有九大行星，三角形三个内角之和等于 180°，在科学界这是"绝对的真理"。然而实践却将这一切推倒：2006 年 8 月 24 日，于布拉格举行的第 26 界国际天文联会中通过的第 5 号决议中，冥王星被划为矮行星，并命名为小行星134 340 号，从太阳系九大行星中被除名；罗巴乔夫斯基"非欧几何"推翻三角形三个内角之和等于 180° 的定论。很多这样曾经的科学被证明只能适合一定的条件，甚至是错误的。我们每天都生活在一个不断被颠覆的世界中，当年使用大哥大打电话的时候，有几个人想到现在是人手一部智能手机呢？假如没有知识的创新，人类恐怕还是一群赤身裸体、靠捡拾野果、挖掘草根、栖身于洞穴中的猿猴。人类的进化、生存、繁衍，现在的文明昌盛，并成为地球生物的主宰，都是靠人类不断地进行创造发明才取得的，人类的文明史就是一部不断创新的历史。

当今世界，更是创新的时代，它是以知识和信息的生产、分配、传播和使用为基础，以创造性的人才资源为依托，以高科技产业和为支柱，在这种经济形态中，知识代替资本或劳动力并成为生产要素中的重要组成部分。联合国教科文组织"国家 21 世纪教育委员会"提出：教育最重要的目标是使每个人发展自己的才能和创造性潜力。美国"高质量教育委员会"的一份报告提出：21 世纪的竞争将不仅仅是资源、市场、军事的竞争，更为重要的是创新思想的竞争。日本中央临时教育审议会为面向 21 世纪教育的日本学生设计的发展目标是：重视个性发展，培养创造思维能力，适合国际化、信息化社会的需要。我国颁布的《高等教育法》明确指出高等教育的任务就是要培养"具有创新精神和实践能力的高级人才"。国家领导人也慎重提出"我们必须把增强民族创新能力提高到关系中华民族兴衰存亡的高度来认识"。因此，创新是一个时代发展的主旋律。

下面我们来看这样一个等式：

$200=90+100+10$

$1=800\ 000\ 000$

这两个等式蕴含什么含义呢？这是某高校的一次专题讲座上，主讲人在黑板上写下的演讲主题。演讲者给我们讲了一个让我们难受的例子：在美国一双耐克鞋可以卖差不多 200 美元，这 200 美元是怎么瓜分的呢？90 美元给耐克专利的拥有者，100 美元给耐克公司，而在中国这些生产耐克鞋的工人，包括原材料在内，只有可怜的 10 美元，也就是说中国的制造处在产业价值链的低端，其价格分配只占到 1/20。第二个公式说的是：中国要卖 8 亿件牛仔裤差不多勉强可以换回一架空客 380 的飞机。"中国是制造大国，却不是制造强国，这就是我们今天这么强调创新的原因。"这就是创新能力缺失的后果，在全球化市场中只能获取最为低端的收效。

对于许多人来说，或许最缺乏的不是创新的能力，而是创新的意识、勇气、欲望、冲动以及相关的人格素质。总之，最缺乏的是一种创新的精神。而只有具备创新精神的人才能用新的观念、新的方法解决在知识经济时代所遇到的新问题。

创新：需要想象力

创新是什么？许多人都认为创新就是"发明创造"。在知识和科技发展日新月异的今天，要想做出一项发明或创造，终究是少数人能做到的事。似乎"创新"对绝大多数人而言可望而不可及。从而导致自己缺乏创新的勇气和欲望，唯有叹惜自己"天资不足"、"才疏学浅"，从而不愿努力去做自己能够做到的事，最终使自己失去了许多发展的机会。

其实，在思维过程中，除了敢于打破常规，更需要合理想像。只有这样，人的认识能力才能得到进一步发挥，认识成果才能出其不意。

创新，也常常需要逆向思维。在工作中少些经验束缚，常能转换自己的思维视角，像孩子那样"异想天开"，正是创新能力的表现。易第教育网讲了一个关于摩托罗拉创始人的故事：在美国伊利诺伊州的哈佛镇，有群孩子经常利用课余时间到火车上卖爆米花。一个10岁的小男孩也加入到这一行业。他除了在火车上叫卖外，还往爆米花里掺入奶油和盐，使其味道更加可口。结果他的爆米花比其他任何一个小孩都卖得好。当一场大雪封住了几列满载乘客的火车时，这个小男孩便赶制了许多三明治拿到火车上去卖。结果，虽然他的三明治做得不怎么样，但还是被饥饿的乘客抢购一空。夏季来临，小男孩又设计了一个半月形的箱子，在边上刻出一些小洞，刚好能堆放蛋卷，并在箱子中部的空间里放上冰淇淋，结果他这种新鲜的蛋卷冰淇淋备受乘客欢迎，使他的生意火爆一时。

正因为他懂得如何比别人做得更好，比别人做得更早，比别人做得更新，对于他这样一个懂得如何创新的人，怎么能不拥有成功人生呢？后来，这个小男孩果然成了一个不同凡响的人，他就是摩托罗拉公司的创始人保罗·高尔文。

这则故事告诉我们，其实创新很简单。对我们习以为常的简单的事情，若能创造性地去做，做得非同寻常的好，这就是一种创新。若能从小事做起，从细处做起，让创新成为一种习惯，那么距离成功就不远了。

诚实守信

"诚信"主要包括两个方面的内容。一是诚实、诚心、诚意、诚恳，它代表着与人为善，与人交好，待人诚恳等美德，要求人们为人处事讲求厚道，真诚对待他人；二是信守诺言、有信义、有信用、讲信誉，让人值得信任和信赖，它代表着服从规定，遵守规则，答应他人的事情就一定要做到，信守自己的承诺。诚信表现为一种人格操守，中国自古以来就以诚实信用为美德。《论语》中"民无信不立"，说的就是大至一个民族，小到一个人，诚信都是立身之本。此外，"诚信"也是一种职业道德。市场经济是一种"规则"经济，规则的执行靠的就是诚信。政府无诚信，则缺少凝聚力，国家就没有希望；企业无诚信，则缺少发展动力，企业就会消亡；做人无诚信，则没有生存力，将会被社会所唾弃。诚信被视为"立政之本"、"敬德修业之本"和"修身之道"，既是人内在价值的外部表现，又是对人内在价值的客观评价。

诚信：立足社会之无形资产

诚信之于社会人，有诚信不仅是做人的基本要求，也是企业及其产品的"生命"和"灵魂"，还是整个社会正常运转的中枢和杠杆。"诚信"者，人之愿交，并交之甚好，因为这种交往是诚实可信的，是安全可靠的，它只会带来快乐和效益，而不会带来损害和危险。无"诚信"者，人之恶交，避而远之，因为这种交往是虚假的，不负责任的，不安全的，它只会带来厄运和灾难。同时，诚信有助于在社会交往过程中建立互信，有互信才会有真挚坦诚的沟通，才会避免无谓的臆测，才会在商业交易中比较容易地解决问题。

做人要恪守"诚信"，入市要遵守规则。只有这样，才能经得起时间的考验，才会赢得世人的信赖和尊重，人格才会发光，尊严才有分量，话语才掷地有声，最终会取得事业的成功，拥有辉煌的人生。所以，诚信不仅是做人之本，也是一个人立足社会的重要的无形资产。纵观所有成功人士，都是非常讲究诚信的。这是因为，讲诚信的人的机遇最终会比别人多。诚信也许会使你暂时失去一些东西，有时还会被所谓的"聪明人"嘲笑，但是如果你坚守这一品格，自觉将诚信贯穿在自己的所有行为中，使诚信成为自己的习惯，必将成为最后赢家。大量的事实表明，当这种习惯形成的时候，也就是人格魅力增加的时候，也就是无形资产增多的时候。每一个拥有诚信美誉的人都使自己的价值放大了数倍，诚信将是你成就事业的倍增器。

诚信：铸就个人未来

市场经济是契约经济，诚信原则是市场经济的道德基石，是市场经济有序发展的前提。诚信不仅维系着企业赖以生存和发展的根基，更是一个人职业发展的保障。没有契约信用的基础和社会环境，现代企业就无法生存，同样，一个人的职业生涯就不会有一个良好的环境。

前边已经说过，诚信是人格的基石。在一个人的一生中，可能更换过许多名片，但是有一张名片却始终跟随着你，时间越久色泽越真。这张名片就是：诚信。做一个诚信的员工就是要诚实做人，诚心做事。

讲求诚信的人其实是最聪明的人。只有讲求诚实信用并把信誉视为生命的人，银行才会借钱给你，商人才敢跟你做生意，别人才会和你合作，企业也才愿意聘用你。在现代社会，只要有证据证明你是一个信誉良好的人，信誉就是你的职场通行证，也是你的人生通行证，你可以受人尊敬地通行于这个文明社会。

忠诚品格

忠诚是职业素质首要的实践内涵。忠诚品格是人类最宝贵的美德之一。它体现在最珍贵的情感和行为的付出之中。在任何时候，忠诚永远是企业生存和发展的精神支柱，是企业生存之本。对企业而言，总是需要忠诚和有能力的员工。李嘉诚先生曾这样说过："做事先做人，一个人无论成就多大的事业，人品永远是第一位的。而人品的第一要素就是忠诚。"只有忠诚于自己公司和领导的员工，才有权利享受企业给个人带来的一切。

忠诚：人之立身之本

忠诚是人最宝贵的品格。西方有一句谚语"一盎司忠诚等于一磅智慧"。其意思是说，如果智慧像金子一样贵重的话，那么还有一种更为珍贵的东西，那就是忠诚。对于职业发展来说，忠诚在职场也非常重要。欲进入日本索尼公司的人都会听到这样一句话："如果你想进入索尼，请你拿出你的忠诚来。"因为索尼公司有这样一种理念，忠诚是比能力更为重要的一种品质，如果不能忠诚，他可能会给平庸者带来大得多的破坏。

其实不止是索尼，对于任何企业来说忠诚都是极为看重的美德，也是现代社会职业发展所需要的内在品质。如果让领导觉得你是忠诚的，会给你提供更多的机会。

对自己的公司、对自己的工作忠诚，从某种意义上讲，就是忠诚了自己。忠诚不应当希求回报，它不是获取利益和晋升的资本，而应当是伴随一个人终生的品质。然而，忠诚不是一种纯粹的付出，忠诚会有忠诚的回报。如果你选择了忠诚，那么机会和利益就会因忠诚而来。不求回报的忠诚，却能获得意想不到的无穷无尽的回报。在福特汽车公司有这样一个案例：一次，福特汽车公司的一台马达坏了，公司所有的技术人员都束手无策，只好请来了在一家小公司就职的德国籍电机专家斯坦门茨。他经过研究和计算，用粉笔在电机上画了一条线，说："打开电机，把画线处线圈减去 16 圈。"技术人员照此做后电机立刻恢复了正常。福特公司问要多少酬金？斯坦门茨要 1 万元美元。人们惊呆了，画一条线竟要这么高的价！斯坦门茨坦然地说："画一条线值一美元，知道在什么地方画线值 9 999 美元。"这时，公司老板亨利·福特对斯坦门茨赞赏有加，开出了高薪要请他到福特公司来工作。但斯坦门茨说："我所在的公司虽小，薪水虽低，但是老板对我很好，是他给了我来美国的第一份工作。我不能见利忘义。"福特更加钦佩斯坦门茨的人品。于是，用 3000 万美元买下斯坦门茨所在的公司，终于得到了想要的人才。

忠诚：最有力的工作保障

忠诚是最有力的工作保障。不忠之人，或许能暂时得到一些蝇头小利但付出的却是"没有明天"的代价。没有哪个老板愿意使用不忠诚的人。忠于公司或老板就是忠于你自己；背叛公司或老板，也就是背叛自己，最终的结果可想而知。

敬业精神

敬业是从业者对自己所从事职业的尊敬和热爱。敬业从本质上表现为一种职业态度，是职业道德的集中体现。一个没有敬业精神的人，即使有能力也不会得到人们的尊重和接受；而能力相对较弱但具有敬业精神的人，却能够找到发挥自己才能的舞台，并逐步实现自己的价值，最后有可能成为一个成功的人。

敬业精神包含勤奋、责任、进取、主动等要求。许多人刚参加工作时，对工作充满新奇和无限的期待，根本来不及思考自己的人生规划，这样很容易在激烈的职场竞争中迷失自己。实际上要做到"敬业"，只需要解决好两个非常简单的现实问题。

敬业：你为谁而工作

凡身在职场的人都应当思考这样一个问题：我在为谁工作？这样的思考会产生两个结果：第一个结果是觉得自己是在为公司工作，或者说是在为老板工作；另一个是认为无论在什么单位，我为他人工作的同时，也是在为自己工作。

很明显，这是两种截然不同的工作态度。前一种人的思维逻辑大概是这样的：企业是属于老板的，我在企业工作是为企业、为老板工作。对于后一种人来说，虽然企业属于老板所有，但他们更看重的是自己从工作中所得到的收获，更关注自己在工作中学到的知识和积累的经验。他们知道这些才是构建自己事业大厦不可缺少的基石，工作是在为自己一点点地积累财富，一点点地砌高事业的大厦。有个朋友讲过这样的故事：老张有一个朋友在一家贸易公司工作了一年，由于不满意自己的工作，他愤愤不平地对老张说"我在公司里的工资是最低的，老板也不把我放在眼里，如果再这样下去，总有一天我要跟他拍桌子，然后辞职不干。""你把你们公司的业务都弄懂了吗？"老张问他。他说："还没有"。老张对他说："我建议你先静下心来，认认真真工作，把公司的主要贸易技巧、商业文书和公司组织结构完全搞懂搞通，甚至包括如何书写合同等具体细节。当你弄懂了之后，再一走了之，这样做岂不是既出了气，又有许多收获吗？"朋友听从了老张的建议，一改往日的散漫习惯，开始认认真真地工作起来，甚至在下班后还常常留在办公室里研究商业文书的写法。一年之后，当老张再次遇见他时，问他："你现在还在那家公司干吗？"朋友说："本来我是打算走的。可是，我发现最近半年来，老板对我刮目相看，最近又委以重任，既升职，又加薪。说实话，不仅是老板，公司里的其他人也开始敬重我了！"

老张的朋友是幸运的。他只用了一年的时间就深刻体会到了一个人生哲理：只有抱着"为自己工作的心态"，承认并接受"为公司工作的同时，也是在为自己工作"这个朴素的人生理念，才能心平气和地将手中的事情做好，最终获得丰厚的物质回报，赢得社会的尊重，实现自身的价值。但遗憾的是许多人直到职业生涯的尽头，也没能很好地回答"我为谁工作"这个问题，没有意识到为公司或老板工作的同时也就是在为自己工作。

大多数人都想成为一个成功人士。但要成为一名成功人士，首先要持有正确的心态，即工作是为自己不是为老板；其次要树立正确的观念，工作是天职，是自己的责任和义务，也是自我人生价值体现的载体。我们应当做到的是与单位共命运，找准利益平衡点，单位先赢然后双赢，像老板一样为单位着想。

敬业：你为什么工作

有时候我们总是在思考，我为什么工作？为了挣更多的钱，使自己生活更美好？还是为了实现自己的人生价值。但如果明确了"你为谁工作"的问题，明白你是为自己工作，那就很容易回答这个问题了。工作的根本目标是为了实现自己的人生价值，而不仅是为了每个月能拿到多少薪水。薪水只是工作的一种报偿方式，虽然是最直接的一种，但绝不是唯一的一种。工作有比薪水更为丰富的内涵，是应当用生命和热情去做的事情。

从短期的目标来看，工作固然是为了生计，但这只是保障你衣食无忧的基本条件。这种需求在马洛斯的需求层次理论中是最低级、最容易得到满足的。人最高层次的目标是实现自我的价值，这也是人的一生竭力追求的终极目标。

一般的说，人们工作的理由大概有 3 种：一是为别人工作，获得维持生活的物质条件；二是为自己工作，提高自身能力，实现自己的价值，获得成就感；三是为事业工作，完成作为社会人的使命。然而，人们对待工作的态度不同，其个人发展的结果就截然不同。笔者在大学的职业教育课堂上曾听到老师说过这样的故事：在炎炎烈日下，一群工人正在铁路的路基上工作，一辆豪华列车缓缓驶来。当火车驶到他们面前时，突然停了下来，最后一节车厢的窗户打开，一个友善的声音从里面传来："戴维是你吗？"工人队长戴维回答说："是的，杰姆，看到你真是高兴。"随后，戴维被叫他名字的人——铁路公司董事长杰姆邀请到火车上。两人谈了一个多小时后，才握手话别。火车离开后，工人们立刻把戴维围住，对他居然是董事长的朋友而感到吃惊。戴维告诉工友，20 年前，他和杰姆同时开始为铁路公司工作，并且在一起工作了很长的时间。于是有人半开玩笑地问戴维："为什么杰姆已成为董事长，而你还在太阳下工作呢？"戴维意味深长地回答说："20 年前我为每小时 1.75 美元的工资工作，杰姆却是为铁路事业工作。"

戴维的话形象地说出了造成两个人巨大差别的深层原因：为薪水而工作与为事业而工作，其效果是截然不同的。现在，在不少人眼里，薪水依然就是他们全部工作的目的。对待工作往往采取一种"给我多少工资，就干多少活"的"等价交换"的态度。表面上看来这些"精明人"没有吃一点亏，但从长远看，他们却损失惨重。他们习惯于逃避责任，整天为眼前的工资动脑筋，却忘记了在工资背后更为珍贵的东西：工作给予锻炼的机会；工作能提升自身能力，丰富工作和社会经验；在工作中能完善自身品格和职业道德；工作能带来成就感和自信心……这一切是未来提高薪水和提升职位的根本基础。

如果一个人只是为薪水而工作，没有更高远的自我提升和发展意识，工作起来就没有了主动参与的积极性，很容易产生职业倦怠，所有的事情都是被动地接受，总是感到被强迫做事，很容易就能感受到工作的压抑和烦闷，自己也会觉得很累。在这种情况下，只能被动地适应生活，生活质量也不会高。这就是所谓的工作质量决定生活质量。

许多成功人士在回答如果没有优厚的金钱回报是否还会继续充实地工作的问题时，大部分人的回答都是："我不会改变，因为我热爱自己的工作。"由此得出的结论是：即使你还没有达到那种境界，但如果你忠于自我，最明智的方法就是选择一件即使酬劳不多，也愿意做下去的工作，只有这样才能激发工作的积极性和主动性。如果你觉得这份工作是被动的，没有乐趣的话，你最好的选择就是离职，重新去应聘。当你热爱自己所从事的工作时，你也将成为别人竞相聘请的对象，并且获得更满意的酬劳。

人们常会犯这样的错误：总是关注别人的高薪水，却很少去了解别人的努力过程。事实上，有果必有因，天上不会掉馅饼，别人的高薪是通过努力得来的，不是白捡来的。如果你渴望获得高薪水，正确的做法不是每天盼着自己什么时候才能拿到高薪，而是抛弃只关注薪水的做法，努力把自己的工作做好，得到老板的赏识，高薪水自然不盼自到。

□ 职业能力：职业发展的支柱

如果说职业素质是一个人职业发展的基石，那么职业能力将是在职业中获得发展的支柱。职业能力，也就是一个人从事某种职业的多种能力的综合。我们这里所阐述的职业能力，主要包括人在职业发展中，所需要的交流沟通能力、团队合作能力、问题解决能力、自主学习能力。

交流沟通能力

人们都想在一种和谐的环境中生活和工作，都希望有一种轻松融洽的工作和生活环境。那么如何构建和谐的人际环境呢？答案是：良好的沟通。

沟通是为了满足人生发展的需要，借助有声语言与身态语言系统，在知识、观念、愿望、情感以及态度等方面进行传递、交流的社会行为过程。每个人在社会中扮演着各种各样的角色，而每一种角色都要延伸为一种人际关系。在种种复杂的人际关系中，我们每天都要进行各种各样的沟通。因此，我们时时面临着一个重要的问题："如何沟通？"最重要的原则就是要主动沟通。

主动沟通是与他人建立良好的人际关系的手段，它能使双方受益，在和谐的人际环境中，双方都能够得到对方的尊重、帮助和爱戴，在这种情况下，不仅能够提高工作效率，还能保持心情舒畅，促进身心健康。那么，如何与人主动沟通呢？

积极主动和陌生人交往

能够很好地与陌生人交往是良好沟通的前提，也是发展人际关系的根本。

1. 和陌生人交往是衡量交流沟通能力的关键尺度

人从出生到死亡，交流沟通都是从和陌生人交往开始的。从读学前班一直到走向社会，都不可避免地要和各种不同的陌生人打交道。事实上，我们每天都在接触陌生的人和事，都不可避免地与陌生人沟通交流。如果善于和陌生人打交道，大大方方地接触每一位新朋友，丝毫没有羞涩和恐惧，那么你就能很快地获得同行、领导和朋友的信任。

2. 和陌生人交往的技巧

善于和陌生人交往，是每个人在人生发展过程中必须解决的问题。我们要学会锻炼自己，主动和陌生人沟通。和陌生人交往的主要手段有以下几种。

消除戒备心理。在我们与他人交往，尤其是与陌生人交往时，总会存在一定的戒备心理，很难取得有效的沟通。因此，我们不妨将与陌生人认识视为"上天"赐予我们的缘分，用"惜缘"的态度和陌生人交往，或许匆匆一别，相忘于江湖；或许铭记一生，永远在心中。总之，我们要珍惜和别人相处的瞬间，消除戒备心理。

寻找合适话题。当与陌生人交往时，一开始交往或许有些困难，那么就要寻找合适的话题，或用非语言的沟通获取对方的信任。

了解交往人群的心理

人际关系在心理上总是以满意或不满意，喜爱或厌恶等情感状态为特征的。"喜欢"与"讨厌"是人际关系发展与停滞的纽带。人们喜欢那些给自己带来表扬或赞赏的人，讨厌那些给自己带来惩罚的人。

如果能够掌握人际关系情感因素的心理规律，对于对方的优点或好的方面，及时给予赞美和表扬，对于对方的缺点和错误，要委婉地表达，正面地鼓励，而不是直接加以斥责和批评。这就需要良好的沟通。沟通，关键是选择一个适合的渠道。通用电气的首席执行官杰克·韦尔奇的沟通方式值得借鉴。在韦尔奇带领通用电气走出困境，重塑辉煌的过程中，有效沟通发挥着重要作用。韦尔奇将一半的时间用在他称作的"人的问题"上。他在通用电气公司这样庞大的公司中创造了一种少有的非正式沟通和共享的感觉。他从来没有给任何人发过正式的信件、备忘；几乎所有的信息都是依靠个人便条、打电话或面对面直接沟通传递的。韦尔奇每年都要为公司设置年度议程和为通用电气新诞生的英雄进行庆贺的活动，为来自不同事业部的经理和他们的同行创造交换思想的机会。这些非正式的聊天会通常持续到午夜两三点钟，每次这种会晤韦尔奇都会亲自参加。在会议将结束时，他会发表一个精心策划的讲话，讲话被摄制下来，翻译成 8 种语言，然后传递到世界各地通用电气的分公司。在那里通用的经理们用这段录像与自己所属的团队来商讨通用来年所要应对的问题。其他正式的沟通还有每季度召开的企业执行官理事会，在那里通用公司的 30 名高级官员相互交换意见。执行官们把这种会议誉为利益共享、人人有份，因为不管是好的还是坏的信息都是公开共享的。

韦尔奇的最重要的沟通形式之一是非正式，他时刻与下属保持着高效的沟通状态。每周韦尔奇都要对工厂或办公室进行突击访问，和通用公司的各个层次的人员进行交谈。他定期和那些与自己低好几级的经理们共进他们想都想不到的正式午餐，在进餐间隙，他可以吸收他们的观点和看法。韦尔奇平均每年要会见通用公司的几千名员工并与之交谈。韦尔奇的沟通技巧帮助他在通用电气这样的公司内施加了强有力的影响。

韦尔奇通过个人便条、打电话，以及面对面会议来与他的员工沟通，而不是给他关心的职工发送正式的信件及备忘。这种沟通方式使韦尔奇获得真实的第一手资料，为其作出正确的决策打下基础。

培养主动沟通的习惯

要学会与别人主动沟通，最重要的是要学会切题交谈和倾听。切题交谈需要双方就谈话主题深入地进行交谈，而不是聊与话题无关的内容；另外，还需要学会倾听，倾听是沟通的艺术，在交谈过程不一定要掌握谈话的主动权，控制整个谈话场面，而要去学会倾听，此外，还要能够用简洁的话语准确传达自己的意见和建议。

学会切题交谈

1994年春节晚会上，李金斗、石富宽、阎月明和单联丽表演了一个《跑题》的小品，讽刺人们在开会学习讨论中，不能切合主题开展讨论，而是东拉西扯，严重跑题的现象。在科长组织的会议讨论中，大家先是谈"名牌旅游鞋"，接着扯到"孩子犯规"，继而讲到"骆驼有水囊"，接着扯到"一个驴两个脑袋"，最后不知不觉跳起舞来，科室小组的讨论离题万里，虽然科长几次想把大家的话题拉回来，围绕主题开展讨论，但总是跑题，海阔天空，乱谈一气，没有将交谈的焦点保持在一个特定的主题之上。能围绕话题交谈，切合主题讨论有一定的技巧。那么如何进行切题交谈呢？

1．选择话题营造氛围。

在陌生的场合或在一个新的社交情景，可能会使人产生恐惧和不安的情绪。在刚开始交谈时，最好以对不重要的话题进行社交性交谈，营造轻松的氛围。闲聊的话题可以包括以下内容：

问候对方，自我介绍；

评价目前天气和周边环境；

评论当下发生的大家感兴趣的事情；

讨论对方的兴趣爱好；

对方关注的其他事情等。

通过这些无关紧要的内容的交谈，引出双方感兴趣的共同话题，为切入主题做铺垫。

2．围绕主题恰当提问。

在交谈中，可以围绕主体进行恰当的提问，往往有助于相互之间的沟通和交流。在提问时应注意：以理解的态度进行交谈。理解对方，诚恳而准确地提出一些双方都能接受的问题，从而有利于对方交流。选择恰当的时机。适时的提问应在对方充分表达的基础上再提出问题。过早的提问会打断对方的思路，而且显得没有礼貌，过晚提问会被认为精神不集中或未能有效理解问题。提问的内容少而精。提问就是为了获得某种信息，在提问时，问题要少而精，适合于对方的理解水平。适度提问。提问的速度、语气、语调、句式要适度，不要给对方咄咄逼人的感觉，也不要使对方心里着急或不耐烦。不要给对方造成压力。压力会使对方产生恐惧感，比如："如果你不诚实地回答我的问题，我就……"除了强权问话、审问之外，作为友善的提问应表明共享和承诺的伙伴关系，比如："如果你能告诉我，将有助于我澄清问题。"避免一些不愉快的提问。不要提有关私生活和侮辱对方的问题。比如："你的体重多少斤呢？""你的头发怎么变稀了呢？"

善于倾听

《读者》一篇文章中曾转载了这样一个故事：曾经有个小国的人到中国来，进贡了 3 个一模一样的金人，使皇帝高兴坏了。可是这小国的人够实在，同时出一道题目：这 3 个金人哪个最有价值？皇帝想了许多的办法，请来珠宝匠检查，称重量，看做工，都是一模一样的。

怎么办？使者还等着回去汇报呢。泱泱大国，不会连这个小事都不知道吧？最后，有一位退位的老臣说他有办法。皇帝将使者请到大殿，老臣十分有把握地拿着 3 根稻草，插入第 1 个金人的耳朵里，这稻草从另一边耳朵出来了。第 2 个金人的稻草从嘴巴里直接掉出来，而第 3 个金人，稻草进去后掉进了肚子，什么响声也没有。老臣说：第 3 个金人最有价值！使者默默无语，答案正确。

这个故事告诉我们，最有价值的人，不一定是最能说的人。老天给我们两只耳朵一个嘴，本来就是让我们多听少说的。善于倾听，才是成熟的人应该具有的最基本的要求。

我们每天听的东西很多，研究表明，听的比例占语言交流中 40%左右。根据维恩拉客的调查，美国企业管理人员每天约有 33%的时间用于听，26%的时间用于说，23%的时间用于写，18%的时间用于读。另外一个以大学生为对象的调查发现，大学生每天听大众媒体的时间约占 32%，面对面听的时间约为 21%，阅读的时间占 17%，说的时间为 16%，写的时间为 14%。从这些研究结果看，听在我们的日常交流中占据了相当多的时间，是一种非常重要的交流手段。

既然倾听在我们的交流中如此重要，那么如何做到有效地倾听呢？

1. 排除干扰，专注倾听。深呼吸，稳定情绪。好的倾听者要精力充沛，有抗干扰、排除噪声的能力。在集中注意力的时候，无论环境多嘈杂，汽车声、说话声等都不能干扰你的思路。如果感觉心不在焉或者情绪不稳定时，可以做做深呼吸，放松自己的情绪。

关注内容，捕捉要点。弄清对方所讲的中心思想，辨别贯穿于整个内容的基本思想，并联系自我的经验理解对方的观点，寻找对方所讲内容与自己已知内容的异同，然后再预言接下来要说的内容有助于集中注意力。

2. 积极跟随，主动倾听。在倾听时，听者要通过语言或情绪的反馈，向说者积极主动表明自己听见并且明白对方的意思。

使用目光交流。眼睛是心灵的窗户，双方交谈时，要注意目光交流。通常要用柔和的目光不时地注视着对方的眼睛，表明自己对所讲的内容感兴趣，同时也传达了友好的感情和积极鼓励的信息。

使用体态语言。用点头、微笑和皱眉等体态语言表示自己的兴趣。参与的姿势要放松，手臂不要交叉，不要僵硬不动，要随说话人的语言而做出相应的反应。坐着说话的时候，要面向说话人，身体略向前倾，可以随着说话人的姿势不断调整自己的姿势。

使用有声语言回应。必要时，边听边用"嗯、啊、我明白了、我知道、没错、对"等词语来肯定和赞扬说话者，表示你的兴趣和鼓励对方继续说下去。

做笔记。在条件允许的情况下，特别是重要性的交谈或会议上，做笔记是表明自己在积极倾听的重要动作。做笔记能听清楚并记录下所说的全部内容，并能理清说话者的主要观点，还能注意到信息的重点，并会留下书面材料，反复琢磨，深入理解。

总之，倾听既能避免信息的误解，又能加强双方的沟通和交流，是有效沟通的润滑剂。

学会将信息准确传达

美籍华人赵浩生先生 2000 年 10 月 29 日在中央电视台"朋友"节目中，曾讲述了他 1950 年在台湾采访宋美龄的故事：那一天，赵浩生先生来到宋美龄的客厅，坐下来等待会见，这时他想，作为美籍华人，今天是以中国记者身份采访呢，还是以美国记者身份采访？若以中国记者身份采访，则需要坐在沙发的边沿上，表现得毕恭毕敬，而以美国记者采访则可随意些。接着，赵先生又问宋的副官："等会儿我用什么语言问夫人的问题比较好？是上海话、广东话、还是英语？"副官说："夫人说什么，你就说什么。"宋庆龄喜欢穿长旗袍，那天也是如此，一副高贵的样子走出来，赵先生迎上去，热情地问候，说："夫人啦，您一点都没有变。"宋美龄一听，十分高兴。随后，赵先生又从上衣口袋里拿出一张当年在重庆新闻记者与警卫队比赛篮球时请宋美龄开球后合影的照片，问宋美龄，"您还记得这幅照片吗？"宋看了又看，记起来，说："记得，那次你们可输得惨啦！"一下子气氛十分融洽，顺便开始了访谈。

案例中赵浩生先生准确地适应交谈的情景，恰当地把握双方的角色关系，运用双方合适的语音、语体，准确地表情达意，拉近了双方的距离，取得了很好的交谈效果。

在我们明确了交谈目的、了解了交谈的主题和方式后，适情应景，得体地使用规范易懂的语言，恰当的语调和表情，使用连贯的语句，清楚地表达自己的意思，是我们有效交谈的重要手段。那么，如何适情应景，准确表达呢？

1. 明确角色。

准确把握好自己在交谈中的角色非常重要。定位不准，角色错位，交谈往往很难进行，或者难以取得良好的效果。每个人在社会上都担当着许多角色，如上司下属、同事朋友、父母子女、兄弟姊妹等，每个人在具体的交谈中，要根据双方已有的关系基础和交谈的目的要求，来进行适当的交谈。

2. 语言规范。

在语言方面，要注意语音形式和语体使用的规范，注意不同场合约定俗成的语体规范要求，在大众传播和公开场合尽量使用普通话，在私密交谈中，用双方感到亲切的语音，将会取得较好的效果。同时，要注意区分正式与非正式交谈的语体规范，在非正式场合中，使用过多的书面语、抽象的词汇和客套的仪式语言会使人感到别扭、生硬；同样，在正式交谈中，使用非正式交谈中的口语词汇和随意的交谈对话，会使人感到不严肃、对对方不尊重。因此，在交谈中，措辞要注意恰当、简洁，在内容上要注意简明、合理，这样才能准确地传情达意。

3. 积极合作。

合作是交谈双方必须遵守的游戏规则，有效交谈的重要前提是尊重对方，保持良好的合作态度。古人讲"修辞立其诚"，用真诚的情感去交谈，会获得事半功倍的效果。真诚体现在要用尊重的态度平等地看待对方，用理解的态接纳对方的喜怒哀乐，用关心的情怀关注对方的内心感受，用鼓励的语气激励对方积极发言。

团队合作能力

团队合作能力是团队的成员为了团队的利益和目标而尽心尽力、相互协作的意愿和作风，是将个体利益与整体利益相统一从而实现组织高效率运作的理想工作状态，是高绩效团队中的灵魂，是成功团队所具备的宝贵特质。具备团队合作能力需要从以下 4 个方面入手。

具备合作意愿

合作需求是双向的，"萤仅自照，雁不孤行"，在社会中，不仅需要与别人合作，别人也需要与你合作，合作是相互的。只要表现出强烈的合作意愿，积极地创造合作机会，就可以增进合作。是否与人合作，生死攸关。经过漫长岁月的磨炼，经过一代代人的经验积累，我们领悟到一个道理：合作则生，不合作则死。灾难面前，盲人和跛子能够携手合作逃出火海，而健全的人却丧生，这就是合作与否的结果。因此，要具有团队合作的精神，有意愿与人合作，才能够融入团队中去，提高工作的效率。

理解合作目标

"凡事要好，须问三老。若争小可，便失大道。"这里所说的三老，是指古代掌管教化的乡官，也泛指有经验的老人；小可指的是区区小事。这句话说明，与人合作，必须明确要做什么事情，将要达到什么样的效果，即理解合作的目标。理解合作目标，也不能单凭个人的理解，而要积极地寻求帮助。

大家合作起来做什么，合作起来不是凑热闹，而是共同做一件有目标的事情。应该有一个共同目标，将大家聚合在一起。合作的目标，是由团队的核心人物提出和调整的。目标模糊的人，做起事来茫茫然，帮倒忙，越帮越忙，结果与初衷南辕北辙。"行成于思毁于随"，凡事要多考虑，问问为什么。如果不知道就要去请教他人。"听君一席话，胜读十年书。"仅仅凭借自己的能力，很难理解合作目标。因此，要充分理解合作目标，才能够达到团队合作的目的。

建立合作关系

"物以类聚，人以群分"，要建立相应的合作关系，才能与人合作。人在社会中有 3 种关系，即血缘关系、地缘关系和业缘关系。血缘是亲情关系，父子母女兄弟姐妹之间是血缘关系；地缘，是乡情，在异地他乡，"老乡见老乡，两眼泪汪汪"，说的是一种老乡情谊；业缘，是职业范围内所涉及的人际关系，这是从业者非常重要的人际关系，也是一种职业关系。在职业关系中，要建立相应的合作关系。当然，职业关系又有着远近亲疏的关系。如果将职业圈画成一层又一层、半径不等的圈。一般为 3 个等心圆套在一起。离圆心近一些的称为内圈，中间状态的称为中圈，外一些的称为外圈。

职业内圈，主要是你的直接上司，工作搭档或直接下属的合作关系。内圈是重要的合作伙伴，在工作中基本上都在一起，大部分时间都是在一起做事，彼此间相当熟悉。根据每个人的职业不同，内圈的人数也不相同，约3至8位不等。

中圈，主要是本部门的同事，其他部门的相关员工以及外部门相关人员。在工作活动中的合作，虽然没有达到内圈的频繁程度，但也经常会有业务往来。根据职业性质的不同，中圈的人数少则七八人，多则三四十人。

外圈，是大范围的合作关系。有客户、高层领导、间接下属和职业生涯中的各方面朋友。外圈的朋友合作频率较低，但在关键时刻，这些人又起着重要的作用，因此也不能忽视，必须保持联系。一旦需要时，可以相互支持。外圈的人数少则三四十人，多则一二百人。

建立良好的合作关系，要学会与不同圈层的人建立合作关系，并保持彼此之间的联系。

明确职业角色

在职业人生大舞台上，每个人都要扮演相应的职业角色。职业场合中，有人是上级，有人是下级；有人担当主角，有人担当配角。因此，在职业中，必须按照合作任务承担相应的角色，在合作过程中，在不同的合作位置上，你可能要委屈自己的意愿，感觉自己的才华被压抑，但是为了共同的合作目标，你必须接受这样的安排。

需要你扮演配角，就要接受这样的安排，并自觉地认同所要扮演的角色。需要你承担主要角色，则能够挺身而出，担负起责任，不能推脱和畏缩。在不同的合作关系中，要及时完成角色的转换，能够从主角到配角，也能够从配角到主角。

解决问题能力

在人的一生中，无论是生活还是学习工作，都会遇到各种各样的问题，解决问题的能力决定了一个人职业发展的高度。

认知心理学家通常将问题分成两种：已界定清楚的问题（well-defined）与未界定清楚的问题（ill-defined），已界定清楚的问题因不必加以界定，所以有一定的目的、信息以及解答；未界定清楚的问题则相反。另外，亦可分为结构性（well-structured）的问题及弱结构性（ill-structured）的问题，结构性的问题具有单一、正确、聚敛的答案，问题中包含所有解决问题的要素，包括问题的初始状态（initial state）、已知的目标、逻辑的陈述与限制；而弱结构性的问题出现在每日生活当中，问题陈述是隐晦不明的，解题的信息也没有出现在问题的陈述之中，此类问题可能有多元的解决方案、解决途径或者甚至没有解决的方案，在问题策略的评鉴时需建立多元的标准，因为解决问题并没有一致、标准的答案，并要求解题者提出解题过程中的想法及信念。

李震甄曾针对问题的解法、表征、应用的策略、需要的能力和认知技巧进行分类，如表 2-1 所示。

表 2-1　　　　　　　　　　　　问题类型表

问题类型	问题典型（范例）	采用的策略/步骤	所需能力
归纳性结构	推理、连续推测问题	理解	察觉关系并产生整体性表征
转换规则之归纳（假设考验）	河内之塔、水壶问题	方法分析	分析跟目标有关的状况
	理论证明题	计划	组合性操作、状况与操作者之相关
	概念学习	历史成因分析	经有先前信息的使用而学习
排列	算密码问题 变位字问题	结构研究	产生和评估的解法：流畅性、解题形式的修正、算则的使用
排列的转化	火柴问题 西洋棋	方法分析、计划、结构研究	知识、推理
结构和转化（组合）	问题主题 故事性问题（专家与生手的差异）	建构问题空间 理解解法和逆向解题法	了解指令 知识的角色 各成分的相关
在整理问题时归纳结构	内省性问题 设计和发明 组合 定义不良问题的发现	理解 结构性研究 新的理解 定义目标、问题、建立问题空间、设计问题	流畅 功能定位 弹性 产生决定的成分

马克与史蒂夫（1991）在其 Discovery 的问题解决模式中，利用 5 种问题类型供评量与课程设计时使用，内有各类型问题在提问和解决时所需的结构和信息（Maker，2002），如表 2-2 所示。

表 2-2　　　　　　　　Maker& Schiever 问题类型表

类型	问　题		途　径		方　法	
	提问者	解决者	提问者	解决者	提问者	解决者
I	K	K	K	K	K	U
II	K	K	K	U	K	U
III	K	K	R	U	R	U
IV	K	K	U	U	U	U
V	U	U	U	U	U	U

K=已知（Known）U=未知（Unknown）

R=范围（Range）（一个问题有多种解决途径，但提问者只限定其中一种）

　　然而，由于问题解决的形式很多，"问题解决"此一名词很难被精确地定义，如同所说：问题解决就像美一样，我们无法定义它，直到我们亲眼所见。认知心理学家在教学及评量问题解决上也有同样的困难，从多位学者所提出的看法，不难发现多朝向问题解决能力的定义，多朝内涵、主要元素及问题解决的历程模式两方面来看问题解决。问题解决能力的内涵如表 2-3 所示。

表 2-3　　　　　　　　　问题解决能力的内涵

提出之学者	定　义
Gagne（1970）	问题解决可视为是一种过程，结合且运用先前所学的规则去解决新奇的情境，并且在新的过程中产生新的学习
Krulik &Rudnick（1980）	个体利用已学过的知识、技能去满足新情境需要以获得解答的过程
Mayer（1985）	由已知情境转移到目标情境的过程就是问题解决
Gage（1986）	问题解决是一种过程，当学习者无法使用先前的经验去解决新面临的情况且在遭遇问题时，学习者会回忆已学习过的经验，而尝试去发现解答。当他无法成功解决问题时再尝试连结，如果获得成功的连结则变成高层思考且可再进一步运用于相似的问题上。而产生的高层次思考则成为一认知策略，它可引导认知行为。学习者能成功地解决问题乃依赖回忆相关规则、口语知识的广博和认知策略的运用等能力
Fisher（1990）	问题解决是应用性思考，其与批判思考和创造思考三者并立。批判思考属分析性质，而创造思考则偏重分歧性，两者均为探究性质的思考，且为完成问题解决所必需

续表

提出之学者	定 义
Klien& Crandall （1995）	问题解决包含 4 个主要的策略：汇集行动的步骤、检视及评估活动的步骤、现象的解释及发现现象发生的模式
O`Neil & Schacter （1997）	问题解决包括 4 个要素：一是特定领域的知识（即内容的知识），二是问题解决策略的运用，三是后设认知的能力（计划与自我监控的能力），第四则为动机（自我效能与努力）

此外，具备解决问题的能力还需要能够分析问题，实施计划并验证方案是否可行。

合理地分析问题需要能够对问题进行描述和理解，明确要解决的问题的目标是什么，进而跟踪问题发生的趋向，并分析能够采用的解决问题的方法所受到的条件限制，最后在解决问题时可能会有的各种方案中，选择最佳方案。

"问题"主要是指事物的状态"意外地"发生了变化，这种变化一定是在我们意料之外。状态意外地改变了，那么问题自然也就产生了。一种事物存在状态的改变肯定是有原因的，这个原因经过分析也许能找到，也许找不到，如果能够找到"状态"改变的"原因"，"问题"就比较容易得到解决。如果一时找不到"状态"改变的"原因"，或者仅找到表面的"原因"而没有找到促使事物"状态改变"的"根本原因"，那么"问题"依然不能有效解决。因此，当遇到一个"问题"时，首先要掌握描述问题的方法，并确立"问题"解决后要达到什么样的"目标状态"。清晰地描述"问题"是解决"问题"的第一步。因为只有把"问题"描述清楚了，你才会知道"到底发生了什么问题"，然后才能寻找解决问题的方法。如果连"问题"本身都不清晰，那么就会失去解决"问题"的思路与方法。

清晰地描述问题后，需要对问题进行调查、了解与跟踪，并能明确问题的解决所具备的相应条件及所受到的条件限制。最后，在你调查了问题存在的原因后，则要提出相应的解决对策，选择最佳的解决方案。

当你对遇到的问题进行了分析，并提出了解决这个问题最佳的方案后，接下来就应当是制订计划、付诸行动了。

在计划付诸行动时，要思考该计划的实施是否在本人的职责范围之内，是否有权作决定？在实施过程中是否可能要跟公司内或者部门内的人进行协调？或者是否要先请示一下上司，看他的意见是什么？如果你把握不准是否应当请示上司，那么就应当请示。因为你的工作是对你的上司直接负责任。你没有做好事情，他要负相应的工作责任。在海尔公司，下级的工作出了问题，其直接上司要负 80% 的责任。

　　问题解决之后，我们应当进行反思和检查。总结的过程就是一个反思和提高的过程。反思需要有目标，其目标就是检查问题到底解决得如何。

自主学习能力

　　自主学习能力是在工作活动中，能根据工作岗位和发展的需要，自主确定学习目标和计划，并能够灵活运用各种有效的学习方法，自主调整学习的目标和计划，从而不断提高自我综合素质的能力。自主学习能力以终身学习为主要特点，以各种学习方法和良好的学习习惯为手段，以学会学习为最终的目标。

　　现代社会知识更新换代加快，知识总量迅速扩张，学会学习也成为了现代社会职业发展中必备的能力。古人云，授之以鱼，只供一饭之需；授之以渔，则终身受益无穷。美国未来学家托夫勒有句名言："未来的文盲不是目不识丁的人，而是没有学会怎样学习的人。"[1]联合国教科文组织在《学会生存》中指出："教育应该较少地致力于传递和储备知识，而应该更努力地寻求获得知识的方法，即学会怎样学习。"[2]自主学习是在社会中生存必备的能力之一，也是职业发展所必需的能力。我们从小就不断地学习，但是并不是每个人都会学习，具备自学的能力。有的人非常刻苦，态度认真，但是没有良好的学习方法，结果事倍功半。而会学习的人却能够在较短的时间内掌握所需要的知识和内容，收到良好的学习效果。

　　那么，如何能够提高认识，端正学习态度，增加学习动力，拥有高效的学习效率呢？我们要从以下几个方面去尝试，提高自身的自主学习的能力。

制订学习目标和学习计划

　　马克思说过，最蹩脚的建筑师一开始就比最灵巧的蜜蜂要高明的地方，是他在蜂蜡建筑蜂房之前，就已经在头脑里把它建成了。由此可见，确定明确的目标，并制订切实可行的目标和计划，是做好任何工作的基础和前提。因此，学会学习的前提就要制订学习的目标和计划。

　　制订学习计划指的是：一个人在一生中要学习方方面面的知识，但在特定的时间段内究竟要学习什么知识？为什么要学习这些知识？这些知识应该掌握到什么程度？却往往困扰着众多的人。你是否也有同样的烦恼，下面几个问题可以进行一下自我检测。

　　你是否有时学了不少东西，却并不十分清楚为什么要学它？

① 托夫勒著，黄明坚译.《第三次浪潮》[M].北京:中信出版社.2006
② 《学会生存—教育世界的今天和明天》，联合国教科文组织国际教育发展委员会，北京：教育科学出版社，1996

你是否有时候这也想学那也想学，却什么也学不好？

你是否有时觉得自己该学的东西没学好，却把时间耗费在一些不太要紧的东西上？

你是否有时对自己的学习目标是什么并不十分清楚？

你是否有时对自己的学习效果如何不甚了然？

对于这些问题，如果你的答案是肯定的，那么说明你没有明确的学习目标和动机。

动机是行为的内驱力，只有具备明确的动机，才能积极地行动。而制定清晰的目标则对动机有着重要的激发作用。美国心理学家洛克（E.A.Locke）的"目标设置理论"认为，目标本身就具有激励作用，目标能把人的需要转变为动机，使人的行为朝着一定的方向去努力，并将自己的行为结果与既定的目标相对照，及时进行调整和修正，从而能够更好地实现目标。所以，明确的学习目标是提高学习效果的前提和关键。

实施学习计划

很多时候我们有这样的体会，明明感觉计划做得很好，也有能力将任务完成，却总是没有达到预期的效果，这就需要我们真正地实施学习计划。

第一，按时落实任务。许多人善于作计划，但却总是不能坚持按计划执行。他们看似目标明确，计划周密，但行动上却总是磨磨蹭蹭，最终毫无建树。这种"蜗牛"般的"磨蹭"行为就是不能按时落实任务的表现。我们要掌握按时落实任务的两大法宝，才能够顺利实施学习计划。

第二，学会专注。"专注"就是把意识集中在既定的计划之上的行为，并要一直集中到已经找到实现这种计划的方法。把意识"集中"在某个特定"计划"上的行为，有两项重要的法则，这便是拿破仑·希尔所说的"自我暗示"和"习惯"。自我暗示指的是通过主观想像某种特殊的人或事物的存在，以此来进行自我刺激，达到改变主观经验的目的。自我暗示相当于一个人内心的自我谈话，是人们行动的基础。自我暗示可以分为积极的自我暗示和消极的自我暗示。积极的自我暗示就是在内心里认为自己能够成功、正在进步，并且会越来越好。学会这种积极的自我暗示对于激发人的潜能和活力具有巨大的力量。而消极的自我暗示可误导个人的判断和自信，使人生活在幻觉当中不能自拔，并做出脱离实际的事情来。消极的自我暗示还可使人对外界事物的认知形成某种心理定势，为人处世偏听误信，容易凭直觉办事。

自主选择学习方式

自主选择学习方式就是能达到自主学习。当你能够达到自主学习的状态并能够主导自己的学习时，你才会进入一个全新的学习境界。自主学习方式包括 3 个方面的环节。

养成良好的学习习惯

自主学习要从养成良好的学习习惯开始，良好的学习习惯主要包括以下几个方面。

第一，预习的习惯。预习主要有 3 种层次，第一种是课前看一看课本，第二种是看课本解决生字词，第三种是查找资料做深入研究。在培养自己预习习惯时，可以坚持写预习报告，如表 2-4 所示。

表 2-4   数学预习报告

预习内容		第　　页　　例
课本的算法		
我的算法	算法 1	
	算法 2	
	算法 3	
	算法 4	
我的发现		
我的问题		
我的例子		

第二，复习的习惯。复习的习惯也有 3 种，一是先复习后作业，二是先作业，有时间再复习，三是安排专门的时间来复习。复习最重要的是要整理归纳，对学过的知识进行梳理，使其系统化、结构化。复习的方法主要包括以下几种。

循环复习法。循环往复，不断重复，加深理解与记忆的一种复习方法。

比较分析法。通过对学习内容的相同点、不同点的对比，通过对客观事物的去粗取精、去伪存真、由此及彼、由表及里的改造制作，客观、全面、深刻地认识事物的方法。

综合归类与概括提炼法。综合，是在认识的基础上把事物的各个部分或不同特性的不同方面结合起来的过程，它与分析是两种方法的思维过程，二者紧密联系，不可分割。综合以分析为前提，没有分析，认识就无法深入。分析后又必须综合，没有综合，就无法把握事物的整体。

尝试回忆自我检测法。"尝试回忆"是心理学术语，也叫"试图回忆"。在材料还没有完全记住之前，盖上书本尽力回忆学习材料，这种复习方法叫试图回忆。

小结复习法。在学完一章或一节后所进行的、以概括提炼为主的系统复习方法。小结的过程就是检验自己概括阐述教材正确与否的过程。

总结复习法。在单元或学科结束后，对学习内容进行总体分析，确定知识要点及其相互联系的复习方法。总结是系统的复习、巩固知识，应用理论并使其系统化、深刻化的复习过程。为了加强对知识总体的系统复习，可借助图表或提出启发性问题来进行。

第三，使用工具书的习惯。学习中，必须准备一些必要的工具书，以便及时解决在学习过程中遇到的问题。同时还要学会到图书馆或者在互联网上查找资料，独立地解决遇到的问题。

培养学习兴趣

学习兴趣是指一个人对学习的一种积极的认识倾向与情绪状态。从教育心理学的角度来说，兴趣是一个人倾向于认识、研究获得某种知识的心理特征，是可以推动人们求知的一种内在力量。学生对某一学科有兴趣，就会持续地专心致志地钻研它，从而提高学习效果。从对学习的促进来说，兴趣可以成为学习的原因：从由于学习产生新的兴趣而提高原有兴趣来看，兴趣又是在学习活动中产生的，可以作为学习的结果。学习兴趣的培养需要3个步骤：一是自我寻找学习的乐趣，在心理上坚信学习是件有趣的事情；二是培养好奇心，多提几个为什么，并经常与他人讨论学习中的问题；三是把学习兴趣和理想目标结合在一起，学习兴趣要保持持久的动力，就需要把兴趣之花深深扎根于理想的土壤之中。一方面明确自己的近期目标，脚踏实地地完成各项学习任务，另一方面树立远大的理想，执着地追求人生的未来。这样学习的兴趣就会越来越浓。

学会自我调控

调控是学习的保证。稳定的情绪与平和的心态，将会极大地促进学习效率的提高。在学习过程中，有时会品尝到成功的喜悦，有时也会遇到高原期，这就要求能调整自己的心态，控制情绪，避免狂妄和消沉，客观地评价自己，既了解自身的长处又能够看到自己的不足。制定目标，不断调整自己的心态。

选择有效的学习方法

学习方法是人们在学习活动中所遵循的原则及采用的程序、方法和手段的组合。它可以分解为程序、原则、方式和手段4个要素。

程序：指学习行为的先后顺序，包括过程、环节、步骤、阶段、顺序等。学习程序具有3个基本特性：时间顺序性，是指学习具有先后顺序，行为之间有着内在的逻辑联系；具体明确性，学习行为顺序具体明确，操作性强；层次性，所有知识的学习都是有层次的。

原则：学习过程中应该遵循一些原则和要求。原则具有概括性、规范性、主观性等特点。

方式：是完成一项学习任务的具体途径，包括完成任务的渠道、形式、模式、类型和方法。方式具有类型的多样性、综合性以及层次性等特点。

手段：是学习活动中所采用的工具或者物质手段。

评估学习的效果

一个人的学习如果没有评估和反馈，那么他的学习就会是盲目的，不仅不能有效地执行自己制定的计划，也无法实现自己的理想。评估学习的效果，主要包括了几个方面的能力点。

1. 自我评估总结。孔老夫子说过"吾日三省吾身"。"省"就是反省，评估自己的行为。孔子每天多次反省自己的道德品行，严格要求自己，成就了一代圣人。因此，一个人要想进步，需要不断地进行自我评估，了解达到目标的途径是否正确，方法是否科学有效。只有不断地进行评估，才能不断地提高自己的学习效率。

2. 分析原因现状。爱因斯坦在研究广义相对论时，连续研究几年却进展不大，成就甚微。经仔细查找原因，才发现自己在大学读书时，忽视了对数学的学习和钻研，因此这门课程比较差。为了研究广义的相对论，他只好放下手头的研究工作，重返学校补习数学这门课程。"书到用时方恨少"，由于学习和工作的需要，我们可能会经常出现类似的现象。影响学习效果的原因是多方面的，对每个人而言，要明确问题的原因。发现问题和分析问题的原因是我们改进学习的第一步，找到原因后对症下药，改进和提高自主学习的能力，是我们评估学习效果的最终目的。

□ 总结性评述

最后，我们来回顾一下本章的内容。在这一章中，我们围绕职业发展、职业素质和职业能力，阐述并分析了与此相关的基本知识和基本问题，并向大家展示了在现代职场中，能够成长为职业达人所需要具备的素质和能力。

职业是所有人一生中所必须拥有的，职业也和每个人密切相关。每个具备劳动能力的人都会在他的一生中从事一种或几种职业，从而形成自己的职业生涯，实现自己的社会价值和个人价值。我们取得成就的高低、成绩的大小，社会和人们对我们的接受程度、满意程度、认可程度以及个人对自我的满足程度等，无不与职业能力和职业素质密切相关。

当今社会日新月异，社会职业千姿百态，对从业者的职业能力和职业素质的要求也越来越高，内容越来越丰富。因此，我们应该全面提高人们的职业能力和职业素质，掌握职业素质的内涵，提升自己团队合作能力、交流沟通能力、解决问题的能力和自主学习的能力，以良好的职业素质和较高的职业能力，为事业的发展插上飞翔的翅膀。

LIFELONG LEARNING
AND CAREER DEVELOPMENT

第3章

终身学习与职业发展

> 终身学习决不意味着让人成为经济发展的工具。除了工作和职业需要之外，终身学习还应该重视塑造人格、发展个性，使个人潜在的才干和能力得到充分的发展。
>
> ——阿达玛·旺安（Adama Wang）

※章节引语

毛泽东曾在 1939 年就指出："我们队伍里面有一种恐慌，不是经济恐慌，也不是政治恐慌，而是本领恐慌。"70 多年过去了，党的干部队伍不断壮大发展，取得了战争、建设、改革开放等一次又一次的伟大胜利，但伟人当年指出的"本领恐慌"问题，在现时阶段仍然没有过时，仍有现实指导意义。特别是看了《南方周末》的报道：去年 7 月发布的"第五次全国国民阅读调查"显示，在过去一年中，虽然高达 80% 的被访干部认为，在当今社会，阅读是"非常重要"或"比较重要"的，然而仍有高达 46%，即约一半的干部在一年中没有接触过媒体书籍。同时，高达 58% 的干部在一年内没有自费购买过一本图书。可见，强化本领恐慌意识显得尤为重要和迫切。本领恐慌不仅可与经济恐慌、政治恐慌相提并论，而且比他们更为可怕，不克服本领恐慌，经济恐慌、政治恐慌等一切恐慌将会接踵而至，克服了本领恐慌，一切恐慌都不必恐慌。没有一定本领，就算"天之骄子"，连"泥饭碗"都找不到，何谈"金饭碗"；本领跟不上时代，有了饭碗也会被抢走、打烂、砸碎，也得"下岗"、"下课"、"让贤"，所以，要免遭被淘汰的命运，必须不断强化学习，不断提高干事创业的真本领。巴斯德说："在这个世界上，一切都取决于学习。"就连唯一荣登英国《金融时报》"全球最受尊敬商业领袖"的中国企业家——海尔 CEO 张瑞敏也时时感到"战战兢兢、如履薄冰"，也得天天学习，何况你我？

资料来源：李元成. 饥渴精神·本领恐慌·终生学习[N].共产党新闻.2009 年 12 月 11 日

本领恐慌是一切恐慌中最根本，也是最可怕的恐慌。"本领恐慌"是毛泽东同志在 70 多年前针对干部队伍中存在的一些问题提出来的观点。毛泽东有一句我们耳熟能详的谦逊之词："三天不学习，赶不上刘少奇。"虽然是谦虚之词，但是还是能折射出毛泽东内心的一种本领恐慌状态。特别是那个年代的国际国内形势瞬息万变，作为一国之主，如果满足于已有的渊博知识，充耳不闻窗外事长达三天，在某些方面自然就会落后。中央党校叶笃初教授在谈到中央政治局领导身体力行倡导学习之风时，特地重温了毛泽东同志的这个观点，并说"现在这个'本领恐慌'是在新的条件下用新的形式表现出来的"，"本领恐慌"没有过时。

第 1 章我们曾用大幅笔墨描述了终身学习在现代社会的必要性。在经济、科技飞速发展的当代社会，国际形势的复杂多变，国内改革事业的纵深发展，对社会的每一个人都提出新的挑战。其中最重要的挑战是适应各种不同生活和工作环境的瞬时切换，也就是从这种工作到另一种工作，这种生活到另外一种生活的变化，实际上是经济社会自身对人的全面发展提出的要求。我们说美国式教育的核心是容许人的全面发展，是美国教育、甚至是美国民族立足于世界的关键因素，对于一个人的职业发展来说，没有什么能力比人的全面发展更为重要了。教育学者熊丙奇曾指出："根据人力资源理论的相关研究，在人的一生中，从小学到大学学到的知识所起的作用不到 5％，能力和素养才是受用终身的。"这种能力，实际上就是终身学习的能力。而职业发展和生活变迁中，解释适应能力必然落脚点，形成对别人的比较优势，必然到向终身学习中寻求答案，答案的开篇必然是人的全面发展。

□ 人的全面发展：信息社会发展对人的要求

人的全面发展是人类发展进程中一个历久弥新的课题，之所以久，是因为为此做一个定义都很难，每一个理论从自身的角度，都能揣度出全面发展的定义；之所以新，因为人的全面发展，又一次引起了人文社会学者的极大重视。在现实生活中，不少人将人的全面发展等同于人的实践能力的提高，以人的物质创造力强弱高低来衡量人的全面发展的程度。所以，当人类借助于科学武器，使自己从一个匍匐于神像脚下的卑微的生物一跃而为雄踞地球的万灵之长之后，就觉得已经获得了全面发展。甚至把金钱的积累和权力的膨胀作为人的发展的标尺，并把更多的精力集中到物质创造上，从而以一种主人的姿态向大自然拼命索取。遗憾的是，当人们面对着自我创造的那些令人眩目的物质财富时，却难有全面发展的喜悦，反而产生一种失乐园的忧郁。尤其是人们受到来自大自然和社会的种种报复而警醒时，才发现自我已经迷失，才发现人并没有获得真正意义上的全面发展。于是，"认识自我"、"人的全面发展"等命题，又以新的意义召唤着现代人，接着又形成了一种迷惑。

理解人的全面发展，我们还是要从马克思主义理论体系中去寻找，马克思主义自诞生之日起，就将人的发展问题置于重要位置。现代社会发展到今天，支撑其发展需要很多的人才，不仅是知识、技能、经验上，而且是在内在品质、心理素质等方面全面发展的人才。只有这样的人才，才能推动社会的可持续发展；也只有这样的发展，才能不断促进人的自由发展，才能最终保障职业的和谐发展和社会的持续进步。也就是说，人的全面发展，是信息社会对人的要求。

信息社会的内涵与特征

信息社会同样作为一个我们耳熟能详的"新兴"事物，但是明白其内涵的人相对较少。似乎是大家都在说信息社会，但是大多说不出信息社会究竟是什么东西。在本章进行阐述的时候，我们需要明确信息社会的内涵和特征。那么什么是信息社会呢？

我们先来看社会发展的一些本质特征：奴隶社会，奴隶的人数决定了国家的强大程度，奴隶是国家最重要的资源；农业社会，最大的资源是土地，土地的面积和肥沃程度大致上决定了国家的强大程度；工业社会具有战略意义的资源是资本，资本决定了工业化所需要的绝大多数资源要素，只要有资本，一切问题就能解决，例如 100 多年前很多人都知道怎么建设一座钢铁厂，只是缺少资金而已；而信息社会的核心竞争力已经改变，即使你有很多钱，也很难复制一个英特尔，一个苹果公司，一个 IBM。资本仍然很重要，但是隐藏在资本后面的信息成了最关键的资源。伴随着信息科技革命以来，电脑、互联网的日益普及和快速发展，社会生产方式正在随着发生实质性的改变，人类正在迈入一个全新的时代——信息社会。

信息社会也称之为信息化社会，是脱离工业化社会以后，信息和知识将在社会的发展中起主要作用。在信息时代，信息、知识的作用日益突出，成为最重要的经济和社会资源。信息的特质和在经济及社会活动中的意义随着信息所起的作用进一步凸显。同时，对传统的社会历史观确立的前提和方法提出了新的挑战。互联网日益普及，它对社会正在进行全方位的再建构。这些因素在学术界称之为"信息技术范式"，变革着社会的经济、政治、法律和文化，变革着人们的生活方式、行为方式和思维方式，塑造和"再结构"我们的社会，标志着信息社会的来临。

信息社会是与农业社会、工业社会等相对而言的一种技术社会形态。它是工业化社会之后，以信息科技（包括网络技术、虚拟技术）的发展和应用为核心的

高科技社会，是信息、知识起主导作用的知识经济社会。它具有以下基本轮廓和若干特征。

首先，信息社会建立在高度发达的信息科学技术基础之上，是信息科技广泛应用于社会各领域、重建或"再结构"社会的产物。信息科技对经济、政治、文化和社会生活等方面都具有极强的渗透力。目前，信息科技已经成为社会赖以存在和发展的基本技术支撑，成为社会自我组织、自我结构、自我发展甚至变革社会的基本动力。信息技术对人们生活方式的冲击是显而易见的，我们在第1章也对此做了详细的叙述，对于社会来说，信息科技产生了更为广泛的社会、伦理和政治方面的内容。

其次，虚拟实践与虚拟交往极大地冲击着传统的实践、交往观，导致了人类历史上最诡异的一场生存变异和活动革命。"没事我就在农场种种地、到池塘养点鱼、然后到牧场收点东西，再和朋友们聊聊家常"，这样的描述对我们充满了诱惑，但是如果告诉你实现的地点是在网络的时候，你会不由自主地笑出声来。虚拟实践和虚拟交往对传统的实践、交往观的冲击之大很多时候让人目瞪口呆。对于传统来讲，实践的观点是马克思社会历史观的首要的基本的观点。虚拟实践、交往的出现和广泛应用，是人类在"改变世界"方面自由创造的一次飞跃，是人类改变世界的同时也改变自身、从而实现自我超越的一次飞跃，是人类生存方式和活动方式的一次重要变革。现代社会尤其是年轻人，虚拟世界占据了生活很大的部分。

再次，伴随着创造性知识和信息的增长，信息逐渐成为信息时代生产的支柱，科技进步对经济增长的贡献率迅速提高。信息、知识等无形资本的作用日益突出，其重要性超过了金融资本、原材料和能源，成为取之不尽用之不竭的战略资源。一种"以知识为主导的经济"——知识经济迅速崛起，知识创新、教育与人才的竞争成为时代的主旋律。同时，信息科技革命催生了一大批新兴产业，并促使产业结构发生重大调整：信息产业迅速发展壮大，成为整个社会最重要的支柱产业和经济发展的引擎；传统产业也普遍以信息技术为基础，对生产、流通、销售等进行全面的信息化改造。以信息技术为基础，社会生产方式发生了显著改变，经济活动的信息化、智能化大大提升。

第四，伴随产业结构的改变，信息产业的崛起，信息化生产方式的出现，新的劳动与就业方式开始形成，就业结构发生了显著变化。自动化、智能化的生产方式进一步把人类从繁重的体力劳动中解放出来；劳动力主体不再是机械的操作者，而是信息的生产者和传播者。知识型劳动者"闪亮登场"，成为信息时代社会生产和管理运作的主体，人力资本和知识积累已成为改变经济系统产出的显著变量。传统的雇佣方式受到巨大挑战，全日制工作方式朝着弹性工作方式转变，在家办公、自由职业、兼职等广泛流行，人们工作的自由度加大了，但劳动强度空前提高。工作焦虑伴随着整体焦虑一起，使社会焦虑一起构造了一个焦虑的社会。尤其是信息社会产生以来，电视、电话、电脑、电子邮件、手机、互联网、MSN、QQ等各种现代化的通讯设备和传播手段给我们的日常生活和工作带来方便，同时也给我们带来新的困扰。经常会有这样的现象，当某些信息突然在我们的身边消失时，心里会觉得特别焦躁、恐慌，甚至身体还会出现头晕、胸闷等症状。这种现象在心理学界已经有了一个专有名词——信息焦虑症。

同时，信息贫富差距日益加大，"数字鸿沟"日益加深，结构性失业、两极分化、社会排斥等成为新的社会问题。在当今信息时代，信息焦虑症是一种时尚病，而得病者多为那些学历高、工作压力大的白领。很多人认为，自己平素就在信息的"风口浪尖"上过活，随时更新最新信息并加以消化利用，是他们工作的必需，因为只有这样才能在工作竞争中立于不败之地。

第五，在信息时代，新的技术、实践和经济基础导致社会组织结构、管理方式面临挑战。在社会民主化、民众权利意识觉醒，以及媒体作用提升等多重因素影响和作用下，组织管理结构正在由传统的金字塔形向网络型的分权式管理结构演变，普通大众将在和自己有关的事务的管理和决策中发挥日益重要的作用，特别是网民的参政议政、民主监督作用日益凸显。网络上流传几种贪官曝光的段子，"二奶反目，小偷被抓，奸商败露，电脑中毒"，以调侃的方式表述了网络对民主和廉政建设的作用，这种改变，实质也是民主进程中的一部分改善，这种基于信息时代的生活实践，会造成作为上层建筑的意识形态、道德法律以及文化价值观也必然要发生变革，促进一种新的信息主义精神的形成。

第六，知识经济的快速发展，社会生产力的空前提升，日益拓展的"数字化生存"方式，为人与社会的自由全面发展奠定了坚实的物质基础。它极大地提升了劳动生产率，普遍增加了人们自由全面发展所需要的自由时间，为人们的平等、自主、全面发展提供了更大的可能性。当然，信息网络技术及其无批判性的应用，也可能导致种种"反主体性效应"，导致人的新异化。例如，由于掌握信息资源不平衡导致的"数字鸿沟"，催生了大量的信息穷人；由于"技术的专横"和不当利用而导致的政治上"被边缘化"、被操纵等。必须深入研究信息社会的新特点，确立人是目的的信息社会建构原则，探索与之相适应的人的自由全面发展的新规律、新路径。

可见，理解信息社会具有异质性，我们能发现它实质上并不是工业社会发展的"高级阶段"，而是一个与工业社会有着本质区别的最新技术社会形态。当然，信息时代尚"在路上"，信息社会尚未在全球真正实现。它的实现是一个渐进的、信息化程度不断增加的过程。

人的全面发展

人的全面发展其实是一个更久远的话题，由于工业社会对人全面发展的破坏，这个话题在工业社会过去之后才重新引起重视。全面发展的问题在古希腊哲学家亚里士多德主张的"和谐教育"里可以找到，也可以从夸美纽斯的"泛智教育"中找到，卢梭的"自然主义"更是全面发展内涵的体现，他认为教育的目的和本质，就是促进人的自然天性，即自由、理性和善良的全面发展，瑞士学者裴斯泰洛齐也倡导一种善良、意志、理性、自由及人的一切潜在能力的和谐发展。当然，我们谈全面发展的内涵，会随着时代的变迁发生变化。奴隶社会和农业社会的全面发展，是因为上层阶级遇到了生活中各个方面的原因，例如，奴隶社会奴隶主不仅要做好奴隶的管理工作，通过比武、交易等方式获取奴隶也是必需的技能，这就需要奴隶主熟练地处理生活中的各种问题，必然促使奴隶主的全面发展；而工业社会将人的生活简化为几个基本的动作，这种改变使技术得到极大的崇拜，"学好数理化、走遍天下都不怕"成了挂在人嘴边的言语；而信息社会由于知识和信息的极人作用，技术不能解决生活和工作中的所有问题，甚至不能很好地适应生活，在个人生活中遇到的问题，不是可以通过解决一个或者两个实际的技能能够完成，而是需要人的全面发展。可以这样说，人的全面发展既是社会全面发展的前提，也是社会全面发展的目标，在当今时代的背景下，社会日新月异，同时对人类自身也提出了多样化的要求，因此，人的全面发展既是人类本身发展的必然结果，更是社会走向信息时代的必然要求，同时，和历史序列上的全面发展又有本质的区别。

在阐述人的全面发展之前，需要我们对人的本质做一个完整的理解。关于对人的本质，不同的视角有不同的看法。作为社会性动物，马克思从劳动入手，对人的本质的探索走在其他学派的前面。他指出："人的本质并不是单个人固有的抽象物，在其现实性上是一切社会关系的总和。"[①]从劳动的视角来剖析人的本质，

---

① 马克思恩格斯选集（第 1 卷）[M]. 人民出版社，1995 年，第 56 页

可以得出人的 3 种基本存在形态：一种是人类，即是生物学上作为动物类属的类存在物，人的实质是实践活动；二是群体，即是社会学上因为社会关系而划分的人的社会存在物，从这个角度来理解人的本质，我们可以得出人实质上是各种社会关系的总和；三是个人，即是作为个体而存在的个人，人的实质其实就是个性。因此，"人"的内涵包含了人类、群体和个体的 3 层含义。那么从人的本质来理解人的全面发展，我们需要从 3 个方面入手：即人类的全面发展、人的社会关系的全面发展、人的个性的全面发展 3 层含义。

一是人类的全面发展。人类的全面发展首先是每个人都能够平等和独立的发展，即每个人都具有发展的权利，而不仅仅是少数人、个别人的权利；每个人都有独立发展的权利，而不仅仅是依附在少数人、个别人身上的发展。同时人类的全面发展也是全社会成员的共同发展，即个人的全面发展与社会的全面发展是相辅相成的，个人的全面发展离不开人类整体的全面发展，人类整体的全面发展也必须依赖个人的全面发展才能实现。关于人的全面发展对社会发展的促进作用，解思忠在《中国国民素质危机》一书中有一个评述："新中国成立后，人民当家做了主人，对各级政权实行监督；同时，也涌现出一大批焦裕禄、孔繁森式的好干部。但也毋庸讳言，那种缺乏独立人格和主人意识的"怕公仆"现象，依然在一些国民身上不同程度地存在着，尤其是在占全国人口四分之三的广大农村地区。"

二是人的社会关系的全面发展。人是社会性动物，社会关系是其实践活动的展开，而人是社会关系的产物，是依靠社会关系而变成社会的人。社会关系，是指人与人之间的关系，包括个人与人类、群体、自己的关系，因此，人的社会关系的全面发展包括个人与人类的全面发展、个人与群体的全面发展和个人自身内部的全面发展。人的存在主要是人在社会关系中的存在，人的发展现实表现为社会关系的发展，是在一定的社会关系中人的能力得以形成、素质得到提高的过程，因此，社会关系决定着人的全面发展的范围和程度。

三是人的个性的全面发展。人的个性就是人区别于他们的特性，具有自然特性和社会特性。而人的个性的全面发展，是人的全面发展的最高形式，同时也是未来社会发展的目的。从内容上说，包括兴趣、信仰等精神需要的满足，智力、体力等个人能力得到全面发挥，气质、性格等个性特质更加完美等。而个性的组成中，能力的全面发展是个性全部发展的核心。它是人的综合素质的集中体现。人的能力是由多种因素有机结合而成的复杂体系，包括体力、智力、情感力等，而其中人的体力和智力是其非常重要的两个方面。人的能力的全面发展，不仅是一切能力的天赋得到充分发展，同时还是各种能力得到最大程度的运用。

信息社会对人的全面发展的要求

信息社会作为一个新名词提出以来，其社会内涵与其他社会形态就开始有了明显的改变，特别是工业社会机械劳动的要求，已经开始发生了本质的变化，分析所有的变化，我们可以找到一个可以承载信息社会对人要求的载体，就是人的全面发展。

科学与技术发展对人的全面发展的要求

至于科学与技术的发展对人的要求的变化，我们可以从 18 世纪第一次科技革命爆发开始寻找历史车轮碾压过的痕迹：1779 年，兰开夏发生工人骚乱；1796 年，约克郡中发生动乱；1802 年，英国西南地区中发生动乱……隐藏在这些动乱的后面，实际上是工人认识到了机器剥夺了他们的生计，他们对自己的生活感到极大的不安，试图通过动乱有所改变。工业革命使技术得到改善，劳动开始简化为流水线上简单的工作，教育与此相适应地做出了调整。而随着科学技术的进一步发展，这种影响有继续加大的趋势，原因是流水线的劳动群众随着自动化程度的进一步提升而显著减少，从工厂寻求职位的机会越来越少。而与此同时社会服务得到了进一步的细分，吸纳了绝大多数的劳动者，原有的单一职业变成了面对人的复杂职业，这要求我们不断地学习，获取全方位的知识来应对复杂的职业场景。

此外科学的发展，新技术的不断涌现，也使社会知识迅速成长，加速了原有知识的老化，特点更为突出的是，信息社会为之标记的信息传播技术，可以让新的知识一夜之间传遍全世界，新的问题和情境在一夜之间传递到人的眼前，任何人面对这样的问题可能都是面对的新领域，这就需要我们有全面的知识和技能，有全面的思想品质和解决问题的能力，在面对问题的时候将被动变为主动，积极适应并驾驭科学技术与知识经济的快速发展。

人口结构的变化对人的全面发展的要求

我国自 20 世纪 70 年代以来，计划生育当作基本国策运行到现在，人口增长速度得到有效的抑制。与此同时，一个问题开始凸显，也就是人口老龄化趋势明显，特别是在未来，这个问题将成为非常残酷的现实。截止到 2010 年 11 月 1 日，中国 60 岁以上的老年人达到 1.7 亿，占总人口的 13.26%，其中 65 岁以上的老年人为 1.19 亿，占总人口的 8.8%。[①]用诙谐一点的语言来描述，就是中国是跑步进

---

① 赵超，余晓洁. 中国面对老龄化社会挑战，新华网，2011 年 8 月 24 日

入老龄化社会。与此现象相联系的是，年轻人面对工作中各种问题的同时，需要对老人投入更多的照顾，尤其是帮助老年人适应现代社会的生活技能，以及帮助他们应对所处于信息社会而产生的种种不适，这对整个社会人才的知识结构发生了改变，对工作有积极意义的知识和技能越发重要，同时对老人照顾的知识和技能也得到了前所未有的重视。

人口结构变化还有一个因素就是随着医学的进一步发展，人的平均寿命增加，这会促使人们更好地考虑现在生活遇到的问题，而不是求助于宗教和某种信仰，企图在并不存在的下辈子或者天堂生活得美好。于是使现代生活美好的技能和知识被强化，而对宗教相关的知识和技能变得不那么重要，而全面发展也正是生命质量提高的保障。其实，我们从以往的生活经验来看，社会底层人员只关注生存，就会在精神上较为迷信，而社会高层则会关注精神上的追求。

社会文化生活对人的全面发展的要求

信息社会的巨大红利让部分知识阶层获得了良好的经济收入，与此而来的是人们的工作时间逐渐缩短，拥有属于自己支配的时间随着增加。但是，由于大众传媒技术的高度发展，各种新鲜资讯更为容易地进入人的视野，这些供人们使用的知识变得广泛而开阔，进而会对固有的观念和思维模式、生活方式发生冲击，交流的领域也由原有的数得清的几个圈内人士扩展到地球各个角落的人群，也就是我们常说的"地球村"概念得以明了。由于不再为温饱程度犯愁，人们更多的时间是为了获得更高的生活质量，显然，信息社会高质量的交往和高品质的人际有一定的联系，当我们面对各种人群时，旨在获得精神上享受的知识和能力，开始变得很重要。

这种变化在年龄较大的人群中尤其明显，这也是老年艺术、老年电脑培训、老年保健培训大行于道的原因。有的老人为了获得更好的生活质量，在筹备退休的年纪就开始准备如何使自己的退休生活变得丰富多彩，学跳几支舞蹈、哼几曲小调、写几幅字画成了丰富生活的有效手段，这些变化，对人的全面发展提出了更高的要求。

社会文化生活对人的要求还体现在各种文化系统的适应上。在全球化的视野中，人口全球流动是资源全球配置的重要体现，是实现全球资源充分利用的手段。随着全球化的进一步深入，这种人才流动的趋势会越加明显。这种变化也可以从我们身边得到充分的认识：院子里李老师的小孩在澳大利亚留学，张教授的亲戚在德国一家大型企业工作，王博士去法国交流学习两年，吴老师去了美国做访问学者……这些充斥于我们周围。还不说因为各种原因产生的留学热、出国热、出境旅游热等各种不同的热度的东西在我们身边存在，我们自然也无法忽视在这些热背景下的文化适应问题。一般人谈适应文化差异，其实谈的是同中有异的异的部分，是以一个整体的观点来谈文化的普遍倾向。比如我们的最初印象中有法国人是浪漫奔放的，犹太人是吝啬精明的，美国人是个人主义倾向严重的，这对我们参与全球化的分工时，产生了文化适调的问题，需要我们拥有全面的知识，尤其是对文化领域的全面知识，这样我们才能较为轻松地面对各种不适现象。

人类对自身认识的深化

最初的人类对自身的认识，主要是从人类来源的认识角度来看。比如我们很熟悉的说法就是人类起源于动物。这可以从很多原始部落的传说中看到，他们的祖先多是来源于某种动物，很多为猛兽。这就是我们所说的图腾，这些和人类科学的起源，肯定有着差别，但是我们从这样许多有关文明起源的传说中可以看到这种端倪，很多先祖或英雄和动物相关，特别是中国的神话故事，比如《西游记》中刻画的猪八戒就是那种在人和猪之间的人物形象。非洲人认为人起源于南方古猿，东南亚有巨人说，这些学说是人对自身的初步认识。

随着人类社会的发展，有的传说出于人为的特殊目的而被加以渲染，使之成之为某种学说或者教义，发展成宗教，这其实也是人类对自身认识的一个深化阶段，尤其是上帝造人的出现：在古犹太教的教义《旧约全书》中描述，上帝用 6 天的时间创造了世界和人类的过程。第一天创造了光，用来分出昼夜；第二天创造了空气，用来分出天和地；第三天创造了陆地、海洋和各种植物；第四天创造了太阳、月亮和星星，用来分管岁月、节气和时令；第五天创造了水下、陆上生活的各种动物；第六天创造了男人、女人和各种农作物及家畜，第七天上帝累了，就休息了一天，从此就没有再创造什么东西。

对人的认识的一个突破，是达尔文进化论的逐渐被承认与接受，人类学家开始了寻找人类自己祖先的艰苦工作。慢慢地，早期智人被发现，人类对自己的起源才有一个逐渐清晰的认识。

随着科学技术的发展，特别是在基因解密工程的进展和脑科学的推动下，人们加深了对自身的认识，颠覆了许多传统的观念。例如多年来，人们一直认为只有儿童和青少年具备很强的学习能力，在这种观念下，认为成年人的学习能力会逐渐衰退。随着近年来科学技术的进步，使得人们开始重新认识成年人的学习能力。尤其是心理科学、生理科学和脑科学的研究表明：成年人乃至老年人，智力和脑细胞都非常活跃，只是智力模式会随着年龄的增长而发生改变。这些对人的观念有很大的冲击，以往处于片面发展的人群随着时代的改变对自己的认知观有了改变，有的把因为年轻时被各种原因遗忘或者束之高阁的兴趣拾起来，成为全面发展个人的组成部分。年轻的人群更是接受了全面发展的观念，他们将自己的小孩送到各种兴趣培训班，完整人格的发展，成了他们培育小孩的目标。笔者身边的一老师，就饶有兴趣地学起了完全没有任何基础的钢琴，并且还初有成效。

这里需要指出的是，任何培训，都需要从人的兴趣出发，仅仅是为了全面发展而做的发展努力，实际上并不会对人的健康和谐成长起到良好的效果，往往还会加重人自身发展的负担，造成不利影响。当我们换一个角度来看学钢琴的老师，如果她对音乐没有丝毫的兴趣，仅仅是为了工作上的需要，在忙碌日常工作和生活之后走进琴行，开始她如紧箍咒一般的练习，相信只会对她的身心造成负担。

当然，认识自我也和全面发展一样，是一个巨大的话题，不管是古代哲学中所表述的"知人者智，自知者明"还是基因工程中对每一个基因的解析，人自身所具备的秘密太多，完全的认识自我显然还不能做到，但是随着信息社会的发展，越多的认识，给我们剔除了更多的束缚，也就越有希望接近人所期待的全面发展的状态。

□ 终身学习：职业生涯发展的必然选择

职业生涯发展的内涵

要理解职业生涯的含义，我们先得从生涯开始。单纯从词义上来理解生涯其实并不难，从拆字的方式对生涯来理解就是：生，即活着；涯，即边界。可以隐约体会到是从生下来到死的一个过程，即是我们常说的一生中要经过的几个阶段，包括了少年、成年、老年，以及贯穿于其中的职业与事业等。

而在贯穿一生的历程中，很长也最重要的事情都是与职业相关的。人从事职业生活的时期，也是追求自我，实现自我的重要人生阶段，是人生生活的主体，也是生命意义的主题。这一段过程我们称之为职业生涯。

职业生涯也是一个随时代变迁而被赋予不同含义的概念，在上个世纪 70 年代，职业生涯专指个人生活和工作相关的各个方面，随着时间的推移，生活中很多关于个人、集体以及经济生活的各个方面都被纳入到职业生涯里面来。

不管我们有多少种关于职业生涯的看法，对大部分人而言，普遍被接受的提法是：**职业生涯就是一个动态的过程，是指一个人一生在职业岗位上所度过的、与工作活动相关的连续经历，并不包含在职业上成功与失败或进步快与慢的含义。**也就是说，不论职位高低，不论成功与否，每个工作着的人都有自己的职业生涯。我们所说的每一种职业没有高低贵贱之分，每一个人的职业生涯也没有高低之分，一个人可以在对学生的教导中度过自己的职业生涯，享受到桃李满天下的快乐；也可以在商场上叱咤风云，成为商业大亨；当然也可以投身政界，成为引领一方人民迈上更美好生活的政治明星；当然也可以像林书豪那样在球场上叱咤风云；更多的人是以享受平静的生活，将自己的本职工作做得很好，家庭经营得很幸福为主的。不管你做了什么，你可以对自己的职业生涯有一样的自我效能感。但是只要是职业就可以给自己带来一样的效能感吗？我们可以从问题的表面轻易地做出否决，职业生涯的自我效能感显然是与职业生涯发展相关的一个概念。如果一个老师，日复一日用同样的语调、陈旧的知识来教育学生，职业技能得不到提高，即使不会被淘汰，这样的老师也很难得到较高的自我效能感。同样，从事某一普通的职业，如果技能不能得到增长，也很难有良好的自我效能。而与良好自我效能感相关的是职业生涯发展的概念。

而职业生涯发展，应该是一个积极的过程，具体来说，就是**在职业生涯中，以心理开发、生理开发、智力开发、技能开发、伦理开发等人的潜能开发为基础，以工作内容的确定和变化，工作业绩的评价，工资待遇、职称、职务的变动为标准，以满足需求为目标的工作经历和内心体验的经历。**

职业生涯发展是人一生中最重要的发展，是追求自我实现最重要的人生阶段，对实现人生价值起着决定性的作用。几乎每个人都期望在工作中不断地学习和提升自己，在组织中实现个人的职业发展。一般来说，职业生涯发展可以分为以下几个阶段。

自我评价

正确的认识自己，是职业生涯发展的前提。对自己正确的评价，是形成职业方向，树立职业理想，成就自我的条件。尤其是确立自己的兴趣、价值观、资质以及行为取向，估摸自己当前所处的环境以及可以获取的资源，自己当前的技能或兴趣与期望的工作之间存在的差距来确定改善机会和改善需求。正确的自我评价和错误的自我评价对职业生涯的影响是巨大的，我们来看看小王和小海的例子，小王和小海都是某著名高校一个不太热门专业的研究生，到了研三准备就业的时候，小王认为自己虽然是这一带有名的高校的研究生，但是自己所学专业的就业面较窄，工作机会比较难得，每一次机会都认真去准备。而小海观念则截然不同，认为自己出身名门，找工作是轻而易举的事情，毕业临近了，准备充分的小王顺利进入了一所不太有名的大学，而小海则无所事事，等到了毕业一年后，终于进了一所职业院校。进入工作岗位的小王，一开始就以高标准来要求自己，两年下来，不仅在自己的研究方向取得了级别较高的科研成果，也得到了学校领导的高度评价，顺利晋升为讲师。而小海入职以后，认为自己所在的是职业院校，得过且过地混着日子，一年试用期过后，虽然勉强转正，但是一无所获。

在职业生涯的发展时期，领导也对员工的成长起重大作用，一个作风公正严明的领导，可提供公正客观的评价信息，判断员工的优势、劣势、兴趣与价值观，进而为自己的员工形成一个正确的指向，使整个部门朝向这个方向发展。我们很轻易能发现这种现象，即部门整体风格上会比较接近，这和领导对人的评价标准对促进个人职业生涯发展的方向相关。

环境分析

在形成自己正确的自我意识之后，需要对自己所处的环境进行分析，形成进一步的意向，即自身和所处单位潜在的晋升机会，自身和单位的发展前景做出评价。虽然单位的成就和个人职业生涯发展的程度没有绝对的相关性，但是一般认为，单位发展前景很好的，更容易形成对自己职业的热爱，有效地促进自己形成职业目标，达成自己的职业理想。在 20 世纪 80 年代后期，由于国有企业制度的落后，很多工人积极性没有被充分挖掘，这也是那个时期国有制企业单位倒闭的一个重要原因。如果一个人善于对自身所在的环境进行分析，可以自己根据国际国内形势，单位的目前情况，和自身的一些情况进行判断，也可以通过与领导和老员工进行积极沟通，寻求了解单位的发展战略，尤其是和自身职业技能以及自身职业技能取得的技能相符合的发展战略，职业生涯就会有一种不一样的发展路径。某高校引进了一名辅导员，入职后和校长谈话得知，学校将设立一个法律顾问性质的岗位，专门解决学生和学校之间的产生的法律问题，这个辅导员得知以后，将自己进修法学的想法和学校的发展结合起来了，下班后认真准备司法考试，并顺利通过，主动承担了学校的法律顾问一职，后得到了很好的重视。还有一个例子，20 世纪 80 年代改革开放后，很多国有企业遇到了问题，有的人就挖掘了问题产生的原因，找到可以改善的地方，通过承包等方式，成就了很多使企业起死回生的经典案例。当然，一般来说，要通过对自身和单位两个方面的发展来对自己的职业前景进行环境分析，因为个人的判断很难十分准确，而单位的战略和前景不一定会和自己的职业价值取向很好地结合。

目标设立

目标设立就是根据对各种条件的分析，确立自己的职业生涯发展方向，形成自己的职业发展目标。一般来讲，职业生涯发展的目标可以分为长期目标和短期目标，长期目标给自己形成一个指向性的方向，短期目标是具体的可以通过短期努力实现的目标。职业生涯目标的确立，有以下几个原则。[①]

◆　清晰性原则：考虑目标措施是否清晰明确？实现目标的步骤是否直截了当？

◆　变动性原则：目标或措施是否有弹性或缓冲性？是否能依据环境的变化而调整？比如说，芳芳可能已经下决心将自己的职业选定在零售行业，但是在以某商店新雇用的助理采购员身份进行了几个月的连续工作旅行之后，她可能会发现，像市场营销调研这种出差时间更少的职业可能更适合她的需要。这就需要自己对目标有一定的变化。

◆　一致性原则：主要目标与分目标是否一致？目标与措施是否一致？个人目标与组织发展目标是否一致？

◆　挑战性原则：目标与措施是否具有挑战性，还是仅保持其原来状况而已？

◆　激励性原则：目标是否符合自己的性格、兴趣和特长？是否能对自己产生内在激励作用？

◆　合作性原则：个人的目标与他人的目标是否具有合作性与协调性？

◆　全程原则：拟定生涯规划时必须考虑到生涯发展的整个历程，作全程的考虑。

◆　具体原则：生涯规划各阶段的路线划分与安排，必须具体可行。

◆　实际原则：实现生涯目标的途径很多，在作规划时必须要考虑到自己的特质、社会环境、组织环境以及其他相关的因素，选择确定可行的途径。

◆　可评量原则：规划的设计应有明确的时间限制或标准，以评量、检查，使自己随时掌握执行状况，并为规划提供参考的依据。

行动规划

为了实现自己的职业生涯目标，需要将所设计的规划落实到具体的行动中去，也只有落实到行动中去才有实现的可能。行动规划是将目标落实到具体的行为去的活动，需要依照可行的标准，比如形成具体的可以细化的目标，在实现自己目

---

① 夏光.大学生职业生涯规划指南[M]机械工业出版社，北京：2009，3 P122

标的同时，增强自己的工作经验，进一步强化自己的工作技能，拓展自己在别的领域处理事情的能力，随着自身工作经验的积累，工作技能的强化和拓展，得到进一步实现自己工作目标的基础。我们很难一下子实现成功的职业理想，只能一步步走向成功。

1984年，在东京国际马拉松邀请赛上，名不见经传的日本选手山田本一出人意料地夺得了世界冠军。当记者问他靠什么取胜时，他只说了"用智慧战胜对手"这么一句话，当时许多人认为这纯属偶然，认为山田本一在故弄玄虚。两年后，在意大利国际马拉松邀请赛上，山田本一再次夺冠。记者又请他谈经验，表情木然的山田本一还是那句话："用智慧战胜对手。"许多人对此迷惑不解。10年后，山田本一在自传中解开了这个谜，他是这么说的："每次比赛前，我都要乘车把比赛的线路仔细看一遍，并画下沿途比较醒目的标志，比如第一个标志是银行，第二个标志是红房子……这样一直画到赛程终点。比赛开始后，我以百米的速度奋力向第一个目标冲去，等到达第一个目标后，我又以同样的速度向第二个目标冲去。40多公里的赛程，就被我分成这么8个小目标轻松完成了。最初，我并不懂这样的道理。我把目标定在40公里外的终点线上，结果我跑到十几公里就疲惫不堪了，我被前面那段遥远的路程给吓倒了。"许多人的职业生涯常常半途而废，并不是因为难度过大，困难过多，而是他认为成功的距离较远，正是因为这种心理上的因素导致了失败。

职业生涯还有一种分法，就是内职业生涯和外职业生涯。

◆ 内职业生涯是指从事一种职业时的知识、观念、经验、能力、心理素质、内心感受等因素的组合及其变化过程。它是别人无法替代和窃取的人生财富。有的企业为了促进一个人内职业生涯的发展，设置薪水很高的专业技术岗位，使一些适合做专业技术的人员受到尊重，有的专业技术人员的薪水和很高级别的管理人员一样高。

◆ 外职业生涯是指从事职业时的工作单位、工作时间、工作地点、工作内容、工作职务与职称、工作环境、工资待遇等因素的组合及其变化过程。它是依赖于内职业生涯的发展而增长的。

内职业生涯发展是外职业生涯发展的前提，内职业生涯带动外职业生涯的发展；外职业生涯的因素通常由别人决定、给予，也容易被别人否定、剥夺；内职业生涯的因素由自己探索、获得，并且不随外职业生涯因素的改变而丧失；外职业生涯略超前时有动力，超前较多时有压力，超前太大时有毁灭力；内职业生涯略超前时舒心，超前较多时烦心，超前太大时要变心。

一个人的职业生涯是一个漫长的过程。也许一生只从事一种职业，也许一生中从事多种职业，但每个人都希望找到一个相对稳定、适合自己的职业。而如何选择和规划自己的职业生涯，往往受学识、爱好、机遇、工作环境等主客观条件的制约，只有根据现行的工作需要改变原来的职业目标和兴趣，调整心态，培养对所从事职业的敬业精神，在实践中产生对事业的热爱，才能集中精力全身心投入工作，实现个人价值，做出成就。

终身学习的内容与体系

在第一章里面，我们描述了一个终身学习的视角，对终身学习解决现代化面临的问题有了一个很高的期待，那么什么是终身学习的内容和体系呢？

我们知道，终身学习以及与之相联系的终身教育和学习型社会等现代热门词汇在我们周围无数次被提到，在人类社会从工业化社会向信息化社会转变的大背景下，传统的教育已经无法适应新社会的发展。从 20 世纪 70 年代开始，学习问题引起了国际社会的高度关注，特别是在前法国总理埃德加·富尔的推动下，终身学习的理念在全球得到广泛的关注和认同。20 世纪 90 年代开始，构建终身教育体系由一种思潮或者一种理念，发展成为教育改革的实践和现实的社会活动，并且在实践中不断丰富其新的内涵和新的经验。越来越多的国家和学者对终身教育的内涵和特征有了更多的共识，我们可以从中清晰地理清终身学习的基本特征。

1. 从知识经济时代的要求和特点出发，认为学习应该贯穿人的一生。终身学习框架应该包括生命周期中的所有学习，即从婴儿到生命终结，包括各种教育，职前和职后，正规或者非正规教育，是一个纵向的学习线，这会在第 5 章有详细的阐述。

2. 学习不再是少数人的事，应该包括全体社会成员。终身学习对所有人都是非常必要的，而且应让所有人都能够有机会进行终身学习。是一个横向的学习线。

3. 学习的内容与原来的专业知识相比，会有极大的突破，主要体现在由原来实用技能的学习转向知识、素质、技能和能力以及生活所有相关的学习。几乎所有的终身学习的理念，都强调每个人拥有知识和能力并且能够不断地学习和提高，适应以知识为基础的社会发展和自身发展的要求。

4. 学习应该可以通过多种途径和方式，在不同的场合中进行，而且要包括学历教育在内。学习的内容和工具、技术和时间都要能具有较大的弹性和多样化，教育的途径、形式、结构体系和布局应有利于广大学习者根据社会和自身发展的需求，在一生中的任何时候，任何阶段进行学习。政府和教育部门应该将构建这样一个适合终身学习的教育环境而做出努力。

5. 终身学习应是一种以学习者为中心，关注学习者的多样化需求的体系，应该是对社会各种教育资源进行整合基础上的有利于学习者学习的体系，在这样的体系中，学习者可以根据自己的需求，在一生的任何时间、任何阶段进行学习。终身学习的实现很大程度上不再是教育者提供、学习者学习的学习体系，而是个人对学习的兴趣、态度、习惯和能力，对教育的提供者提出学习的要求，是实现社会成员终身学习的要求，从制度、环境和组织作出的保证。

我们明白了终身学习的特征，再来看终身学习的概念会容易很多。经合组织（OECD）认为：终身学习基于这样的需要，保证每个人拥有知识、技能和能力以充分参与知识为基础的社会。[①]这样的说法，用我们最容易理解的方式下定义是：**终身学习是指社会每个成员为适应社会发展和实现个体发展的需要，贯穿于人的一生的，持续的学习过程**。更为通俗易懂的说法就是活到老学到老。

理解了终身学习的概念，来理解终身学习体系我们会更容易：终身学习体系[②]应是一个贯穿于人一生的学习，从早期的幼儿园到退休。它包括正式学习（幼儿园、中小学、培训机构和大学）、非正规学习（在职和平常的学习）、非正式学习（从社区服务或者从家庭成员中获得的技能）。

◆ 正规教育和培训包括正规学习体系所认可的、以获得证书为方向的结构化学习计划。[③]例如，参加广播电视大学的开放教育的学习就是一种正规教育，它所颁发的文凭能被学习体系所认可。

◆ 非正规教育和培训包括不被正规教育体系认可的、结构化的学习计划，如学徒培训计划、在职培训、老手带新手等。

◆ 非正式教育和培训包括发生在任何地方，如家庭、社区和工作场所的非结构化的学习。它包括非结构化的在职培训和最普通的工作场所学习。有的研究[④]认为，非正式场合，通过知识分享，可以极大地提高工作知识和能力。

我们可以从定义中得出，终身学习体系应该包括以下要素。

◆ 包括从幼儿园到退休的全部教育。

---

① 谢维和等译，OECD:教育的政策分析 2001[M]，科学教育出版社 2003，P35
② 卡尔·达尔曼，曾智华，王水林. 终身学习与中国竞争力[M]，高等教育出版社 P22
③ 卡尔·达尔曼，曾智华，王水林. 终身学习与中国竞争力[M]，高等教育出版社 P22
④ 吴南中，刘云艳，彭飞霞. 幼儿教师人际信任与知识分享意愿的关系——兼论知识分享动机的调节作用[M]，学前教育研究，2011.7

◆ 新技能的需要，不仅仅是传统的阅读和计算能力，而且是科学与技术能力；外语解决能力；创造思维能力；交流能力；团队工作能力；个人学习能力等，这些能力在终身学习体系中能得到培养和优化。

◆ 学习途径，正规、非正规和非正式（见上）。

◆ 依靠多样化的教育培训提供者，公立、私立以及国内、国外的教育培训提供者。

◆ 各种新技术在学习中的使用。例如即将建立的开放大学（以原来广播电视大学为基础）依靠广播、电视、网络进行的远程大学尤其注重新技术在学习中的使用，部分名校提供的网络教育学院也有同样的特征。

◆ 新的资助形式，例如在开放大学中有一块特殊的教育，就是"一村一大计划"，旨在为农村培养一批用得上的人才的资助形式。

◆ 质量保障，证书和学习能得到认可。

毫无疑问，我们需要在终身学习体系的建构中，实现三大目标：一是社会目标，就是培养社会所需要的人，尤其是提供形成为国家公民的基础教育，建构一个培养合格的公民、道德价值观和社会相互交流的基本技能的共同的教育基础。在中国，这是非常重要的，因为中国经济的快速增长正在加剧人口的不平等和分化。因此，应重点考虑义务教育机会的平等以便人们有权接受基本的以及进一步的教育和培训。二是经济目标，培养学员为经济增长和经济福利作出贡献，这包括传统的阅读和计算能力，这是所有教育系统关键目标的组成部分。随着新知识、新岗位所需要的新技能的快速发展，迫切需要新的、更多的技能，包括批判性思维能力、交流能力、有效团队工作能力和学习能力。三是个人目标，为自我成长提供一个平台，达到自我实现。朗格朗认为"终身教育尊重每个人的个性、独立性和本身的特殊风格，重视自发、自主地、不断地发展成长。"[①]终身学习就是自发的实现成长，实现自己的全面发展。

终身学习的内容

任何一个学习阶段的学习内容，都决定了学习者的技能和能力的形成。与知识经济相伴随的终身学习，在学习内容上不仅要和经济发展相适应，更是要关注个人对自身成长的体验，个人对自身生活的满意程度。因此，终身学习的内容需要与此相适应。终身学习的内容，实际上包括硬本领和软本领。硬本领指专业技术，和工业时代所谈的"手艺"有点类似，一般我们所说的专业技术，更倾向于

---

① 毕淑芝，王义高.当今世界教育思潮[M]. 北京：人民教育出版社，1999

用专业知识解决的事情；软本领包括人际关系处理能力、人生态度、心理调控能力、策划能力等人际关系处理能力，最重要的是要有发挥能力的能力。有位名人说过：一个人事业上的成功，只有15%是由于他的专业技术，另外的85%要依靠人际关系、处世技巧。软与硬是相对而言的。专业的技术是硬本领，善于处理人际关系的交际本领则是软本领。对硬本领的理解并不是难事，而软本领所具有的争议要大一些。一般来说，软本领主要有以下几种能力。

1．对待人生的态度。哈佛大学的研究表明，成功、成就、升迁85%的原因是因为我们的态度。有良好的待人、待事、待己的态度，是成功者一项非常重要的标志。有意思的是，人生的态度还有一定的地域差异，比如印度，早在佛陀出世之前，印度雅利安人就从早期的乐天乐生转向对人生价值的反省，悲叹人生多苦，追求精神解脱痛苦而获永恒安乐，是印度雅利安人人生态度的主要特点。作为中华民族主体的汉民族传统的人生态度，则以乐生、贵生的实用理性主义为特征。《中庸》中的"赞天地之化育"，被用以概括华夏民族的基本人生态度，参赞化育，充分肯定了人的主观能动性，以主动参与创造和改造现实世界为人应尽的天职，以取法于天地之道的伦理纲常为人必须恪守的绝对命令。当然，任何地域的人，对待人生的态度是积极的，成功的几率就相对较高。

2．心理调控能力。心理调控能力实际上也是一种软能力。良好的心理调控能力是处理事情的基础，著名演员张国荣，聪明能干、演技超群、正直善良，却在他的事业如日中天、才智处于巅峰状态时，在愚人节突然自杀身亡，留给世人一个沉重的愚人节玩笑。张国荣的硬能力绝对一流，可是他调节心理能力欠缺，结果走上了绝路。

3．发挥才能的才能。在学习上我们认为元认知能力是最重要的能力，在职业生涯中，能发挥才能的才能是最重要的才能。才能是硬能力，发挥才能的才能就是软能力。

4．策划能力。策划家的策划能力是硬本领，就如企业家的操作能力是硬本领。策划能力之所以重要，看一下这句话或许你会明白，著名策划家王志纲说碧桂园能成功，很大程度上是因为碧桂园有个务实的好老板杨国强，他能将策划思路真正化成现实，这一点恰恰是很多企业家做不到的。事实上，不管是个人职业，还是企业家，都需要较强的策划能力，要会给自己的生涯做出规划，才能获得进展，而这种能力，是软本领。

5．借用他人成果的能力。自己的能力和时间有限，不能将别人已经成功的经验再重复实现一遍；自己的力量有限，不可能把所有的事情自己一一亲为，这就需要借用、利用他人能量、组织能力的本领。将所能利用的各种能力拧成一团，朝向一个目标进发，在完成自己目标的同时，也实现了别人的目标。这其实就是我们讲的合作的力量。借用他人成果，不是将他人成果进行剽窃，而是按照已有的规则更好地为自己的职业发展贡献力量的方式，包括合理的引用和吸收，有创造性的改造等方式。

6. 管理技能。在职业发展的过程中，很多人会成为领导者，那就需要一定的管理技巧，特别是随着社会分工的越来越细，一个项目常需十几个人、几十个人参与、合作，如果管理不好，组织不好，那么很多很多的事情都是没办法做成的。所以，在任何时候、任何环境里，我们都应该有意识地在终身学习体系中培养自己的领导才能。

7. 移情能力。设身处地理解他人感受的一种能力。"移情"与"同情"是不相同的，理解他人的感受并不表示我们与那人有相同的感受。说通俗一点，也就是我们了解某人为何会这样愤怒，并不表示我们也有愤怒的感受。何谓移情呢？**移情就是能设身处地地站在别人的角度，理解和欣赏别人的感情**。它是作为一种心理品质，对一个人形成良好的人际关系和道德品质，保持心理健康，乃至走向成功都有着重要的作用。科学家爱因斯坦曾说过：人生的意义就在于设身处地地为别人着想，乐别人之乐，忧别人之忧。现在由于计划生育的实行，独生子女居多，家长过分疼爱孩子，久而久之，使孩子逐渐养成以自我为中心，缺乏同情心，行为残忍，抗挫能力差，不善于人际交往，对长辈不够尊重。这些都会长久引起职业生涯发展的停滞，很多睿智的企业家在培养自己的接班人上，一般不会让他一上来就当一把手，而是让他从基层做起，实际上也是一种移情能力的培养方式。

8. 走向国际化生活的能力。在全球化时代，要更好地生存与发展，必须具备适应国际大舞台、融入国际大舞台的素质。因此，不管适应与否，我们非国际化不可，国际化的内涵很多，要具有国际化的语言、国际化的知识、国际化的思想、国际化的观念、国际化的意识、国际化的精神。总之，要适应国际化的生活，首先要有极强的国际语言沟通能力。语言能力是参与国际化的首位能力指标；再有一种能力，就是合作能力，特别是多文化的团队合作能力。国际化的方式很多，不仅可以出国，而且在国内也可进行国际化——学好英语，学好国外的先进科学技术和先进思想文化。通过译著，通过互联网，通过国内的外企、合资企业等等，都可以培养国际化的素质。

我们在前文中大量提到，随着时代的发展，科学越来越呈高度综合化的趋势，再加上知识老化的加速，只专已经行不通了。今天的各个行业职业变换异常频繁，每个行业都有它的成长期、成熟期、衰退期。一到衰退期，行业内大批人员都面临被淘汰的命运。通过对各种专业的基础一个大致的了解，能够轻松地通达各个领域，转换领域非常容易，能够很快适应新的行业、新的职务。通才，不是精通一切，通晓一切，而是要具有通达一切的才能。尤其是要重视那些能够"一通百通"的本领。哪些是一通百通的本领呢？主要是学习能力、思维能力、创造能力。无论谁，无论你专攻何种领域，都必须善于学习、善于思维、善于创造。胡适有一段精辟的分析：理想中的学者，既能博大，又能精深。精深的方面，是他的专门学问，博大的方面则是他的旁搜博览。做"金字塔形结构"的人，做"T字形结构"的人，也就是我们所说的通识基础上的专才。

终身学习理念的初期，引起了很多人对提高自己的硬本领的重视，我们可以从继续教育火爆的市场中发现端倪。各种培训讲求实效，注重从硬实力上提升自己的个人品牌，提高自己的价值。但是忽视了软本领的学习和培训，在终身学习的视野中，其实是片面的。

终身学习的体系

上文我们对终身学习的体系进行了分析，简要地分析了终身学习的体系的要素。现在我们需要对终身学习的体系做一个详细的阐述，从某种意义上来说，终身学习体系的建设是个体学习能力的建设。这里所说的个体，不是某一特殊个体，是个普遍的个体。学习能力，首先是学会学习的能力，也就是我们所说的元认知能力，它包括形成人们有效的学习需求、学习意愿和学习技能、技巧方面的。其次是指学习资源的获得和使用机会的保障。因此，终身学习体系既要使人们形成终身学习的意愿，又要为人们提供学习机会的保障，所以，终身学习体系就是为终身学习提供体系保障。

1．完备的教育形式。当我们将终身学习和职业发展联系起来的时候，很容易给教育研究者和决策制定者一种误读，将自己的关注点放到了职业教育和普通学历如何对接上的问题，其实这并不是我们追求的教育形式的改变。那么终身学习视角下的教育形式应然状态是什么呢？首先是覆盖从幼儿园到大学教育的学校体系，提供一般性的职业知识和生活技能，包括能在不同的社会区域、社会层次、职业岗位、科层组织之间转换、调整和变动，以充分发挥其个性特长，展现其智慧才能，实现其人生抱负的一般性知识；其次是继续教育和各种校外培训机构，可以提供进一步发展作为学校教育的补充，也可以是消化、深化、补充学校知识的教育提供中心。

2．宽领域的学习。我们上文中提及的 "学好数理化，走遍天下都不怕"工业化时代的学习内容已经不适合未来生活，致力于人的自然性、社会性和自主性的和谐健康发展，注重一致性和差异性的统一、理性与非理性的统一、意识与潜意识的统一以及个体需要和社会需要的辩证统一，需要在教育的内容上突破狭隘的科学世界的束缚，达到科学世界和生活世界的和谐与统一，谋求自然科学教育和人文教育的和谐整合，达到在自然科学教育中渗透伦理精神和审美体验，使人文科学教育也渗透科学精神和理性的光辉。

3．更便捷的学习方式。讲授是传统学习的标志，是讲授式在所有学习领域的运用。这种在一个教室讲授的学习形式，不能满足终身学习环境下的学习需求。比如下班后，吃完饭，想对某个课程做一个了解，不可能跑到学校去寻求老师和教室，这个时候，网络就是一个选择，你可以有偿或者无偿获得相应课程资源的支持，或者利用视频音像资源，这会对你的学习提供新的学习形式。现在信息技术的发展，已经不满足基于网上的学习，兴起了一股移动学习的热潮。移动学习，是指通过移动通信、网络技术与教育的有机结合，使学习者不再依赖特定环境，可以"随时、随地、随身"进行各种教育信息的呈现，并在一定条件下提供有效互动的学习形式。[1]移动学习大大扩展了学习的形式和学习的环境，可以在地铁里进行分享的合作学习，也可以在公园中寻求学习的资源。

4．丰富的教育提供者。2010年4月8日，中国IT业的巨头联想公司向聚成企业管理顾问公司投入上亿元，进入管理培训业，成为一个教育的提供者。这只是中国政府以外的资金入主职业教育的一个缩影，在终身学习需求越来越高的今天，越来越多的企业开始发掘这个潜力无比的市场，去分享终身学习市场所产生的蛋糕。现在，如果说培训，你想到的可以是学校，但是你一定不会忽视社会以及培训中心所提供教育，至少你对新东方、疯狂英语等之类的大众培训公司印象深刻。中国的培训业，从最开始提供如电脑培训、会计、英语等技能培训，后向企业管理咨询等培训发展，慢慢扩展到终身学习的各个领域，这种发展，极大地丰富了教育提供者的市场。终身学习时代的教育，就如给你开了一家学习的超市，你可以在里面罗列购物清单，当然也可以自由选择。

5．更为广泛的资金来源。政府一直承担学校体系大部分开支和费用，这种形式，随着社会变迁有所改变：企业有为企业的发展或者转型，提供培训经费支持；个人对自己的发展有了极大的需求，主动为终身学习体系的构建提供能量；培训机构为了追逐利润，给教育培训提供资金。总之，在终身学习时代，资金来源更加广泛，政府、社会、企业、个人都在为终身学习体系提供日益充裕的资金，一改由政府唱主调的原有形式，多种资金进入教育领域，极大地促进了终身学习体系构建的速度，也拓展了学习者可以选择的教育种类。

---

[1] 吴南中，叶星星.大学生心理健康中基于手机短信的移动学习模式探究[J].江西广播电视大学学报.
  2011.4，P57

6．更加被认可的资格证书。"用人单位看重的是学历和工作经验，职业资格证书在他们看来不过是一纸空文。"在一次聊天中，一个大学生对我如是说。职业资格证书是经政府认定，表明从事某种职业所必备的专业和技能，是求职、任职、择业和用人单位录用的主要依据。然而由于各种原因，职业资格证书的开始泛滥，少部分职业资格证书，已经不能成为职业准入的筹码。这种情况，在终身学习领域中必须有所改变，职业资格证书会更加规范，证书也应得到更多的认可，当然，职业资格准入制度要得到更多的支持。这个方面，很多国家走在了前头。有个喜欢钓鱼的人到德国学习，一次约一位德国朋友去垂钓，朋友问他："你有钓鱼资格证书吗？"后来，这个朋友才明白，在德国，没有资格证书连鱼都不能钓。

□ 职业发展：终身学习释义的全新视角

　　王某，30 岁，工作 6 年，曾经是一个很优秀的程序员，但是令王某苦恼的是，做程序员这个职业，上升的空间已经不大，而且程序员语言更新换代很快，需要不断学习新的东西，由于家庭原因，学习的时间较少，更是感觉自己有些落伍，目前正在打算转型，转到其他的职业。这样的案例不在少数，问题就是职场受困。这种困扰，在新职业内出现新的变化的人群中愈加明显，而更换新职业和职业产生新的变化是我们知识经济时代的共同特征，这在第 1 章我们有过详细的阐述。那么，在终身学习理解中，职业发展需要做出什么回应呢？

新时代的职业发展需要终身学习的引领

有助于树立面向未来的职业价值观

　　终身学习理念下一个人终身坚守在一个固定的岗位的时代已经过去了，随着社会的剧烈变革以及产业结构的不断调整，职业环境出现了极大的不稳定性，这就要求在社会环境和职业出现剧烈变化的情况下，通过终身学习，不断增强自身的技能与自信，来适应新型工作关系或者职业角色的转变，进而能够更好地适应社会的发展并获得生存；同时，终身学习理念还认为，在职业生涯发展过程中，人们可以有意识地去评价自己的职业选择、审视自己的职业兴趣，进而谋求职业行为与自我提高、自我发展。通过不断挖掘自身职业潜力来最大程度实现职业生涯发展与自我需求满足的双赢，进而最大程度地实现个体价值与社会价值。

有助于培养面向未来的职业技能

　　身处 21 世纪这样一个知识爆炸、技术进化的时代，不断更新知识，接受再教育是职业人生不可分割的组成部分，任何人都将无法回避。摩尔定律表明，计算机软件等知识更新的周期只有 18 个月，而相关研究表明一个大学毕业生的"创造年龄"不超过 4 年。科学知识和技术的层出不穷，不断给教育提出新要求，这就迫切要求成人转变过去学习与工作的分割状态，代之以"在学习中工作、在工作中学习"。尤其是在工作中学习面向未来的职业技能。

有助于促进职业生涯的可持续发展

在一个人的职业生涯中，仅靠短暂的学校教育是远远不够的，个人的职业生涯的能力也是连续不断的过程，因此，这就需要家庭教育、社会教育、学校教育有机结合起来，通过正规学习和非正规的学习的融合，把学习、劳动与创新结合在一起，求职者通过继续教育、回归教育之路，不断更新自身的知识结构，这样才能保证和促进职工的持续发展。而终身学习主张学习的连续性和一贯性，每个人的职业生涯也不是一次性完成的，而是一个连续不断的发展过程，只有通过不间断的学习，做好充分的准备，才能从容应对职业生涯中所遇到的各种挑战。

有助于促进职业生涯的个性化发展

传统学习模式较少考虑学习者个性及其职业生涯目标的多样化，只是依据统一的标准，按照统一的要求，在统一的进度内学习统一的内容，由此导致学习者如同一个个"标准件"，因此在社会对学习者提出了多元化要求的情况下，这种学习模式便无法适应社会的发展。而终身学习思想破除统一性的学习，在充分尊重每个学习者的学习需求和学习风格的基础上，鼓励学习者自主选择最适合自己的学习资源和学习形式，以便通过自主自发的学习使自己得到最大程度的发展。

有助于促进职业生涯的全面发展

传统的职业培训往往受到观念和物质的制约，仅仅偏重企业的知识与技能的要求，而忽略了学习者在文化素质、职业道德、心理素质等方面的全面发展。人的全面发展是每个人都应有的权利，终身学习思想突破了传统思想的束缚，强调个人的教育机会均等，每个人都有权利获得适合自己的学习机会与学习资源，并采用灵活多样的组织形式，利用一切学习资源，进而使所有学习者都能平等获得全面发展的学习机会，并以适合自己的方式参与学习过程。

有助于促进职业生涯的以人为本的发展

以往职业能力的建设基本都是以社会或企业的需要为导向，但是这些需求往往是属于技术层面的，而很少从人的自身需求出发，结合每个人的不同风格来进行，由此导致学习者产生了机械主义的学习取向。终身学习观认为教育的主要功能是促进人自身的完善和发展，并使每个人的潜力都能发挥和表现出来，因此，学习应当以人为本，顺应每个人的发展个性，并采取有利于学习的各种组织形式、灵活多样的教学内容和方法、富有弹性的学习制度，最大限度地发挥学生学习的主动性和创造性，使全部的教育资源得到充分利用，并最终促进每个人都最大程度地个性化发展。

终身学习时代为职业生涯发展提供的环境

20 年前的城市，我们可以见到这样一群人，在小区的转角处、在巷子的深处、或在城市的一个不太起眼的其他角落，浑身黑漆漆的摆弄着手中的自行车零件。那个时代，自行车是城市最主要的交通工具，这也为自行车的修理工提供了一个职业发展的环境。信息社会的职业同样有信息社会职业的环境，虽然每一种职业都得在自己的职业框架之中才能获得成就，但是每一种职业都和此人所处的环境密切相关。换言之，周围的环境是用来确定职业发展的参数的。现代社会给我们提供的影响最大的环境就是，不断提高的富裕程度使很多人拥有了一些休闲时光，但还是有很多人把自己的时间花在纯粹意义的谋生上了。我们可以描述这个世界给我们带来了多大的压力，你甚至可以在很多场合去诅咒一下你所生存的时代，但是有一点你无法忽视，就是这个时代给你的职业和人生提供了难以想象的机会，为个体发展提供了极大的满足感。

更多的学习机会。"举荐上大学"，是文革时期很多学习者的噩梦，很多优秀的人才在这种举荐的环境中失去了对自己梦想的追求。现在大学已经极大地降低了自己的门槛，很多人可以便利地选择各种方式进入大学学习，即使你没有办法通过考试进入大学，但是有很多大学提供给社会人员各种进修的机会，有的大学甚至有专门的培训学院，专门对社会开展教育培训，从思想素质教育到养猪养鸡的具体技术的指导，学院都能提供。并且学习的方式非常灵活，可以是脱产的，也可以是不脱产的，可以是三五年甚至更长，也可以进入大学进修几天或者几十天。当然，学习机会不止是在大学，各种培训机构也提供了便利的培训方式，只要你想通过学习得到成长的机会，几乎所有时候都能很轻松便利的得到。

更便利的学习方式。一提学习方式，很多人第一反应就是端端正正地坐在教室里面，还应该想起了一个严肃的教师的形象，或者是电影《一个都不能少》的乡村教师魏敏芝这样一个特别的脸庞，或者是在人生路上对自己影响巨大的一个老师，或者不能想起一个特别的脸庞，而是上课时严肃认真，下课后幽默风趣，能和学生打成一片的教师群体印象。然而，信息社会让这一切有了变化，"教师教、学生学"的教学模式不管是从形式上还是方式上都有极大的扩展，我们可以在安静的教室听老师讲课，也可以在电脑跟前，跟着学友们互动得以发展，当然可以看百家讲坛之类的科普性质的节目，来提高一个人的科学素养，也可以在网上下载学习的视频文件来充裕自己的知识。总之，信息社会彻底地改变了原有的学习方式，让学习变得更加便利和轻松。

更广泛的学习环境。受梏于教室是传统学习的特征之一。现在，也许是在地铁里，对着手机或者 iPad，进行移动学习，当然也可以在通电视的每个角落。特别是由于信息技术的发展，这些年"3G"信号的覆盖范围得以显著的扩大，更是拓展了学习的空间。可以毫不含糊地说，只要有地方，就可以学习的终身学习环境正在形成中。

终身学习视角下我们需要的关键能力

在全球范围内直接获取最新知识的能力。信息是最大的财富，是个人谋取最高发展和企业前进的直接影响因素。获取信息能力在当今社会得到了极大的提升，主要依托于以下几点。第一，出版业的高度发展，使得书面材料的获得比任何时候都容易。第二，音频和视频的飞速发展，使得全球范围内个人与个人，群体与群体的交流能力大大增强。以往的学术交流，仅仅靠几次学术会议很难进行全方位的深度交流，而现在多媒体技术的发展，在不同的地方可以轻松的接入网络，通过音视频来进行交流，其他方面的交流也同样，如医学就可以通过音视频来诊断病情，并一起商讨治疗方案。第三，快捷且日益廉价、日益便利的交通方式，使得面对面的互动前所未有的畅通。同样，固定和移动形式的信息存储和提取信息能力急剧提高。我们可以随便抽取一段时间来进行比较，2001 年，IBM 笔记本的主流配置是硬盘 20G，内存 128M，10 年后，被联想收购的 IBM 主流配置是硬盘 320G，内存 2G，信息存储和提取信息的能力得到了极大的提高。

获取任何领域内最优秀个人范例的能力。榜样的力量是无穷的，这在每一位家长眼中都能得到肯定的，于是孟母三迁的故事几乎在每个有中国人的地区都流传。在终身需要学习的现代职业生涯中，优秀典范也是促进高水平的知识和技能的获取的因素。特别是艺术工作者。在 20 世纪 20 年代以前，川剧的变脸很难在梅戏的舞台上看到，初露头角的美国音乐家也不能听到欧洲顶级音乐家的演奏，至少是很难听到。即使你住在世界音乐之都维也纳，你充其量也就能听到为数不多的几位称之为大腕的音乐家的演奏，几位大腕聚集的一起表演的情况更是难上加难。那个时候，世界上有很多三流的艺术工作者，却很少出现卓越的艺术家。而今天，我在长江边一座小城的宾馆里面，轻轻地摇动几下鼠标，就能听到最高级别的音乐家的演奏，我还可以看到一般的音乐工作者用家庭 DV 拍摄的各种级别较低的艺术成果。至于学生，就更容易获取各种信息了，他们可以很轻松地听到耶律大学的心理学课程，也可以听到百家讲坛那种很通俗的讲解，参加了开放大学进修的学生更是可以随时看到各种直播课和 IP 课件。对于运动员，研究对手不仅可以在球场上，也可以在视频里。而欣赏体育运动更是一种享受，哪怕就是 10 年前的 NBA，也只能在星期三看到一次直播，而现在，各场球赛，只要我们喜欢，就可以通过网络或者电视看到，教练也不一定非得来到场边，对运动员指手画脚，也许只需要通过摄像头，你的某些技术缺陷就能掌握在教练员的心中。这些对我们的自我评估产生了极大的影响，我们可以通过最优秀工作者的成绩来衡量自己的价值，发现自己的不足，形成自己的目标。

在任何地方与其他有共同兴趣之人进行互动的能力。20 世纪 50 年代，美国的教育研究者和中国的教育研究者处于完全不同的视野中做着同样的研究，但是他们之间没有交流，中国的教育研究者无法知道自己所做的研究是否能在另外一个半球的美国得到深度理解。可现在这种情况发生了改变。其实不止是教育研究，各种研究，甚至是兴趣爱好，都需要交流互动，思想从来都不是在真空中发展出来的，每个人都需要另一个人作为衬托来检验自己的思想，分享最新的消息，嘲笑最近的蠢事。"信不信由你，反正我信了"、"领导就得骑马坐轿，老百姓想要公平？臭不要脸"之类的雷人和雷事比任何时期都能广泛得到传播，特别是微博以迅雷不及掩耳之势得到推广的今天，有谁能数得清自己的好友发了多少条信息呢？

把新思想、新发明和新艺术创造广而告之的能力。如果有一天你突发奇想，想"揭发"自己的一件很搞笑的丑事，你上网发个微博，很快你的丑事就会传播到各个角落，包括从不认识的陌生人那里。记得一个朋友说到一件事，上课的时候和同学"创造"了一个笑话，晚上和另外的朋友吃饭的时候，就听到了这个笑话。土豆、优酷等知名网站也可以很随意地将你遇到的新鲜事物和你创造的新鲜想法，制成有趣的视频片段，让大家分享。而 19 世纪和同行分享自己的新思想，只能将自己的想法转化为论文在期刊上发表，这需要一个异常漫长的过程，首先是接受同行的审阅，然后就是无尽的等待。赛迪·卡诺的热力学第二定律经受了 20 年的折磨才让人知道它的价值。而他关于能量储存定量的语言湮灭在他没有发表的日记里，静悄悄地等待了 100 多年。

接受对于任何文化贡献所作的及时反馈的能力。现代信息社会，不仅需要将自己的信息发送出去，也要能及时将自己的信息收回来。淘宝是一个很好的例子，自己提供的商品是否能得到顾客的好评我们可以轻松地得到；在天涯这个论坛，自己发的有趣的事情，能很快地得到回应；QQ 这种及时通信的软件更是容易得到反馈；电子邮件更是轻易地提供了个人回复，不再需要借助公共媒介。无须焦急地等待大众媒体的誉与毁的评论。任何文化和流派，都可以通过这些渠道，得到反馈。

为需要经济资助的企业作出定位和获取资金来源的能力。现代企业，尤其是服务业，数量巨大而资金力量比较薄弱，这需要很强的资金运作能力，通过不止是银行手续烦琐的贷款，而获得资金来源，政府各种资助、散播在民间的资金和各种风险投资，这对企业，尤其是知识信息优势的小企业迅速成长获得资金提供了帮助。而这些资金，往往是小企业成长为大公司的关键。

一生中从一种生活转向另外一种生活的能力。我们将现代生活描述为快速时代，很少有东西是固定不变的。职业的变迁在第 1 章我们做了大量的谈论，这种变化迅速而且无法避免，这个时候需要我们有很强的由这种生活转向另外一种生活的能力，似乎赫拉克利特成为了最睿智的哲学家，"人无法踏进同一条河流"，"一切都在变化中"。其实不只是今天你踏进的河流不一样，今天的电脑、今天的汽车、今天的经济学理论、今天的医学范例、今天的灵丹妙药，这些都和以往大不一样，也同样和未来的大不相同。在急剧变化的环境里，我们所遇到的任何事情，尤其是职业的变化，会让我们深刻地体会到这种变化的剧烈程度。由于大众传媒的帮助，内心会给你很多召唤，比如成为一位慈善家，成为一个体育工作者，抑或背着行囊去某一个山区做支教活动，这一切的一切，无法避免一个存在的事实，就是需要从一种生活方式向另外一种生活方式的改变。即便你一辈子从事一种职业，工作的内容也会发生变化。尤其是地球村概念提出的跨地域的交流。总而言之，人需要从现在或者以前狭隘的圈子里脱逃出来，进入或者准备进入一个对你来说可能是陌生的生活环境的能力。

信息时代给每个人都带来了无限的压力，更是一个全新的机会。例如，虽然我们可以毫无疑问地感觉到，信息社会作决策所需要的有效信息比以往时代的有效信息要多很多，但是无效信息也会多了很多，并且由于这些无效信息的存在，使我们不得不对信息进行大量的甄别工作，这也是我们常常所说的焦虑状态的原因。对于范例，良好的范例的积极效果是不言而喻的，如果是北碚道观的那个胡说八道的道士，只会让人觉得恶心。有与具有共同兴趣的人相互沟通的能力是我们的优势，但是似乎沟通并没有彻底地消除我们之间的隔阂。同样，现代技术能让我们更快更多地获取别人的思想评论，但是评论的质量往往和评论的主体相关，天涯上甚至有这样一群"骂娘党"，这种人不管是别人对此发出了什么话题，一律骂娘。而资金的来源和渠道更多，同样需要资金资助的人和企业也更多，也许支持新开的企业会很多，淘宝和它背后的马云其实也不多。从一种生活过渡到另一种生活，关键是是否有足够的能力，跳槽或者是有独立开拓自己价值的能力，这和后天的学习有着持续的关系。所有的一切，我们都可以和一个词汇搭建起稳定的关系，就是终身学习。

终身学习对职业发展的意义

终身学习为职业发展创造前提条件。有言道："贫者因书而富，富者因书而贵，贵者因书而智，智者因书而乐。"其实终身学习对职业发展的必要性和重要性早已众所周知，但是社会没有很好地塑造这种氛围。社会实践活动一定体现为一种关系，没有关系就没有所谓的活动，并且对象会随同关系而出现，因而活动就其本质而言，一定是对象性活动。主体性是人作为对象性活动的主体所具有的本质特长，是作为认识主体的人在处理外部世界关系时表现处理的一种功能特性，是主体在作用于客体的活动中表现出来的能动性。而终身学习强调学习者的核心地位，凸显人的主体性，有利于人的个体意识的提高和创造潜能的发掘，为人的职业发展创造前提条件。

终身学习塑造一个人的主体性

学习对主体性的塑造作用是显而易见的，尤其是在主体意识的培养方面。主体意识指的是人对自身的主体地位、主体能力和主体价值的一种自觉意识，是人之所以具有主观能动性的重要根据。学习通过提升知识和能力，提升自我意识，尤其是通过终身学习对知识和技能的培养，使人对自己的知识视野和技能水平进一步地提升，尤其是在与同伴的交往过程中，参与终身学习的人会获得更多的权威感和认同感，这会大大增强学习的主体性。通过终身学习，用知识和能力武装自己，挺起中国人的腰杆，站立于现代化之林。

终身学习为职业发展创造良好的社会氛围

在传统的职业发展观念里面，只有学校的学术和接受培训的学生才是学习的主体，只重视在校学生的学习，忽视其他有学习需求者的学习。长期以来，我们一直十分重视在校学生的学习资源的建设，特别是重视学校硬件设施的建设，我国的学校，特别是部分大学，学校的校园建设走在国际前列，有的学校建筑甚至由国际知名建筑师设计，走在里面恍然进入了公园，图书馆藏书也非常丰富，适合学生进行学习。然而，所有这些优质的学习条件只提供给在校学生享用。

随着国家对终身学习的重视，特别是在"十二五"提出文化要大发展的背景之下，终身学习体系的构建成了政治家关注的一个热点，终身学习体系的生成，能极大地塑造学习的氛围，抛弃以往一次性教育或者一次性学习受用一生的陈旧观念，把学习贯穿到个体一生的生活和工作中去，注重培养人与自然共生、共存的理念，从而使人与自然融为一体，通过终身学习，不断地提升自己的职业能力，不断提高自身适应社会发展的能力，这就为职业发展营造着良好的社会氛围。

终身学习为职业发展提供现实基础

优秀是一个很受用的词，没有人对此厌恶，尤其是决定你薪水和职务的老板。而优秀与否不是外表的好坏，而是职业能力的状况。我们所谈的职业能力，根据其内涵和特点，可分为方法能力、社会能力和专业能力。方法能力，是指独立学习、获取新知识、新技能、处理信息的能力；社会能力，是指与人交流、与人合作、解决问题的能力；专业能力，是指专门知识、专业技能和专项能力。职业能力建设旨在为提高劳动者职业能力创造软件、硬件环境。职业能力是职业发展的现实基础，除此之外，适应新生活的能力也是职业发展的基础，无法适应自己的生活，职业发展有非常大的难度。

□ 总结性评述

现代社会，似乎每一个谈论教育的人都很容易去谈论终身学习的积极意义，每一个处于职业生涯的人都能意识到终身学习给自身职业的推进作用，即使不知道终身学习概念的人。本章我们解决了三大问题：第一个问题是，信息社会对人的全面发展提出了要求，需要寻求终身学习的回应，实际上阐述了必须经过终身学习，才能达到人的全面发展。当然，我们也指出了全面发展，不是所有的知识领域都是通才，实际上这样的全面发展似乎不可能做到。第二个问题是，职业生涯发展，必然得寻求终身学习的帮助。我们阐述了职业生涯发展的内涵，阐明了在终身学习的体系中，能给职业生涯发展提供的帮助，除此之外，我们对终身学习的体系和内容作出了一个全面的总结。在此基础上，我们提出了本章的第三个话题，就是终身学习对职业发展的全新释义。主要从两方面入手，第一是新时代的职业发展需要终身学习的引领，第二是终身学习能培养我们适应职业发展的几种关键能力。

当然，一个人的职业发展和多个因素相关，终身学习是解决问题的一个方面，但是，从职业发展所需要的技能和知识而言，唯有参与终身学习，才能获得。

第 4 章

终身学习：需要来自外界的力量

　　教育和训练的过程并不随学校学习的结束而结束，而是应该贯穿于生命的全过程。这是使每个人在个性的各方面：身体的、智力的、情感的、社会交往的方面，总之，在创造性方面——最充分地利用其禀赋和能力的必不可少的条件。正是通过不断的努力学习和研究，通过实习培训，人才会有更大的潜在可能性去有效地、应付自如地迎接他一生中遇到的各种挑战。

　　　　　　　　　　　　　　　　　　——保尔.朗格朗（Paul Lengrand）

※章节引语

　　　　　　　　　建立终身学习的制度保障

　　我建议，在构建终身教育体系的总体格局下，尽早建立保证全民终身学习的制度和法规。

　　思想理念是先导。社会民众对终身教育体系的理解还存在较大分歧，需要新闻宣传和媒体的配合，也需要发动社会广泛的舆论来共同努力。

　　总体框架确定后，切实可行地实施策略和举措更重要。我建议从终身教育体系构成的几个要素来考虑。

　　第一，国家层面的立法。尽早制定"国家终身学习法"，设置终身教育管理机构，出台相应的政策法规。

　　第二，建立覆盖全国城乡的教育教学网络。构建以信息技术为支撑、天地网相结合，为各类成员提供学习服务的教育网络。

　　第三，整合各级各类教育的优质资源，以丰富和满足目前学校教育和学校之外的各种非学历教育、岗位培训所需的教育教学资源。

　　第四，建立科学的教育评价制度。对正规学校教育和学习者学习的评价，都应有符合终身教育、终身学习理念的评价制度。对目前多种渠道成才的评价和非正规教育、非正式学习及实践中学习提高的认可，都应进行可操作的评价和认证工作。

　　资源来源：中央广播电视大学副校长　孙绿怡（2009年2月17日《中国教育报》）

2009 年 1 月 7 日,《国家中长期教育改革和发展规划纲要》(以下简称《规划纲要》) 研究制定工作开始向社会公开征集意见,教育部办公厅与中国教育报立即联合举办了 "谋划教育事业科学发展——我为纲要献计献策" 主题有奖征文活动。在这些征文中,中央广播电视大学原副校长孙绿怡的文章《建立终身学习的制度保障》引起了社会的广泛关注。这不是学界第一次提出要建构重视终身学习的制度和法规,只是契合《国家中长期教育改革和发展规划纲要》发布之机,当终身学习明确成为教育改革和发展的必然要求时,孙绿怡的建议再次折射出了广大受教育者的学习自主意识的觉醒。

建立终身学习体系已经成为世界各国教育改革和发展的共同趋势,建立学习化社会是各国实践终身教育、倡导终身学习的标志性口号。然而,发展终身教育、终身学习是全民性的教育探索与改革,没有相应的制度与法制作保障,没有健全的监督与评价体系是行不通的。虽然终身学习的思想已经广为接受,但不可否认的是传统教育的观念仍然在人们心目中占据着主导位置,对终身教育的重视程度还远不及对传统教育的重视。所以,依靠来自外界的力量,在高度重视的情况下建立一套有助于终身学习体系建立的保障机制,才能期待在全社会形成终身学习的风气,像实施九年义务教育那样切实让终身学习思想深入人心。

□ 法制化:终身学习体系建立的基本保障

行动所向,思想先行。完善终身学习的法制环境是建立终身学习体系和构建学习型社会的基本保障。终身学习作为教育界和领导阶层都认同的解决国家可持续发展的办法,在国内外引起了高度重视。自 20 世纪 90 年代中期以后,有关终身学习政策法制化的工作就已经在加快它的进程,并取得了一定的成效。

探索前行——我国终身学习立法

终身学习愈显重要 我国有望立法促进终身教育

"说起这事儿不免让人笑话。"

近日,一名自称为 "网友" 的人在教育部网站上,对《国家中长期教育改革和发展规划纲要》中的终身教育部分提意见时,自曝 "丑闻":"我是一名网络大学的考生,却让 10 岁的儿子替我做网上的试卷,居然还取得了好成绩。"

成人教育乱象

有的收费高文凭却容易拿

在这篇题为《儿子帮我考本科》的留言中，这位网友说，不知是网站故意，还是无意中留下的漏洞，考生每做完网页上的一道选择题，只要一点"确定"或"交卷"按钮，试卷立即就会生成考试分数。做错了的考生可以重新修改。因此，别管你会不会做这些题，只要会用这个方法来试探，都能考出好成绩。

"这就是我让10岁的儿子为我考本科的原因。"这位网友说。

在沾沾自喜的同时，这位网友不免起了疑问：为什么收费高的网络大学、培训大学的学历考试就容易过关呢?按照常规，花的钱多应该得到质量更高的教育，学校应该督促考生学得更扎实，考试也应当更严格，这样考生才能获得真才实学。但事实恰恰相反，高收费没能让这些成人高校在提高教学质量上下功夫，而是让他们为考生敞开了作弊的大门，使考生不费吹灰之力就能获得权威的"文凭"。这也正是很多人不惜重金选择"网大"和"培大"而舍弃"社会自考"的原因。

"这一现象，是不是该引起我们教育界对成人教育问题的深思呢?"这位网友在留言中最后问道。

知识更新迅速

中央提出构建学习型社会

这位网友反映的成人教育问题及与之相关的终身教育问题，在《国家中长期教育改革和发展规划纲要》公开征求意见过程中，受到许多人的关注。

"活到老，学到老"，是我国的一句古训。现在，经济高速发展，知识迅速更新，使得学校里的学习只是人生的一个阶段，终身学习就越发显得重要。正是在这一背景下，中央适时提出了构建学习型社会的目标。

"终身学习随着知识社会、知识经济的来临越来越重要，当今世界几乎所有的国家都在21世纪的教育发展规划当中强调终身学习，或者把终身学习放在了一个非常重要的战略地位。"国家教育发展研究中心副主任韩民分析。

......

填补法律空白

终身学习法草案形成初稿

据了解，从20世纪60年代提出终身学习、终身教育的理念以来，欧盟许多国家和日本、韩国，都制定了终身学习法。

我国提出建立学习型社会的目标如何实现?各界人士在有关《国家中长期教育改革和发展规划纲要》的意见中提出，我国也应尽快制定终身学习法。

近年来，制定终身学习法或者终身教育法，成为一些全国人大代表的共识。在 2008 年 3 月举行的十一届全国人大一次会议期间，秦希燕等 30 名代表就专门提出议案，要求制定终身教育促进法。

"我国现行的教育法律法规，对于有关就业前职业培训、就业后的在职培训以及教育培训资源的统筹优化整合等还没有必要的规范和保障，缺乏全民学习、终身学习的系统具体的法律。"代表们在议案中提出，通过制定终身教育法律，可以填补法律空白，规范和统筹有关教育法律，为公民终身教育和建设学习型社会提供强有力的支持。

此前出台的《国家教育事业发展"十一五"规划纲要》也明确提出，要尽快完善中国特色社会主义教育法律法规体系，其中终身学习法的起草工作已经列入教育部的立法规划。

据悉，教育部已成立了终身学习法草案起草小组，完成了前期立法调研，并形成了草案初稿及其立法说明。

全国人大教科文卫委员会有关负责人近日也表示，将积极关注终身教育立法工作的进展情况，与起草机关及时沟通情况、交换意见，促进该法律早日出台。

资料来源：2009 年 2 月 23 日《法制日报》

"网友"的质疑反映的是绝大多数人的心声，我国终身学习的立法工作早在这份质疑之前已缓缓拉开了帷幕，虽缓慢但坚定的步伐无声地回应着来自众人探寻的目光。自 20 世纪 80 年代以来，随着我国法制建设的逐步展开，以及"依法治国，建设社会主义法治国家"方针的提出，我国教育法的体系框架已经初步确立，教育的法制建设有了很大的进展，良好的法律环境正在形成。特别是十六大以来，党中央提出用科学发展观构建和谐社会。和谐社会离不开国民素质的全面提高，而国民素质的全面提高离不开教育，特别是离不开人的终身教育。这些问题推动了我国终身学习的立法工作。

我国建设学习型社会的目标是在每一个人需要的时刻以最好的方式提供必要的知识和技能，也就是为每个人提供贯穿终身的教育，政府在建设学习型社会的进程中承担着不可推脱的责任。为终身学习立法是政府引导、规范终身教育活动的一种很好的方式。越来越多的国家和地区深刻认识到立法在推动终身学习发展中的关键性作用，开始积极制订终身学习的相关法律法规。我国教育法体系中虽然还没有专门的终身学习法，但少数地区已将终身学习纳入法制化的轨道加以规范和推动，终身学习活动正以摸着石头过河的状态一步步蹒跚前行。

福建省《福建省终身教育促进条例》

在建立终身学习体系和构建学习型社会的战略任务背景下，福建省的终身学习法规制定工作徐徐启动。2003 年，终身教育法规制定工作被列入"2003 至 2007 年福建地方法规规划"之中正式立项研究。2005 年 7 月，《福建省终身教育促进条例》通过福建省人大常委会审议完成法规制定程序，2005 年 9 月 28 日正式施行。它带来的效应可以说是长远的。

条例规定，县级以上政府应制定本行政区域终身教育发展规划，并将其纳入国民经济和社会发展规划；地方各级财政应根据本行政区域终身教育发展情况及财力，安排相应的终身教育经费；县级以上地方人民政府应当设立终身教育促进委员会。

针对用人单位、困难群体等在终身教育方面存在的问题，条例规定，用人单位、社区、社会团体、行业协会等应当为公民接受终身教育创造条件，开展各种有益于终身教育的活动。条例还明确规定地方各级人民政府及其有关部门应当加强城镇失业人员、农村进城务工人员、失地农民、残疾人职业技能培训工作，制定减免培训费等优惠政策，鼓励上述人员参加培训，掌握就业基本知识和职业技能。县(市、区)、乡(镇)人民政府应当开展适合当地农业生产经营所需要的教育培训活动，为农民参加农业实用技术培训提供相应的扶持措施。

为了规范教育培训活动，解决目前一些培训机构在开展终身教育活动中存在的问题，条例作了进一步明确规定，实施终身教育的培训机构应当完善办学条件、提高教学质量、落实招生的各项承诺，不得发布虚假招生广告信息，不得违规收取培训费用。实施终身教育的培训机构、职业技能鉴定机构对成绩合格者应当按照国家规定发放结业证书、农民技术资格证书、职业资格证书等。

该条例还规定，科技馆、图书馆、博物馆、老年人活动中心等社会公益性场馆应根据实际需要和自身条件，向公民优惠提供学习场所或设施。在终身教育活动日，政府设立的上述场所和设施应免费向公民开放。

资料来源：法制日报，2005 年 9 月 28 日

上海市《上海市终身教育条例》

为顺应终身教育的发展趋势，并为终身教育体系的健全与完善提供完备的法制环境，上海市市委、市政府 2006 年印发《关于推进学习型社会建设的指导意见》，明确提出要加快制定本市促进终身教育的地方性法规。在上海市人大教科文卫委员会及政府有关部门、高校、科研院所、行业企业和协会等协同努力下，2011 年

5月1日起《上海市终身教育促进条例》（以下简称《条例》）正式实施。这是上海市贯彻落实国家教育规划纲要、加强终身教育工作、促进学习型社会建设的重大举措，标志着上海终身教育工作在依法治教、依法办学方面又上了一个台阶。《条例》充分体现了科学发展观和大教育理念，主题鲜明、亮点纷呈，主要体现在以下几方面。

一是主题鲜明。《条例》全文紧紧围绕其指导思想——"促进终身教育事业发展"展开，通过落实终身教育十六字方针，推进学习型社会建设，促进人的全面发展。

二是主体突出。终身教育的主体部分——成人继续教育在《条例》中处于突出地位，并且包含了在职人员、事业人员、农民、进城就业农村劳动者、老年人、残疾人、社区居民等各类人群，从而解决了成人继续教育无法可依的状况。

三是人本性强。《条例》第一条就明确提出"为了满足市民终身学习的需求""促进人的全面发展"制定本条例，《条例》还对各类成人继续教育宗旨作了针对性规定。

四是重在整合。《条例》明确要求整合政府有关部门和社会各方力量，共享利用教育资源，协同推进终身教育的发展。

五是重在探索。《条例》对逐步建立"终身教育学分积累和转换制度"、"捐赠制度"、"带薪学习制度"、"专职教师职务评聘制度"、"教育培训机构学杂费用专用存款账户监管制度"等都作出了原则性规定，在制度建设和举措设计方面进行了探索。

六是重在规范。《条例》从26条到31条，均对终身教育培训机构，特别是经营性民办培训机构及其办学行为作了法制性规范，从而有利于解决经营性培训市场比较混乱的现状，促进教育服务产业健康发展。

资料来源：贯彻落实全国教育工作会议和教育规划纲要情况特辑2011年第34期

福建、上海的终身学习法规的制定工作只是我国终身学习法制化探索过程中的冰山一角。山东、湖北、湖南等省相继而来，正在探索制作出一批适合本地终身学习发展指导性的教育法规。但从国家层面来看，我国对终身学习的立法工作运行显然是较为缓慢的，终身学习的全国性立法，我们还有很长的路要走。

他山之石——国外终身学习立法

随着社会的发展，社会教育逐渐向终身教育过渡。纵观世界，各发达国家的教育改革和发展，往往先行立法，把教育改革和发展的目标、具体要求和方法步骤，用法律形式明确加以规定，使其具有国家意志，然后在全国推行，将教育改革和发展纳入法制轨道。随着越来越多发达国家走入高龄化，人口结构的变革更是进一步催化了对这一改革的需要。

美国《终身学习法》

1976年10月，美国国会通过了议员蒙代尔递交的蒙代尔议案，并将其作为《高等教育法》修正案第一节的B部分予以实施，由此，美国《终身学习法》（也称为《蒙代尔法》）正式诞生。[①]作为目前世界上公认的第一部具有较完备内容的终身教育法规，它明确指出"我们所有人，不管年龄大小都面临着一系列的需求，我们必须以最广义的概念来发展教育，从而满足人们的这些需求。"该法提倡打破将教育局限于一定阶段的学校教育的现状，将更多的校外教育形式纳入公民的学习中来。在这些立法理念指导下，公民接受终身教育的权利受到保障，也由此确立了终身教育在美国教育体系中的重要地位与作用。

《终身学习法》并没有试图为美国构建一个庞大而完整的终身教育体系，只是试图以高等职业教育这样的点为切入口，以点带面、突出重点地对终身教育进行深度推进。该法对长期培训的强调，一定程度上推动了公民不断地掌握并更新有关职业的知识和就业技能，并使他们能够适应不断发展着的社会经济、政治及文化，在一定程度上促进了美国科学技术的发展及国力的不断提升。

日本《终身学习振兴法》

终身学习的发展，不仅需要建立各种行政组织、咨询部门和协调机构，而且需要创设良好的社会氛围，获得国家政策与法律的保障。日本在推进终身学习的过程中，构建起较为完善的终身学习的政策与法律框架，有力地保障了终身学习的发展。

早在20世纪70年代初日本就开始引进终身学习思想，并把终身学习的本土化作为政府行为给予极大努力。1971年，日本中央教育审议会发表了《关于今后学校教育的综合扩充整备的基本政策》，指出有必要从终身学习的观点出发，全面调整教育体制。1976年，文部省发表《我国的教育水准》白皮书，提出终身教育体系化策略。1981年，中央教育审议会发表《关于终身教育的报告》，建议日本社会要树立终身学习的观点，朝着终身学习的方向努力。1984年，临时教育审议

---

① 吴遵民.现代国际终身教育[M].上海：上海教育出版社，1999

会首次提出把"向终身学习体系过渡"作为教育改革的理念。1988 年，日本在文部省专门设立了终身学习局，作为推动终身学习体系建设的组织机构。1990 年，日本内阁通过了文部省提出的《终身学习振兴法》。同年 6 月，由国会通过并颁布了《关于健全振兴终身学习推进体制的法律》，即《终身学习振兴法》。

《终身学习振兴法》共分 12 条，就立法目的、政府制定相关政策措施的责任、都道府县教育委员会的责任、振兴地区终身学习事业的基本构想、基准和实施、设置终身学习审议会以及相应的财政措施等事项，分别做出了相应的法律规定。该法还明确规定在振兴终身学习的事业中，从中央到地方政府各部门都应通力协作，并在教育行政机构中设立专门的咨询机构——终身学习审议会，为文部省提供政策性建议。依据终身学习振兴法，地方各级政府对发展终身学习规定了明确的责任。各地政府不遗余力地加强了推进体制的建立，包括制定地方性法规，设立专门的行政机构，制订终身学习振兴计划，设立"终身学习推进中心"和制定地区终身学习发展规划等。

经过国家和全社会多年的共同努力，终身学习在日本已深入人心。日本总理府进行的《关于终身学习的民意调查》表明，1978 年，知道终身学习这一词语的人占调查者的 58%，到 1992 年达到 64.5%，而到 20 世纪 90 年代中期，诚如文部省自豪宣称的那样，"终身学习这个话语本身，在我国已着实扎下根来"。[①]

韩国《终身教育法》

1996 年 8 月，韩国政府起草并通过了《终身学习法》草案，这意味着韩国终身教育在政府层面进入了实际的立法操作阶段。历时三年调查修订后，1999 年 8 月 31 日该法正式开始实施，并更名为《终身教育法》。随着社会发展及人们对终身学习需求的转变，2008 年 2 月，韩国政府又颁布了《终身教育法实施细则》，对《终身教育法》进行了修订和补充。

《终身教育法》颁布的目的在于建立一个人人想学、人人都可以学的终身学习国家。如果每个人都能实现个人的目标及改善生活的质量，国家的竞争力及知识基础亦获得增强，社会将融合为一个大的学习社群。该法包含了四项原则："一、保障每位公民都有均等的终身学习机会；二、终身学习是基于学习者自由的参与和志愿的学习；三、终身学习不得用来作为倡导政治或个人偏见的手段；四、个人所修习的终身教育课程应得到社会适当的认可。"同时，该法中有 16 条规定了

建立全面终身教育的管理机构和支援机构，条数占全法一半，对终身学习学分的承认和管理给予了明确规定，亦对贯彻不力和虚假手段者制定了制裁措施。这些强有力的管理措施保证了该法实施后取得了较好的成效。根据朴福仙教授的整理，主要有这样几方面的成绩。①

1．为了准备国家层次的终身教育支援方案，政府制定了"终身学习振兴综合计划"，扩展终身教育全面负责及支援机构的运作。包括加强了以成人学习者为对象的学分银行制的运作和充实，完善了有关的法令。

2．以《终身教育法》为依据，在教育发展司下设中央终身教育中心，在全国16个大市、道设16个地区终身教育资讯中心，20个乡镇市郡、区成立终身学习中心、终身学习馆。扩充和筹备了终身教育设施，其中有：9个网络大学，25个公务员教育训练机构，15个人力资源发展中心。在3所大学和3所学院开设终身教育主修课程，1所大学成立终身教育系。

3．发展远距离教育，2001年设立了9所新远距大学，2002年设立6所。为扩大老人和弱势阶层的终身学习机会，给予财政上的支援并举办老年教育专责人员的进修教育。

4．开始了企业教育的革命。以前在社会上不被认定的企业大学毕业证书，在《终身教育法》公布后得到社会的承认。著名的三星电子、LG半导体、韩国通信等10多家大企业的企业大学所取得的学位已被承认，企业大学以企业所需的技术为教育重点，更有实用价值。

国外终身学习的法制化无一不是循序渐进、逐步发展的过程，这提醒着我们对待终身学习的法制化，应该纳入政府的社会发展规划中，有步骤、分阶段地去加以实现。

路在何方——终身学习法制化的构建

国内和国外终身教育立法工作的现状表明，在21世纪的今天，终身学习政策的法制化已成为国际的共同趋势。在终身教育理念尚未深入人心，其重要性还未能被社会大众广泛认可的现阶段，加快终身学习的立法，通过法律的规范和强制确定终身学习的地位和作用，使社会各方明确自身的职责与义务，无疑是最直接、

① 朴福仙.知识社会与韩国终身教育政策.台湾：2002年知识社会与终身教育国际研讨会论文集

最便捷地推动终身学习的举措。国外终身学习开展得比较好的国家的实践也表明，需要有相关的法律为终身学习提供法律保障。庆幸的是，我国已意识到这一点，一些地方也正在积极推进终身学习的法规制定进程，以福建、上海为代表的省市已踏出了积极的步伐，相关法规的出台为其他省市终身学习的法规制定工作提供了有益的参考。

这里引用胡秀英老师在终身学习政策有关研究中提出的对建立终身学习保障机制的两点建议，①尝试在我国终身学习法制化构建的路程上再一次添砖加瓦。

首先，根据国家现行的有关法律法规，制定终身学习的实施细则。针对现行法律法规没有把有关终身学习的条款单列的问题，各地方立法机构可以结合当地的实际情况，尝试制定终身学习的地方性实施细则，使有关的法律条文进一步细化，要具有可操作性和实际应用性。细则出台后有关各方都应严格遵照执行，做到有法必依，违法必究。

其次，在科学调研的基础上，制定国家的终身学习法。制定一部完备的终身学习法，是我国实施终身教育，向全民学习、终身学习的学习型社会迈进的根本保障。终身学习法的制定应当从我国社会主义初级阶段的基本国情、民情出发，符合我国经济、社会以及教育发展的实际。我国的终身学习法至少应包括以下几方面的内容：终身学习在经济和社会可持续发展中的作用；终身学习对于促进人的全面发展的作用；终身学习的统筹管理机构及其具体职责；终身学习的总体框架及其基本特征；实施终身学习的各责任方及其相应的权利和义务；终身学习的保障条件；对违反终身学习法规定的具体处罚措施。

在现今相当一部分国民心目中，教育仍几乎等同于学校教育，没有看到教育自身终身性和发展性的特性，忽略了终身教育和终身学习，在一定程度上造成了教育生态的不平衡。加强终身教育，推进终身学习，培养适应新时代需要的学习型、发展型人才已刻不容缓。以法律法规的手段保障终身学习的开展，制定终身学习法，将直接带来传统观念的转变，推动终身学习理念的深入，促进建立、发展和完善我国教育制度，减小人的素质差距问题，提高全民族的素质，让我们共同期待我国首部《终身学习法》的诞生。

---

① 胡秀英. 终身学习政策的比较研究及对我国的启示[J]. 职教论坛，2009（7）

□ 政府角色：供给者到协调者的转变

一个终身学习体系包括贯穿人一生的学习，从早期的幼儿园到退休。它包括正式学习（学校、培训机构和大学）、非正规学习（在职和平常的学习）、非正式学习（从家庭成员中或社区居民获得的技能）。受传统教育观念的影响，直到 20 世纪 90 年代，政府仍是教育培训的唯一供给者，整个终身学习体系呈现为以正式学习为主导的体系，但随着社会经济水平的发展，市场对受教育者知识与技能要求的提高，正式学习主导的终身学习体系的处境日益艰难起来，直到一些或公立或私立的教育培训机构做出积极响应，非正规学习、非正式学习的插足才缓解了这种压力。不过，至此，原本的以正式学习为主导的终身学习体系亦变得非常复杂。政府不再是教育培训的唯一供给者，数以千计的非政府正规培训机构和数以万计的非政府培训者加入终身学习的体系，政府从纯粹的供给者、管理者摇身一变开始成为身兼多职者，同时承担起政府机构与这些涌入的参与者之间的协调者角色。

供给者：提供公共产品和保障公平

正式学习是终身学习的重要组成部分。一方面终身学习的持续进行需要具备学习能力和学习兴趣的学习者，学校教育承担着这份为学生终身学习奠基、培养未来学习者的重任；另一方面，学校教育需要充分发挥资源优势，增强开放性与灵活性，为社会成员继续学习提供机会，满足不同人的多样化的需求。终身学习不是囿于学校教育，但也不是抛开学校教育另起炉灶，而是在终身学习的框架下对现行的教育体系进行改革和创新。

我国学校教育的直接供给者一直是各级政府，国务院和各级地方政府负责领导和管理教育事务，在国务院领导下，地方政府负责中等、初等教育，而高等教育则有国务院和各省、自治区、直辖市政府管理。政府通过提供资金、制定规章制度、保障教育公平、密切关注课程、教材的选择、毕业资格的规定、教师教育的条件，以及开发、控制诸如思想政治道德教育等核心学科领域在终身学习体系的构建中发挥着供给者、管理者的角色。

尤其在保障教育公平方面，政府作为"第一责任人"，更是需要其积极发挥效应。政府的基本职能之一是提供公共产品，义务教育作为纯公共产品应该完全由政府提供，高等教育等非公共产品至少也应该大半由政府提供。但目前是，受区域之间、城乡之间经济发展不平衡的影响，这份公共产品的供给明显更偏向沿海地区和大多数城市家庭，一些西部地区、贫困农村地区甚至连义务教育这样的纯公共产品政府都无法给予完全的保障。随着私立教育培训机构的参与，公立学校（主要是高等教育）对部分教育报酬的索取，政府的这份担子变得益发沉重起来。尽管如此，多数地方政府还是在积极地努力，尽力地做好这个供给者角色。

一张贯穿终身的"学习计划表"

昨日，市政府举行常务会议，专题研究《杭州市中长期教育改革和发展规划(2010-2020年)》(送审稿)(以下简称《纲要(送审稿)》)，这将为未来10年杭州的教育发展指明方向，到2020年，要建成优质均衡的杭州特色现代教育体系，在全省乃至全国率先实现教育现代化。

学前教育：新建住宅小区要有配套幼儿园

学前教育被率先提出，今后在实施旧城改造、新区建设时，幼儿园和中小学要同步规划、同步建设、同步交付当地教育部门管理使用，以满足小区居民和符合条件的进城务工人员随迁子女就近入学的需求。争取到2015年，全市公办幼儿园在园幼儿人数占总在园幼儿总数的70%左右。

义务教育：让孩子有快乐的童年

小班化教育在《纲要(送审稿)》中被再次提及，义务教育段学校平均班级学额，到2015年将力争控制在小学35人以内、初中40人以内，到2020年，义务教育段学校平均班级学额控制在小学30人以内、初中35人以内。当然，这项措施会因地制宜，合理开展，重点还是要抓好教育的普惠和质量。

另外，民众呼吁的"减负"难题也有望在今后得到缓解，我市将建立市、县两级中小学生体质健康状况通报制度以及中小学生课业负担监测、举报、公告和问责制度；学校、家庭、社会协作联动，打造"家校进步共同体"；严格规范社会补习机构和教辅市场。

教育普惠：不让一个学生因家庭困难而失学

"让教育的阳光温暖所有弱势群体子女，确保每一个孩子人生起点的公平。"《纲要(送审稿)》中指出，着力强化政府教育公共服务职能，统筹经济困难家庭子女、进城务工人员随迁子女、农村留守儿童、边远地区儿童以及残疾儿童等弱势群体子女的教育问题，健全教育普惠机制，使公共教育资源惠及每一个受教育者，促进教育公平。

要完善义务教育阶段进城务工人员随迁子女入学"低门槛、双通道、一站式、多平台"服务；探索建立与居住证制度相适应的进城务工人员随迁子女非义务教育阶段教育保障体系。

同时要完善以特殊教育学校（班）为骨干、以随班就读为主体，以家庭教育为补充的特殊教育体系，实现残疾学生教育与康复的有机整合，促进残疾学生全面发展。各区、县(市)均建有1所智障特殊教育学校。

普通高中教育：迈向国际化校校有外教

在高中教育阶段，除了鼓励孩子考上好的大学，还要鼓励大学特别是市属高等院校向高中开放课程、实验室等教学资源，为部分学有余力的高中学生开辟学习发展的新途径。我市将引进国际通用课程，建立学生发展指导制度，对学生理想、心理、学业等方面开展指导。

今后，我市将进一步加强国际教育合作与师生交流，以国际视野推进教育理念、教育内容、教育方式的创新优化，并提升杭州教育的国际认同度和影响力。推进中小学与国际学校"百校结对"行动计划；实施市直属学校"校校有外教"计划。

新建国际学校，满足在杭外籍人士子女的教育需求；鼓励中小学和幼儿园招收境外人员子女就学。

中等职业教育：培养实用型人才

很多人对职业教育存在偏见，与此同时，毕业生"就业难"、用人单位"技工荒"的矛盾已经逐渐显现。今后，杭州会大力发展职业教育，加快对应用型人才的培养。

《纲要(送审稿)》提出，我市将大力培养职业道德、职业技能、文化素养、职业能力兼备的高素质劳动者和技能型、应用型人才。到2015年，全市创建国家级、省级中等职业教育改革发展示范学校15个，省级特色、新兴和骨干专业30个，为先进制造业、现代服务业和现代农业服务的省级示范实训基地15个，职业教育的吸引力明显提高；到2020年，基本实现中等职业教育小班化，中等职业教育"双师型"教师比例达到85%以上，10%的中等职业学校跻身全国一流名校行列。以就业为导向，深入开展工学结合、顶岗实习人才培养模式的研究与实践；探索"产教结合"的合理运作机制；推进"社会复合主体"建设，构建与地方产业结构调整、经济社会发展需求紧密结合的特色办学模式。

高等教育：让学生更具创新精神和实践能力

"我们大学的创新精神与国外大学差距还是很大的，有的大学招生分数很高，但并没有培养出多少个企业家，多少个科学家，我认为就是创新不够。"会议提出，要着力增强学生的创新活力。

今后，我市将加强大学生创业教育体系建设，建设全国大学生创业示范基地；完善大学生创业扶持政策，在税收、资金、销售、土地、人才等方面实行政策倾斜；加强大学生创业就业网络体系和创业园等平台建设，完善运行机制，提高创业园和创业实训基地的服务水平；加强大学生职业能力培训，鼓励大学生取得各类职业资格证书。

继续教育：实行市民终身学习卡制度

我市要建立健全推进学习型城市建设的体制和机制，倡导全民阅读，推动全民学习，建成学习意识普遍化、学习行为终身化、学习组织系统化、学习体系社会化的学习型城市。以提升人力资源能力为核心，积极发展岗位培训、社区教育、农村成人教育和老年教育等继续教育，推进终身学习网络和公共平台建设，搭建终身学习"立交桥"，大力提升劳动力素质和新增劳动力平均受教育年限，不断提升社会文明水平和市民生活品质，促进城乡可持续发展和人的全面发展。到 2015年，建设市级示范社区学校（分院）80 所、省级示范性成校 50 所，建立 50 个校企合作职工教育培训基地。

资料来源：李稹，杭州日报，2011 年 3 月 31 日

协调者：协调政府机构和其他有关参与者的关系

终身学习体系对非正规学习和非正式学习的需求使多样化的教育培训供给者成为必需。政府不再是终身学习体系的唯一构建者，其他各种各样的拥有自己标准和职业资格的国内外非政府教育培训供给者也纷纷涌入，政府以往一支独大、全权供给和进行管理的角色需要转变为能有效协调政府机构和其他有关参与者的协调者角色。政府需要制定游戏规则、质量标准、鉴定和管理终身学习体系，其他私营部门、中介机构和非政府组织则需要充分地动员组织起来，努力提供终身学习。

　　民办幼儿园的围墙是否坚实，能否成为呵护孩子的安全屏障而非夺命危墙，并不是一件简单的事情。这里边，不仅仅关系到幼儿园自身对安全的重视，更关乎政府对幼儿教育的政策性关注。也就是说，政府在鼓励多元化办园的同时，更应该加大对幼儿园的投入与扶持，严格依据实有人口配置幼儿园资源。不能一提幼儿园"社会化"，政府就完全撒手，放弃应有责任。

　　大约从 2001 年开始，中国的幼教掀起社会化风潮，大批幼儿园被推向社会。现在看来，政府财政对幼儿教育的"断奶"，已经呈现出严重后果。一方面，政府后退，助推高价幼儿园愈演愈烈，部分"天价"幼儿园的入园费用居然堪比大学学费，孩子家长不堪其苦。另一方面，本该普及的农村幼儿教育，因为政府投入的缺失而极度萎缩。这种萎缩往往在农村呈现出一种尴尬的局面，即大量山寨版、作坊式幼儿园纷纷涌现，农家宅院变身幼儿园的比比皆是，此番围墙倒塌的陕西泾阳幼儿园就设在村民家中。而围墙倒塌，还仅仅是此类作坊幼儿园比较直观的一面，须知，倒塌而不为人知的，尚有大量低素质幼教队伍所施行的学前教育。

　　资料来源：中国青年报，2010 年 9 月 9 日

　　当私人部门介入填补教育市场供给者的不足时，政府的协调者角色更为迫切。我们从上面这则新闻中就可窥见一二。私人部门提供的知识与技能是有限的，但却已成为教育培训市场必不可少的补充。然而受社会偏见、历史发展的影响，很多非政府机构（尤其是私立学校）的教育在教学质量、教育管理方面是比较差的。一些私立学校的着眼点不是提供高质量的教育，而是努力争取提高收取费用的权利。加之政府对这些教育培训供给者缺乏有效的质量认证和保障体系，更是加剧了质量上的参差不齐。政府需要去协调这些方面，至少可以作为政策制定者在政府机构和其他非政府机构参与者之间提供一个公平的竞争环境，如国家资助的学生贷款计划同样适用于私人机构或者提供远程计划、短期培训或其他非传统课程的机构，尊重民办机构的多样化，采用鉴定程序保证质量和保护学习者免受欺诈等，以及建立一个可以相互比较的质量保障体系，如采用统一的职业资格标准，建立多途径、多元化和信息充足的一体化的教育鉴定体制。总之，对于非政府机构的教育培训供给者，公众需要的不是一个不可信任的经营者和文凭工厂，而是一份有质量保证的教育服务，而这需要政府在协调者这个新角色上持续不断地做出自己的努力。

□ 资金投入：一定程度上的正相关效应

1996 年，远在西半球的美国一所大学发生了一件让中国所有大学煞是羡慕的事情——美国著名的斯坦福大学接受了惠普公司的创始人之一休利特的 3 亿多美元的个人捐款。在美国，大学接受各种捐款是大学收入的很大分量的经济来源。据 1994 年的统计数字，美国大学所接受的总捐款额度为 124 亿元，占高校总收入的 7%。[①]美国纽约大学于 1985 年制定了一项 15 年筹募 10 亿美元的宏伟计划，在 1995 年实现。除了募捐，美国大学还有很多其他获得资金的办法，比如扩大留学生规模、利用各种科研专利、发行债券、游说政府扩大资金投入等方式，这会在我们后面的内容中具体地谈到。正是这种多途径的募集资金，保障了美国科技力量处于世界的最高水平。同样，终身学习系统的建构，学习型社会的形成，需要各种资金的来源，来支撑终身学习的开展，可以这样说，对终身学习体系的资金上的投入程度，决定了其成就和作用。

今日教育资金投入的你我他

通过对终身学习经费投入的考察，我们可以看到，无论是在美国等发达国家，还是中国等发展中国家，国家是终身学习体制构建的投入主体，起着至关重要的作用。但是，多元化的资金投入构想，成为每一个国家大力发展终身学习的一个手段。

美国的终身学习经费。1993 年，美国国会通过了《政府业绩与成果法》，要求联邦政府为每一项终身学习计划制订发展策略和年度成就评估方案，并且建立相应的衡量指标，以此来测量资助的水平。[②]1991 年到 1998 年，政府对成人教育的资助从 2.01 亿美元提高到 3.6 亿美元。1997 年 8 月之后，为了促进终身学习的发展启动了"终身学习税收信贷计划"，为成人的中等后教育与学习提供财政支持。与此同时，美国还在财政资助体系中设置了各种奖学金，如佩尔助学金、传统黑人学院补助金等奖学金的发放，提供了大量的学习经费。除了政府之外，美国终身学习的经费还有来自各大财团的大力支持和无偿援助，这些费用在总数上无法

---

① 王溪.欧美大学的筹资之道，南方周末，2007-04-11
② 吴雪萍，赵传贤.美国终身学习的发展动力及策略[J].比较教育研究.2002（04）

统计，但毫无疑问，是美国发展终身学习的重要经费来源渠道。美国终身学习经费分配方式比较有特点，它一般不直接拨付给学校，而是间接地通过科研资助和学生资助为学校提供财政支持，通过将资助直接拨付给学生的方式，让学生根据自己的需要和学校办学成效自由地选择学习，并且还提供给有独立经济能力的成人学习贷款，这也是美国成人教育体系不同的地方。

英国的终身学习经费。英国政府为了激励民众积极参与终身学习。2000年开始设立个人学习账户制，学员持有学习账户就可以注册和学习有关课程，并且抵销一部分费用，并且规定雇主不能把税收强加于雇员，如果雇员在学习账户上开户，就无须缴税，并且政府将给予雇主减税的优惠。政府为此投入了5000万英镑为启动资金。这是英国对终身学习一项非常有特色的资金投入方式，我们还可以通过英国开放大学的收入情况来观察英国的终身学习经费的来源，1987年英国开放大学的各项收入中，来自教育部（当时英国的教育与科学部）的拨款是6230万英镑，学费是2140万英磅，其他收入是580万英镑。①除此之外，企业主热衷于对员工的培训，并且投入了大量的经费，1999年，企业主投资了10亿英镑用于对员工的教育与培训。②这种政府、企业和个人三方对终身学习的投入，是英国终身教育发展走在前列的原因。

日本的终身学习经费。日本在国家层面上对社会教育有很大的支持力度，以社会教育重要设施公民馆的整备预算为例，1971年为10.7亿日元，1978年90.16亿日元。③近代的终身学习投入数量相对之大，对日本终身学习体系的建设具有极大的推动作用，可以这样说，日本的终身学习体系实际上已经形成。除了政府的投入之外，日本还强调了企业和社会的责任，重视其他民间力量的引入，以"受益者分担"为名的市场化采取系列措施，但是由于20世纪90年代日本经济泡沫的破灭，终身教育机构的民营化和市场化之路失去了其赖以生存的经济基础，但是日本的大型企业对终身学习还是有较多的投入，而且由于日本国民对终身学习的理解倾向于将其视为一项以精神教养的提升和满足为主要目的的非功利性的事业，愿意自身投入大量经济投入，所以日本的终身学习发展较为迅速。

韩国的终身学习经费。韩国终身学习账户形式的经费体系比较有特色。2007

① 顾明远、梁忠义主编. 世界教育大系.社会教育[M].吉林教育出版社，2000年
② .Department for Education and Employment[DfEE].Leaning to Succeed : A new framework for Post-16 learning，DfEE，London，1999.
③ 持田荣一等编修，龚同等译，终身教育大全[C].北京：中国妇女出版社，1987

年 12 月，韩国《终身教育法》全面修订，增加了学习账户的法规，随后，教育科学技术部在韩国 7 个城市实施终身学习账户制示范开展工作，共投入 2.7 亿韩币的特别教育经费，建设了大量的课程资源。该系统和下文提到的资格认证制度以及上文提到的学分银行制度、自学学位考试制度等衔接，提供了学习者全方位的终身学习信息。

法国的终身学习经费。法国政府非常重视终身学习体系的经费保障问题，认为没有经费来源的保障，就没有终身教育的实现，经费保障是实现终身教育理念，开展终身教育工作的关键。法国政府为保证本国终身教育经费来源，通过立法建立了由国家资助和企业投资及个人出资的多种终身教育经费的筹措渠道。中央和地方政府每年都要投入 20 多亿欧元法郎开展成人继续教育工作，同时要保障工商界投入 30 ~ 40 亿欧元，保证徒工培训和职业培训所需资金，培训时数约达 2.47 亿小时，受训人约为 300 万。[①]这样从法律制度上规范了政府和工商界对终身学习的投入，保障了终身教育的大力发展，同时，还通过立法规定，对接受继续教育培训的学员享受教育休假的津贴制度，学员可以从容去参与终身教育机构的各种教育，保障了法国国民素质的提升。法国的终身学习也需要对参与者收取部分经费，因为参与者也是主要的受益者。

我国的终身学习经费。学习是富民强国之本，为了大力发展终身学习体系，党中央在十六大时就提出了建设学习型社会的构想。通过继续教育的形式，大力提升我国的人力资源基础，占领国际竞争中人力资源的高地。在财政投入方面，提出了财政资金优先保障教育投入，公共资源优先满足教育和人力资源的开发要求，对教育投入所占财政预算的份额提出了 4%的刚性要求，由于得益于我国近年来财政收入增长较快，终身学习体系得到了极大的发展。但是由于政府统一管理和成本分担的错位现象，终身学习经费上面显得较为不足，继续教育缺少场地、实验设备等现象比比皆是。

明日教育资金投入的构想

上文我们考察了几个代表性的国家终身学习经费的来源情况。不管是针对主要指向终身学习的成人教育体系还是一般的教育经费，其具体的筹集办法，都有

---

① 李瑜.法国终身教育立法及其对我国的启示[J].湖北大学成人教育学院学报.2009(02)

其内在和外在的条件。比如美国为代表的西方发达国家的高等教育经费筹集办法的存在条件是市场经济制度和高校充分的自主权，政府只是承担宏观调控的功能。与此相反，中国高等教育由于是政府主导的教育体制，学校缺乏应有的自主权，因此高校的经费筹集存在太多的障碍，在成人教育方面显得更加严重。可喜的是，国家认识到了这种缺憾，各地的终身教育资源纷纷建立，如各种学习中心、社区图书馆、职业培训场所等。可是按照我国经济发展水平和对教育的投入，继续教育的经费还需要大量的补充才能适应终身学习体系和学习型社会对经费的需求。关于未来我国教育资源的来源，笔者认为美国著名经济学家舒尔茨创立的人力资源理论可以给我们一些启发。这种理论认为，对教育、培训、保健以及为了获得更好就业机会和职位而进行的地区流动所做的投资，都是对提升人力资本的一种投资形式，是国家和社会获得发展，企业取得进步，个人获得更高收入和地位的源泉，是国民经济增长的重要因素，是保障社会福利提升的有效因素。因此，应该按照市场经济最通行的法则，实现等价交互，其内涵主要体现在谁获利谁付款的原则。按照这种经费来源办法，需要个人、单位、政府三方进行投入，政府加大投资、大力拓展资金来源，建构起政府为经费投入主体，用人单位和个人投入为补充的终身学习经费来源。

　　政府加大投入。2011 年 9 月 16 日，美国劳工部公布的各州就业统计显示，8月份美国各州中超过半数失业率的州数继续上升，达到 30 州时耐人寻味的事情发生了，一向以作风稳健著称的纽约市市长彭博郑重发出警告，如果美国政府不认真创造就业机会，可能会发生街头暴动。[①] 从这个例子中我们可以知道，一个社会的稳健和健康发展，是和人民的安居乐业离不开的，随着经济社会的发展，特别是结构性失业问题的凸显，政府需要将已产生的失业问题的解决和未来可能发生的失业问题做出前瞻性的措施，而一个解决办法就是建立终身学习体系。根据舒尔茨的理论，社会的安定是社会大众受益的，所以社会大众应该为此埋部分单，这就意味着代表群众的政府需要投入更多的终身学习经费。并且，终身学习体系通过提供新知识和新技术提升劳动者职业素质，促进人的全面发展，以及提升社会生产力和政治经济的发展以及文化的昌盛。有一个研究数据比较能说明这个问题，萨布·沙卡洛夫（Sabu.Sakharov）80 年代测算出了一个数据，在非洲、亚洲、拉丁美洲、中等发达国家和发展中国家，其高等教育的收益率为 13%、13%、16%、

---

① http://news.sohu.com/20110918/n319725261.shtml

8%、9%。这组普遍高于社会对物质资本投入的收益率说明了社会是经费投入的主要受益者，理应承担相应的费用。然而，政府是一个非生产经营的单位，是靠税收来给终身学习系统保障经费，这就要求政府通过对产业界和高收入个人征收教育专项税，并且实行类似于个人所得税一样的分级纳税体系，收入越高，就缴纳更多的教育专项税。政府收取相关税收和教育专项税后，大力对学习者进行扶持，可以参照英国终身学习账户的制度，对经费进行二次分配。

用人单位对终身学习的投入。用人单位是终身学习效能的直接受益者，基于员工的健康成长和单位的发展，大部分用人单位对员工的培训往往是积极参与和支持的姿态，这不仅体现在对参与终身学习的职工精神上的支持，更是体现在物质上的投入，后者在跨国企业上做得尤其出色。很多优秀的年轻人选择跨国公司作为自己的职业起点，不仅是由于跨国公司完整的服务体系，更是因为这些公司诱人的发展机遇，尤其是体现在个人培训上。但是中国的用人环境问题，特别体现在低端制造业，对终身学习的投入非常少，即使要求工种变化时的技能培训，有的也收取高昂的费用。形成用人单位的长效的投入机制还有很长的路要走，或许在签订合同之时，必须强制单位对其终身学习账号或者承诺对员工的终身学习的经费投入是一个办法。用人单位对终身学习的投入还体现在探索带薪培训的机制形成。在西方发达国家，带薪培训是员工的权利，这种制度对保障终身学习的经费投入是一项隐性的有力武器，不仅可以保障法律上参加终身学习的身份，而且保障了学生在参与学习时的生活问题，同时也是企业发展的保障。

受教育个人。通过参与终身学习，学习者获得了更多的知识，尤其是技能和素质上的全面提高，这会促进个人的经济收入水平的提升和社会地位的提高，增加他们适应社会变化的能力，尤其是在知识和技能更新较快的领域获得就业先机，或者是获得了更为积极的生活观和价值观。总之，个人参与终身学习其自身获得了更好的条件，个人理应支持终身学习费用的支出。但是，不同类型不同专业领域的学习者，收益往往相差较大，他们在终身学习体系中承担的费用应该有所差别，比如生产性领域的学习者，对技能的要求更高，个人要投入更多的教育经费，社会服务性领域的学习者，对社会贡献很大，收入相对偏低，个人投入的经费要适当地降低。

其他途径。除了政府、用人单位和个人对终身学习经费的支持，还应拓展经费的来源，参照国外终身学习体系的经费构成，可以考虑接受个人、社会的捐赠，成立专门的终身学习基金会等手段获取终身学习发展的资金。

□ 资格认证：终身学习需要看到成效

早晨回校的时候，看到学校门口有一张继续教育免费招生的广告，这是重庆市政府提供给入城贫困农村户籍人员的工作技能培训，有月嫂等相对简单的工作培训，也有汽车修理等技能较为复杂的技能培训。显然，目前我国学习者有了更多不同层次的学习需求，而社会提供的学习机会也更加多样化。尤其是自"十二五规划"发布以来，终身学习体系和学习型社会的构建让终身学习的思想风靡神州大地，被大众广泛接受和认同，相随而来的是终身学习活动在人民群众中显得更加频繁，不仅表现在笔者所在的广播电视大学所呈现的免费提供技能培训，还表现于联想等大企业对培训市场的大力注资，围绕终身学习主题的各种学习活动在我们身边如火如荼地开展。作为一个终身学习的研究者，我们肯定会为此欢欣鼓舞。然而，这种繁华背后一个问题不能回避，那就是"终身学习的效果如何评定"的问题。

我们从不怀疑社会提供的各种培训能极大地提升我们的知识和技能，但是各种继续教育的效果并没有得到我们对于正规学校教育一样的承认，很大的原因便是终身学习各种学习活动未能如学校教育一样，有着较为完善的评价标准和一套完整的评价制度，这种评价体系的缺失，使得学习者的效果无法衡量，教学机构也无法进行优胜劣汰的市场选择，建设一套适合成人学习活动的资格认证制度显得尤为重要。

所谓资格认证制度是指从事某一职业所必备的学识、技术和能力的基本要求。作为终身学习者，如何将所学知识被社会认可、被行业企业接纳显得尤为重要。因此，和学校教育一样，建立与成人学习相适应的认证制度是实现终身学习、建立学习型社会的重要基础和有效措施。

认证制度又称为合格评定程序，是指任何直接或间接确定技术法规或标准中相关要求被满足的程序，它是为进行认证工作而建立的一套程序和管理制度。其中包括认证和认可两类活动。那什么是终身学习认证制度呢？对此国内外学者已做过大量研究，并各有不同的见解，综合各家之所长，我们认为：**终身学习认证制度即社会对终身学习成效的认证和认可制度，包括学习状况的考核、学习过程的记录、学习能力和成效的鉴定等社会评价的保障制度**。这种制度的建立，可以有效调动学习者参与终身学习的积极性和热情，营造良好的学习氛围，让终身学习与正规学校教育一样获得公平认可，推动全民终身学习。

国外终身学习认证制度的发展

在谈我国终身学习认证制度的发展历程之前，我们先对国外较为发达的认证制度进行考察。在部分国家，对终身学习认证制度也早有研究，有的国家比如法国，终身教育认证制度得到了较早的制定。法国之外，很多国家为了彻底推动并落实终身学习，纷纷制定自己的终身学习认证制度，比如英国、韩国和日本等国家都有了自己的认证制度，这些国家关于终身学习认证制度的研究，有效地推动终身学习活动的开展。

法国

我们知道，终身学习的思想最早起源于法国，在法国，不仅是终身学习在思想上非常重视，在对终身学习的成果认证上，也走在最前列。它的相关制度，历经多次演变，发展成为了较为成熟而卓有成效的认证体系。它的认证制度主要体现在职业领域，特点是比较重视劳动者和从业者在工作中获得的经验和能力。

早在 1934 年，法国政府颁布第一个非正规学习成就认证法令——《国家工程师文凭认证法令》，该法令对学习者在学校教育外参与的学习活动和获得的学习效果高度重视，规定只要年龄在 35 岁以上，并且有 5 年以上工程师实务工作经验的人，无论是自学的技术人员、社会人还是学生等，都可以通过认证的途径获得国家工程师文凭。

1985 年，法国政府又颁布了《先前职业认证法令》，该法令在《国家工程师文凭认证法令》基础上又有所延伸，对职业教育的认证更为完善。[1]职业获得认证简称 VAP，主要面向那些想要参加高等教育，却达不到入学条件的成人，他们要想取得跟参加高等教育学生相同的证书，便可以通过认证他个人的学习活动、工作经验、知识能力等等方面，如达到要求，便可进入高等教育系统进行学习，获得同等的资格。该法令是法国有史以来第一次将职业获得认证的概念纳入国家的法律中，它为那些无法圆大学梦的年轻人开辟了一条崭新的学习通道。

2002 年，法国政府颁布了《社会现代化法》。该法进一步明确了学习不一定通过高等教育，通过劳动所获得的经验和知识同等重要并有效，它可以获得与职业培训同样的资格。通过这些法令的颁布，法国的终身学习认证制度得到了保障。

---

① 宋孝忠.国际组织视野下的终身学习认证[J]. 中国远程教育.2011(12)

我们对法国终身学习认证制度进行考察可以发现，法国认证体系高度重视经验的有效性，将职业获得变为经验获得，扩大了职业资格认证的领域。这是法国第一次在国家法令中提到经验获得认证，也是法国终身学习、非正规学习成就认证制度逐渐发展和演变的必然结果。

英国

英国的终身学习认证有其自己的特点，英国的终身学习认证主要有两种模式：课程取向的资格认证和整合取向的资格认证。以下是英国在认证制度上的几件标志性的大事件。

1984 年，英国"扩充教育单位"出版了《课程机会：以经验学习进入高等教育及扩充教育》一书，主要极力倡导学习经验的重要性，主张通过对学习者先前学习经验的认证来获得进入高等教育的门槛。

1986 年，英国成立"全国学术授予委员会"，主要负责对多科性技术学院和继续教育学院所开设的课程进行认证和鉴定，得到认证的课程所授予的学位便可得到国家的认可。该委员会还建立了学分积累与转换系统，有效推动学分认证体系的发展，使学习者可以通过学分认证获得高等教育的入学机会，以此获得相应学位。

1997 年，英国成立"资格与课程委员会"，在对不同类型的教育与培训之间，建立多元的、能相互认可的认证支持系统等方面进行了较为积极有效的探索，全面整合全国正规的、非正规的各类证书和学位，建立一个统一的国家资格证书体系。这个资格证书体系的完成，也标志着英国在终身学习认证制度上得到了体系的完成。

韩国

韩国的终身学习制度比较完善，终身教育机构较健全。韩国早在 20 世纪 90 年代便对终身学习的成果认证采取了有效措施，制定了相关制度，比较有代表性和影响力较大的是学分银行制度。

为鼓励和调动民众参与终身学习的积极性，提供良好学习环境和制度保障，1988 年，韩国开始实施学分银行制度：**借鉴银行的运行特点和模式，以学分为载体，来记录学习者的各种学习经历，以此实现对终身学习成果的认定和转换，即学分存储和学分兑换**。该制度是对学生学习成果的一种认可，是学分累积制度，凡是拿到高中毕业证书和同等学习背景的人都可以申请注册，每个人学习课程的成绩经有关部门审核便可以得到学分，学分可以一直累积到规定标准后，便可拿到相应学位证书。该制度使学习者选择就读学校有了很大自主性，在选择学习科目方面有更大的灵活性，拓展了一个机构只认自己成果的一种狭隘体系，同时有利于学生专业发展和个性发展。

韩国走在前列的还有它的学习评价认证机构。韩国终身学习发展较快，已在全国各地建立了相应完善的学分评价认证机构，主要负责对个人终身学习活动的记录、成果评价和认定、发放相应证书等，机构不仅针对学习者高等学位的取得，还用于初级和中级学历、各种职业资格证、就业等方面。

除此之外，韩国对终身学习提供了有效的法律保障。1997年，韩国颁布《关于学分认证的法律》，主要针对那些没有参加过高等教育的年轻人，使他们通过终身学习活动，逐渐取得学习成效，达到一定学分累积后，学士学位140学分，两年副学士为80学分，3年副学士为120学分，便可获得相应学位。随后，韩国还制定了《关于自学学位的法律》，确定国文、英语等9个学科为自学学科，社会成员完全靠自学完成学业，通过网络报名，由全国16个广播电视大学组织考试，自学学位划分4个阶段，每次必须参加一个完整阶段的考试，这种自学学位就相当于我国的自学考试。

可见，韩国终身学习法律较为完善，机构较为健全，成果认证制度完备，有效激励了韩国民众参与终身学习的积极性，保障了韩国学习化社会的形成。

日本

日本作为一个经济非常发达的国家，国民的素质普遍较高，这和日本教育水平走在世界的前列是分不开的。日本很早便高度重视终身教育和终身学习，无论是政府部门，还是企事业单位以及民间团体和个人，都对民众进行终身学习给予高度重视和支持，其终身学习的成果认定主要有以下几个方面。

文部省认定技能审查。这种审查制度是通过民间一些认证机构和团体对学习者的学习情况和学习成效进行审查、鉴定，通过鉴定合格的学习者，便可获得由文部省给予认定的证书，以此证明学习有所成效。

高中毕业程度认定考试。对高中毕业学生的学习程度给予认定，考试合格者可以参加大学入学考试，还可以用于就业。

大学评价和学位授予制度。该制度针对那些没有修完大学、研究生院的课程，但却取得了与之相同的知识和能力，被认定具有大学、研究生院毕业或修完全部课程者同等以上学力的学习者，可以给予高等教育阶段的各种评定，授予相关学位。

准学士、短期大学学士、专门士、高级专门士。这是一种以学习者的学习年限和上课时数为衡量标准的认定方式。高等专门学校毕业者授予"准学士"称号，短期大学毕业者授予"短期大学学士"称号。符合学习年限 2 年以上，参加总授课时数超过 1700 小时条件的专门学校的学生，可以授予"专门士"称号；修业年限 4 年以上，参加总授课时数超过 3400 小时的学生，可以授予"高级专门士"称号。

日本终身学习认证体系最大的一个特色，就是只做水平检测，也就是说不管是在哪里参加教育，达到了知识和能力上的要求，就可以获得相应的证书。这种政策和韩国的学分银行有一定的相似之处，只是韩国的学分银行更加重视学习过程的积累，而日本更着重总结性的评价制度。

建立我国终身学习认证制度的思考

建立终身学习认证制度是推动终身学习，保障终身学习体系和学习型社会构建的一种重要的手段，同时也是一种必须的手段，我国目前正在大力倡导建设学习型社会，呼吁广大民众进行终身学习。然而，在学习成果未能得到相应认证和社会认可的情况下，很难保证学习者愿意并积极地参与终身学习活动。所以只有建立合理的终身学习成效认证系统，才能保证学习者所进行的一切学习活动都被社会所看见，进而被认可，从而激发学习者的学习动力，推动终身学习体系和学习型社会的建构。那么，如何对终身学习成果进行适当的评价？以及建立怎样的终身学习认证制度？这是我们不得不思考的问题，同时也是我国在加快学习型社会进程中所必须要走的一步。

健全机构是保障

我们知道，正规的学校教育具有专门的教育评估机构和完善的评估体系，对教育成效和学生的学习效果进行评定。同样，对于作为非正规教育的终身学习活动而言，其成果认定工作首先也要具备健全的认证机构，像英国、韩国、日本等国家都有相应的终身学习成果认证机构，其中有政府的、民间的，也有民间和政府都有的。我国也应尽快建立各级各类的终身学习成果认证机构，具备明确的职责和责任，具有相应的认证能力和资质，专门负责研究制定终身学习成果认证办法和制度，研究如何在公平、公正环境对学习者的终身学习成果给予恰如其分的认定，使学习者的学习活动和成效得到全社会的认可，进而提升学习者自身对学习的自我认同。

制定办法是措施

制定合理的、科学的、可操作的终身学习认证办法。认证的对象即学习者通过非正规教育的途径，例如参与社会各类学习活动等所获得的经验、知识、能力和水平等。认证方式可以是形成性评价，也可以是终结性评价，但要以过程性评价为主，因为对于终身学习者而言，学习的过程和体验至关重要。认证的方法可以多种多样，比如正规学校教育所用的考试和测验，还有观察法、档案记录法、个人陈述法、工作经验证明法、技能测量法等。凡是能有效记录和体现学习者学习活动及能力的方法都可采用，以此保障终身学习认证办法的合理性、普遍性和全面性。

制度保障是关键

目前，我国的上海、北京和云南等地都在逐步探索和建立终身学习认证制度，但制度尚未完善，还处在试验和摸索阶段。我国应该学习国外终身学习的发展经验，从国家层面着手制定相关认证制度，构建合理的终身学习认证指标体系，进行有关学分银行、学习成果认定等制度的相关实验，并逐步推广，满足广大群众对终身学习的高需求。从我国国情出发，以下几种认证制度可以在我国尝试。

学分银行制度。学分银行制度起源于韩国，即建设一个以学分认定、积累、转换和兑换为基础的开放教育管理系统，整合和沟通各级各类正规教育和非正规教育，学习者通过多样学习形态、学习经验，在达到规定的学分累积之后，即可取得终身学习成果。2011 年，上海出台《上海市终身教育促进条例》，其中明确指出："要逐步建立终身教育学分累积与转换制度，实现不同类型学习成果的互认和衔接。"这是对学分银行制度的初步尝试，通过此制度探索和实施各类成人高等教育之间的高度兼容、学历教育和非学历教育的融通、中等教育和高等教育的衔接等。该制度要基于课程标准统一的学分认定和管理，保证学分认定的科学性和合理性。其对开放性的教育或学习作出具体的认定、管理和指导，体现了各类教育学习活动的沟通和衔接，活用学分积累与转换的成果，形成比较规范的市民终身学习成果记录和认定制度，有效衡量和认证学习者的学习成果，并发放相应证书，得到社会认可。

市民学习账户制度。企事业单位可以按职工工资总额提取相应比例的教育培训经费列入专门的资金账户，用作员工的学习经费。国家和各级政府要对学习贫困群体给予一定的政策倾斜和经济资助，成立专门机构或授权各级教育行政部门负责管理和运作。其管理可采取从公积金账户或社会保障卡中列出，可与政府组织的劳动职业技能补贴培训相结合。

国家认定技能审查制度。该制度是指一些专门认证机构对学习者通过个人多渠道的学习而获得的知识和技能进行评价和鉴定，达到一定标准的给予认可，并获得全国范围内承认和认可的等级证书。例如，我国现在的计算机等级考试、全国大学英语等级考试和普通话等级考试等。国家应继续鼓励和支持类似的学习成果认证，规范认证机构，鼓励民间此类认证机构的建立，并给予国家层面的认可，承认其鉴定和认证结果，使其认证证书在全国范围内有效，以此激发和鼓励学习者进行各类终身学习活动。

学校学分认证制度。该制度是指利用正规教育学校的评价机构和评价资源，对在校学生参与的学校教育之外的学习活动给予评价和鉴定，并为其累积学分，作为学生以后继续教育的基础和证明。

职业资格证书制度。该制度目前在我国正在发展阶段，已经在很多职业领域有所尝试，并初见成效。从社会的飞速发展来看，未来个人要想从事某种职业，可能必须要具有相应的资格证书或许可证书。这些证书既可以是国家颁发的，也可以是由国家授权或委托的机构颁发的。对在终身学习中掌握一定职业技术的人，授予相应的资格证书或许可证书，不仅可以规范各种社会行为，也是推动终身学习活动不断开展的有力措施。

总之，我国终身学习认证制度的构建不是一蹴而就的，它需要一个漫长的探索、实践和总结的过程，这个过程需要你、我、他的共同参与和努力。

□ 总结性评述

对于终身学习体系和学习型国家的建设，来自各方面的保障是必须的，同时也是紧迫的。无论是考察发达国家的终身学习发展历程还是规范未来我国终身学习体系的构建，需要得到法律的强制和规范，需要上升为一种国家意志，在法律的保障下开展各项工作。与发达国家较为成熟的法制体系相比，我们还有很多路要走，而明确方向更是尤其重要。一切在路上，法制在先行，我们的终身学习法规制定工作在部分省市已经上路，国家层面的立法工作实际上也有了一定的基础。但是仅仅依靠法制，终身学习体系的构建还是困难重重的，这就需要我们日益完善制度，转变政府职能，在坚守供给者的本职基础上更是以一个协调者的身份参与终身学习体系的建构。政府既需要提供有效的公共产品，保障参与学习的公平性；同时需要协调政府机构和其他相关参与者的关系，使之形成合力，促进终身学习的发展。

终身学习系统的建构同样离不开资金的保障。在正式教育阶段，政府是主要的投入者，但是，终身学习系统尤其是职后教育这部分，其成效和资金的投入成正相关的效应，投入越多，才能有更好的发展。只有将受益分配形成资金投入参照，个人、用人单位、政府在资金投入机制上形成良好的补充合作关系，才能保证终身学习的资金来源。

最后，完善的资格认证制度是保障和评价终身学习效果，促进终身学习发展的重要制度，在考察国外有关终身学习制度的基础上，我们认为实现健全机构能为终身学习评价制度提供保障，制定具体的可以操作的措施，是评价成效的唯一办法，但是最为关键的是要形成良好的制度保障，在这方面上海、北京等地已经走在前面。总之，所有这一切都不是一蹴而就的事情，需要我们尽心、耐心、细心的参与，一项关于终身学习的终身事业，其实和你息息相关！

延伸阅读

全国首个市民"终身学习成果认证制度"在西城区启动

进教室先刷卡，学完课程结算的学分通过电脑系统储存到一个终身有效的"学习账户"里，学分按照一定的标准折算成积分后可享受减免学费、社区生活服务、就业升学优先等服务……2011年4月27日，随着"北京市西城区市民终身学习成果认证中心"的揭牌，我国首个市民终身学习成果认证制度正式启动。未来，无论是在西城区普通教育、职业教育、继续教育中的哪一类教育机构学习，学习者都有望通过学分的积累和兑换，获得如学习费用减免、升学就业和社区服务优先以及商品和服务优惠等相应奖励，不同类型学习成果之间还可以互认和衔接。

"西城区市民终身学习成果认证制度"是建立在西城区社区教育品牌项目——"市民终身学习积分卡"基础之上的终身学习制度创新，对实施"服务立区、金融强区、文化兴区"战略，推动西城区学习型城区和高品质文明城区建设，具有深远意义。该制度通过对管理体制、支持服务体系、学分管理和认证体系的构建和运行，建立一套具有系统性、可操作性的制度体系，实现不同类型学习成果的互认和衔接，初步搭建起终身学习的"立交桥"，努力探索从学习成果评价入手的人的素质评价和人力资源综合评价，从而促进人的全面发展。

为了推进这项工作，西城区将成立由区委区政府领导牵头，各委、办（局）及区域内企事业领导参加的跨部门组成的市民终身学习成果认证制度实施工作领导小组，全面领导和规划市民终身学习成果认证制度的实施。同时，以社区学院为枢纽的"西城区市民终身学习成果认证"管理和认证中心，将把社区学院、社区教育学校、文明市民学校、中小学校、民办学校及区域内各类培训机构纳入认证工作体系。

市民终身学习成果认证制度运行方式称为"学分银行"，它是一种借鉴银行的功能特点，以数字化存储、认证、兑换为手段，通过建立个人学习账户，实现个人学习与终身学习的信息存储、学分认证、学分积累、学分兑换、学习信用管理等功能的公益性的市民终身学习成果认证系统，是市民终身学习成果认证制度的重要部分。该体系涵盖学习管理、学分管理、学分诚信管理和学分积累与积分兑换等内容。

凡在西城区辖区内工作、学习、生活的全体人员、各类学习型组织均可申请西城区"市民终身学习成果认证"学习账户。通过西城区市民终身学习平台——学习型西城网注册或者通过各注册点（包括社区学院、各街道文明市民中心校、各街道社区教育学校、经区市民终身学习成果认证中心认证的培训机构、企事业单位、社会培训机构）登记注册都可建立本人的学习账户，账户终身有效。

学习者在终身学习成果认证中心认证的各注册点参加面授学习或者登陆学习型西城网站在线学习，或者通过自学等方式取得国家承认的各级资格证书，或者单位参加各类学习型组织创建活动等，都可通过学习时间的累积换取学分，也可通过课程考试获取相应的学分。存储在个人账户里的学分，每年一定时间里学员可以向西城区终身学习成果认证管理中心办公室申请使用、兑换。

在学分的使用和兑换方面，西城区相关部门将对积分高的学习者给予奖励（包括授予市民学习荣誉证书、发放奖学金、评选学习之星等）。同时，持卡人可根据自身需求，选取兑换一定的教育服务或培训服务，参加由合作单位提供的各类对外收费课程，获得学费减免；持卡人也可兑换一定量的社区生活服务和帮助，包括社区志愿者服务、家政服务、子女托管服务、居家养老助残服务等，例如送餐、代买菜、理发、清洁等；持卡人还可到西城区域内签约定点机构专享直接消费或优惠打折消费，或在已有优惠基础上，根据积分数量获取折上折的优惠，如兑换签约定点旅行社的旅游服务、健身卡、图书打折卡、就餐打折卡、购物打折卡等。

为了确保学分取得的真实性和有效性，西城区终身学习成果认证中心将每年组织督导组，对如考勤、作业、考试等学习真实性和学分认定、有效积分兑换等进行检查。

据介绍，西城区市民终身学习成果认证制度将按"十二五"和"十三五"分步实施。第一阶段：2011—2013 年，在现有的市民学习积分卡的基础上，实现积分卡向学分银行的过渡，初步建立市民终身学习成果认证运行体系，实现持卡人数 10 万人；第二阶段：2014—2015 年，将积分范围扩展至全区各个年龄段人群以及学习型组织，至此阶段，基本建成市民终身学习成果认证运行体系，实现持卡人数 30 万人；"十三五"时期：2016—2020 年，努力探索正规教育、非正规教育、非正式教育学习成果的互通、互认，着力解决各类型学分之间的通兑问题，探索初步构建起西城区域内终身学习立交桥。至此阶段，持卡人数不少于 70 万人。

资料来源：首都文明网，2011 年 4 月 29 日

LIFELONG LEARNING
AND CAREER DEVELOPMENT

第 5 章

职业教育：如何面对职业变化的挑战

教育并不随着中等或高等教育的完成而告结束。现代社会的变化性质，要求正规及非正规的教育能终身进行。在熟练水平或熟练水平以上的大多数工人的职业生涯中，必须多次重新学习工作，希望前进到更高水平工作的工人，必须学习所要求的新的技能以及新的职责。

——布卢姆（B·S·BLOOM）

※章节引语

我很荣幸地在世界最好的大学的毕业典礼上讲话，但是我从来没大学毕业。我只上了 6 个月的学就休学了。说实话，只有这次才是我几十年来离大学毕业最近的一次。人生的成就是善于把点点滴滴的事情串联起来思考。我为什么不等大学毕业呢？这要从头说起。大学不能串联灵感。

17 岁时，我上大学了。我无知地选了一所学费几乎跟斯坦福一样贵的大学。6 个月后，我看不出念这个书有多大价值，也不知道念这个大学能对我有什么帮助。而且，我为了念这个书，最后会花光父母这辈子的所有积蓄。所以我决定休学，相信"船到桥头自然直"。当时这个决定看来相当荒唐，可是现在看来，那是我这辈子做过的最好决定。

我后来的肄业生活一点也不浪漫。我完全靠着捡可乐瓶子过活，每个星期天晚上都得走 7 里路，绕过大半个镇子去印度教的神庙吃顿好饭。但我不断地追寻我的好奇与直觉，去关心外界的事物，后来这些都成了无价之宝。

举例来说，当时 Reed 大学有着全美国最好的书法大师，在整个校园内的每一张海报上，以至于每个抽屉的标签都是大师们美丽的手写字。因为我休学了，没有什么课能上，于是我就跑去学书法，我学到了 san serif 和 serif 字体。书法的美感、历史感与艺术感是科学所无法捕捉的，我觉得它很迷人。10 年后，当我在设计第一台 Macintosh 电脑时，我想起了所学的东西，所以把这些东西都设计进了电脑里，这是第一台能印刷出漂亮文字的计算机。如果我没沉溺于书法里，Mac 电脑可能就不会有多种字体和变间距字体了。我可以断言，如果我一直在大学里待着，就不可能把这些点点滴滴的灵感串起来。但在 10 年后的今天，它们显得非常现实。我再说一次，在学校里不可能预先把点点滴滴学到的东西串在一起，唯有未来再回顾时，你才会明白那些点点滴滴是如何串在一起的。

　　所以你得相信，你现在所体悟到的一点一滴的东西，将来会连接在一块。你得信任这些零零碎碎的东西，直觉也好，命运也好，生命也好。总之，是它让我的人生不同于别人。

资料来源：苹果公司 CEO 乔布斯 2005 年 6 月在斯坦福大学的演讲

　　目前，在全世界"果粉"悼念、追忆苹果公司前 CEO 乔布斯时，与乔布斯有关的一切都极具吸引力，他传奇的人生经历和乔氏神话，正激励着越来越多的年轻人开始思索如何过自己与众不同的人生。对我国的青年而言，乔布斯更是成为冲破制度牢笼、打破思维定式的楷模。如此，是否就表明乔布斯的一生不存在规划、完全按命运出牌呢？答案当然是否定的。从他在斯坦福大学的演讲中可以明白，"人生的成就是善于把点点滴滴的事情串联起来思考"，若没有坚定的职业理想，没有强烈的职业兴趣，没有充足的职业准备，没有点滴的积累，就不会串联成乔布斯的成就。历史证明，卓越的不平凡，是由众多的平凡点滴打造而成。

　　纵观我国青年成长之路，从基础教育到中等教育，苦战 12 年闯过高考独木桥，最后大学毕业时面临着"毕业即失业"的困扰，而讽刺的是，近年来，在大学生的就业问题上又出现与大学生就业难相矛盾的用人单位"招聘难"现象，出现了"有人无事干"和"有事无人干"的窘境。究其原因，诚然是多方面的，诸如劳动力市场不健全、高校专业设置不合理、信息渠道不畅通等，但青年学生普遍缺乏科学的职业生涯规划，也是一个不可忽视的重要原因。

　　当前我国职业生涯规划水平处于相对薄弱的状态，或缺乏高水平的师资，或缺乏科学具体的计划和安排，在学生职业规划方面没有为学生提供完善的指导与服务；另外，社会上也缺少相应的服务机构，尚未形成学校、学生与社会联动的环境与氛围，来满足终身教育背景下职业教育的需求，因而，大部分学生没有一个完整的自我概念，对自己的人生计划没有明确的认识，导致不能准确地进行职业定位，更谈不上一个光明的职业前途。

　　说到这，也许你还认为职业规划只与高校毕业生相关，仅仅与就业联系，事实上，目前国内外关于职业规划与指导理论的研究，早已不再满足于传统的以就业为中心的职业指导方式。学者们从发展心理学、自我心理学，乃至社会学、经济学的观点，来探讨职业选择与职业适应的问题，倾向于从整体的观点研究求职者个人身心发展的过程，以及影响职业选择与职业适应的心理及社会因素，即不仅研究和指导就业问题，而且包括就业后的职业适应问题，以及职业生活以外的其他各种角色与生活方式问题等。本章将会告诉你，职业生涯规划具有终身性，应该包含并贯穿于学生职前、职后教育始终。没有规划的人生注定是失败的，进行正确的分析和恰当的规划，可避免学生在毕业时产生四处碰壁的无助和一事无成的挫折感，可让学生少走弯路，在就业寒冬的"寒流"中破冰而出，取得成功。

□ 职业评估：获得理想工作的重要一步

不知道大家在求职前是否问过自己：什么样的职业才是适合我的？什么样职业对我来说才是好职业？要找到好职业，首先当然要界定好职业的标准，毫无疑问，对于好职业的回答，完全是仁者见仁、智者见智，很难有一个统一的标准。众多求职者心中的迷茫与疑惑，也多源于此。的确，一份收入稳定、薪资优厚、工作清闲的职业，肯定让人垂涎三尺，但这样的职业是不是就一定是所谓的好职业呢？这样的职业是不是适合于你呢？做好职业评估，是找到理想工作的重要一步。

评估就是主体对某一客体进行鉴别、分析的一种较为理性的表达。职业评估就是评估主体对在职业决策过程中可能会考虑的因素（如收入、培训机会、对社会的贡献、稳定性等）进行深度分析的过程。

一般地，在职业评估过程中，通常被考虑的八因素分别是：单位发展环境、单位行业实力、工作人文环境、晋升变通途径、岗位工作实况、薪酬福利培训、内心体验与能力相符、社会声望与人际资源。

"漏斗法"

曾经有求职者问我这样的问题：我已经有几个 offer 了，但是我不知道这几个中哪个更适合我？可以说，这些人是求职者中的幸运儿和佼佼者，但是如果在这个时候不能做出正确的选择，那他们的"领先优势"就会被这个错误的决策丧失殆尽。我们常常会告诉求职者：你们要全面地分析每个备选职业，综合考虑各个因素，最后根据自己的需要选择最适合你的。因为"没有不合格的，只有不合适的"。如果你们的眼光只是一味盯着热门行业或高薪职位而不顾自己的实际情况，只能是作茧自缚、缘木求鱼。所以，拨开迷雾，认清职业和自己，才是最关键的。

可是，怎么"认清"职业，如何进行"综合考虑"？日常工作中，在帮助求职者在多个备选职业中作出职业选择的时候，常用的方法是帮助求职者梳理其职业价值观，然后采用"漏斗法"对各个备选职业进行筛选。例如，求职者重视工资待遇，那么待遇低的职业就筛去；如果求职者喜欢工作压力不大的职业，那么工作时间长、节奏快的职业就筛去。然而，"漏斗法"有个最大的缺点就是它假设那些可能的选择在通过每层筛选的时候都是"满分"通过的。也就是说，如果有两个选择都通过了两层筛选，"漏斗法"就假设它们在那两个层次上是同价的，其实不然。比如说如果有两个备选的职业都通过了"工资高"、"工作稳定"两层筛选，但并不意味着两个职业的工资一样高，工作一样稳定。两者之间总有高低，这个问题"漏斗法"很难解决。因此，如果有超过一个以上的备选职业通过了筛选，到达最后的"漏斗底"，那么求职者就很难再进行筛选。而且"漏斗法"的过程隐含着对评估标准的一个排序问题，到底哪个先、哪个后也是很难确定的。例如，求职者既重视待遇、又重视单位的人际关系，那么到底哪个应该放在漏斗的上一层呢？这也是很难确定的问题。因此，用"漏斗法"对职业这一难以量化的事物进行评估存在一定的不合理因素，需要借用更科学的评估方法来对职业进行评估。

职业测评及意义

"职业测评"是指运用科学的方法，来对受试者的职业兴趣（喜欢做什么）、职业性格（适合做什么）、职业能力倾向（擅长做什么）、职业价值观（什么值得做）等方面进行测量与评价的活动，其目的是为了达到人与职业的最佳匹配。它是一门融现代心理学、测量学、人力资源管理、社会学、统计学、行为科学等于一体的综合性学科。其主要利用测评软件对人格类型进行分析，帮助求职者进行自我认识，确立职业发展方向，实现人适其职，职得其适，人尽其才，才尽其用。科学的运用职业测评，可以有效地达到以下目的。

1. 了解自己——通过对自己的性格类型、动力特征的深入理解，从全新的、系统化的角度认识自我，了解自己与众不同的特点背后的原因。

2. 扬长避短——通过对自己的性格、动机的了解，明确自身的优势和不足，从而有意识地扬长避短，更有针对性地制定适合自己的发展规划。

3. 选择环境——了解适合自己的环境特点、工作特点，寻找自己的优势与环境的契合点，摆脱无所适从、不知道自己的舞台在何方的迷茫状态。

4. 顺利就业——伴随自我探索和自我成长，系统会通过与丰富的职业信息资源的链接，使你与自己感兴趣的职业保持联通，启动对职业世界的探索，从而踏入自我职业生涯规划的旅程，帮助大学生顺利就业。

选择职业测评

小伟是一位机电工程专业大四的学生，在网上搜罗工作的时候，经常看到很多测试题，比如"你有长远的眼光吗""你适合做管理吗"。一次，一个号称权威的职业兴趣测评让他动了心，他花了足足两个小时，经历了三次断线，终于把测评做完。测评结果只有短短的几句话："你是一个天生的经营人才，适合担任销售和管理工作。"小伟很兴奋，因为他自己确实很喜欢这些工作，于是他充满热情、满面春风地踏上了求职之路。可是，两个月过去后，我看到的却是一个满脸无奈的小伟。我问他："你都找了哪些工作？"小伟说："都是销售和管理类的工作，可是 10 次面试，一个找我上班的公司都没有！"抱着探明究竟的态度，我请小伟又做了一次职业兴趣测评，出乎意料，小伟最高的分数是 R（现实型），远远高出第二位的 E（管理）。测试的最终结果表明小伟最喜欢的其实是技术类的工作；而所谓的"喜欢销售和管理类的工作"，不过是"听起来很美"的盲目性造成的。后来，根据小伟提供的网址，我仔细研究了那份测试题，结果发现，不管选什么，都是那句话。只要做完这一套题，你就是一个"天生的经营人才"！小伟还算幸运，在明白了自己的特质后，他调整了就业方向，在 1 个月内找到了一份大型机电设备制造企业里的设计工作。

目前网络上关于职业测评的测验资源丰富，质量良莠不齐，如何选择科学有效的测验来进行职业测评，是当务之急。我们需要考虑测验的以下几个方面。

1. 软件的开发商：开发商是什么背景？有没有专业的人员和能力专注于开发职业测评软件？

2. 职业测评的效度：这个测评软件、工具的测试结果是否是有效的（一般而言 0.6 以上的效度是可以接受的），在开发商对测评的描述中通常包含了对效度的介绍。

3. 职业测评的信度：测评是否稳定？是否保证不受环境和其他因素的干扰？一般而言信度以 0.8 以上较为理想。

4. 特定的方法：测评包含自比和对比常模两种方式。自比，是将受试者自身的特质或能力进行对比排序；对比常模，是将受试者的分数与某个特定人群的分数来比较，确定受试者在同类人群中的位置。每种测评都有特定的使用方法，使用前一定要注意确认。

5．常模：用来对比的人群参数。必须合理、科学。例如，要看一个中国人是高是矮，就应该用中国人作为对比常模，如果用美国人的身高作为常模肯定十分荒谬。

6．适用人群：每个测评都有特定的适用人群，使用前应先确认对你是否适用。①

下面为你介绍一些常用的职业测评工具，如表 5-1 所示。

表 5-1　　　　　　　　　常用职业测评工具

名　　　称	类　　　型	开发商	适用人群
MAPP 测试	人格特质匹配量表	北森测评	18 岁以上人士
性格测试	行为风格	北森测评	18 岁以上人士
职业兴趣测评	职业兴趣	北森测评	18 岁以上人士
MBTI	行为风格	心理学家出版社	18 岁以上人士
职业方向定位	职业兴趣、行为风格	白玲工作室	23～45 岁工作人士
SDS 自我探索量表	职业兴趣		23～45 岁工作人士
职业锚测评	价值观量表	北森测评	工作一年以上人士

□ 职业规划：成功职业生涯的重要保证

世界头号投资大师巴菲特，小时候是一个内向而敏感的孩子，无论是读书成绩还是在生活中表现，巴菲特的表现与一般孩子毫无区别，甚至还不如。许多人都嘲笑巴菲特行动、思维缓慢，但巴菲特却将这一弱点转化为自己最大的优点——耐心；同时，他还发现自己对数字有天生的敏感，并对其充满了兴趣。在 27 岁之前，巴菲特尝试过无数的工作，做销售、充当法律顾问、管理一家小厂，但最终他结合自己的优点——耐心、对数字敏感，将自己的职业发展转向成为一名投资家。在明确的职业规划引导下，巴菲特拒绝许多外来的诱惑，也忍受住许多压力，坚定不移地按着自己的职业发展道路前进，最终拼搏出一番惊人成就。

从巴菲特的实例看，一个人越清楚了解自身的资源与优势，明白如何根据个人核心优势去制定未来发展道路，他必然更容易实现成功的梦想。而认识自己并制定发展道路的过程，就是贯穿职业规划始终的核心。职业规划是个人发展的一盏指路明灯，让我们清楚自己未来的道路与方向，尤其在竞争激烈的现代社会，

① 雷骅宇.我要怎么爱你？职业测评——从反面案倒看如何使用职业测评工具[J].职业，2005（9）.

职业规划最大的好处就在于帮助我们将个人梦想、价值观、人生目标与我们的行动策略协调一致，去除其他不相关的旁枝末节，整合个人最大的优势与资源，从而向着终极目标快速前进，而这正是我们取得成功的重要保证。

然而，我国大学生职业规划的现实状况令人担忧。有一项对北京市人文经济类综合性重点大学大学生的调查显示：有 62.2% 的大学生对自己未来的发展和职业生涯没有规划，32.8% 的不明确，只有 4.9% 的有明确的设计。而在接受了职业生涯规划课程之后，大学生对于职业生涯规划课程教育效果的反馈结果也不尽如人意，如表 5-2 所示，被调查的大部分大学生并不认可职业规划的效果与作用。

表 5-2　　　　大学生对职业生涯规划培训教育效果信息反馈表

	没有明显效果	效果一般	效 果 好
所占人数（人）	39	154	35
占问卷人数比例（%）	17.11	67.54	15.35

由此可见，多数大学生在观念意识上对职业规划的意义与价值仍未重视，或对职业生涯规划的内容、阶段、特点还未深入了解。

一个标准的职业规划，一般应包括以下 6 方面的内容：一是自我职业性格分析；二是确定职业目标；三是确定成功标准；四是制定职业发展道路计划；五是明确需要进行的培训和准备；六是列出大概的时间安排。

职业规划的要素

每个人的职业生涯发展阶段和历程都不相同。不同的人在做其职业生涯规划时，需要考虑的因素不会完全相同，但是有一些因素是共性的。我国学者罗双平曾用一个公式总结出了职业生涯规划的三大要素，即：职业生涯规划＝知己＋知彼＋抉择。

古人云："知己知彼，百战不殆。"要做好职业生涯规划，知己、知彼是抉择的基础。知己就是认识与了解自我，了解自己的性格、兴趣、特长、情商、智能、气质、价值观等；知彼就是探索外部世界，特别是与职业生涯发展有关的职业世界，如组织环境、组织发展战略、人力资源需求、晋升发展机会、政治环境、社会环境、经济环境等；抉择是在获得内外部信息的基础上，形成知识和判断，进行正确的选择，诸如职业抉择、路线抉择、目标抉择、行动抉择等。在职场上，知己、知彼、抉择之间是密切关联的，如图 5-1 所示。

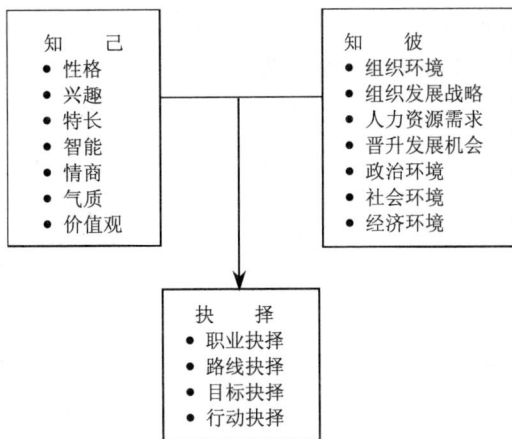

图 5-1　知己、知彼、抉择关系图

职业规划特点

一个良好的大学生职业生涯规划应具备以下特点。

连续性

职业生涯规划是一项连续而又系统的工作，就广义上而言，职业生涯贯穿人的一生，在个体走上工作岗位之前的所有时光都是个体为职业做准备的时期。而大学阶段进入了一个专业学习阶段，尤其显出其职业预备期的特点。因此，大学生职业生涯规划不仅仅是大四阶段的工作与任务，大学生职业生涯规划应当贯穿大学四年、分阶段、分任务逐级做好大学生的职业生涯规划指导。

可行性

可行性指规划要有事实依据，要充分考虑到自身的条件和外在环境的约束，制订切合实际的职业计划。这就需要大学生加强自我认知能力，对自己进行全面客观的定位，并对外界条件进行仔细分析，选择适合自己并且也能够实现的职业目标，而不能只是自己个人美好的愿望或不着边际的梦想，否则将会延误生涯良机。

适时性

指规划要根据各学期、各阶段的情况特点，合理安排实施。规划是预测未来的行动，确定将来的目标。凡事预则立，不预则废，因此各项主要活动何时实施、何时完成，都必须有时间和时序上的妥善安排，以作为检查行动的依据。学校和指导老师必须依据学生不同的学习阶段进行相对应的职业生涯规划的指导，与此同时进行职业心理咨询，让学生了解自身的特点，扬长避短，找到适合自己的工作岗位，才有可能成为职业生涯的成功者。

针对性

个人职业生涯规划必须由学生自己来主导，每个大学生的成长环境、个性类型、价值观以及能力爱好等不尽相同，一般来说，兴趣和能力是决定职业适应性即职业成功和工作满意的两个最主要方面，也是职业设计和职业决策过程中所应着重考虑的因素。

职业规划的阶段

对于职业生涯阶段的划分，美国著名的职业管理专家萨帕（Donald E. Super）提出了五阶段法，从人的终生发展角度出发，把整个人生分为成长阶段、探索阶段、立业与发展阶段、维持阶段和衰退阶段。

成长期（0~15岁）：这个时期，个体通过对家、学校包括幼儿园及邻里中的重在他人的观察来发展关于职业角色的意识，并把他们与自我概念联系起来。

探索期（15~25岁）：这一阶段主要是了解自己和职业，并初步进行尝试和确定职业，又分为试探期、转变期、尝试期和初步承诺期。这包括3个任务：结晶 crystallization，指限定确实喜欢的工作类型；明确 specification，指在可供考虑的职业中选好的实施；实施 implementation，指在所选定的职业领域开始工作。

建立期（25~45岁）：根据前一阶段所选定职业的工作经验的积累，逐步建立起稳定、专精的地位，并提高升迁和晋升的能力。具体包括3个任务：稳定、巩固、提高。

维持期（45~60岁）：特点是维持既有的职位和成就，更新知识和技能，并追求创造。相应的3个任务是维持、更新和创造。

衰退期（60岁以上）：随着身心逐渐衰弱退化，对职业的投入减少，并为退休做准备和开始退休生活。它的3个任务即工作投入减退、制定退休计划和开始退休生活。

职业规划的基本思路（5W 法）

5W 法主要是问如下 5 个问题。

Who are you? 你是谁？

What do you want? 你要什么？

What can you do? 你能干什么？

What can support you? 环境允许你做什么？

What can you be in the end? 你最终的职业目标是什么？

回答了这 5 个问题，并找到它们的最高共同点，那么就有了自己的职业生涯规划。回答第一个问题时应该对自己进行一次深刻的反思，对自己有一个比较清醒的认识。自己的优点和缺点都应该一一列出来，越全面越好。

回答第二个问题时应明确这是对自己职业发展的一个心理趋向的检查。每个人在不同阶段的兴趣和目标并不完全一致，有时甚至是完全对立的。但随着年龄和阅历的增长而逐渐固定，并最终确定自己的最终理想。

第三个问题则要求对自己的能力与潜力进行一次全面的总结。一个人的职业定位，最根本的还要归结于他的综合素质，而职业发展的空间则取决于他的潜力。对于一个人潜力的了解应该从几个方面着手去认识，如对事物的兴趣、做事的韧劲、处事的判断力以及知识结构是否全面、是否及时更新等。

第四个问题的答案应考虑主客观两方面的环境。客观环境分析应包括当地的各种状态，如经济发展、人事政策、企业制度、职业空间等方面的分析；主观环境分析应包括同事关系、领导态度、亲戚关系等，两方面的因素应该综合起来看。有时人们在作职业选择时常常忽视主观方面的东西，没有将一切有利于自身发展的因素调动起来，从而影响了自己的职业契入点。而在国外通过同事、熟人的引荐找到工作是最正常也是最容易的。当然这与"走后门"等有着本质的区别，其区别就是这里的环境支持是建立在自己的能力之上的。明确前 4 个问题后，就会从各个问题中找到对实现有关职业目标有利和不利的条件，列出不利条件最少的、自己想做而且又能够做的职业目标，那么第五个问题就有一个清楚明了的框架了。

某高校计算机专业的女生，在临近毕业时常常对自己的职业动向难以抉择。就现在来说，计算机专业属于热门，找一份不错的工作并不难，但由于她是女生，在就业时肯定某些方面不如同班的男生，同时她对教师的职业情有独钟。在这种存在多种矛盾的情况下，她该如何做出正确的决定呢？下面不妨和她一起进行一次有关职业规划方面的认真思考，并通过对其职业前途的规划确定其就业方向。

Who are you? 某重点高校计算机系专业毕业生；优秀学生干部，学习成绩优异；英语过国家六级，辅修过心理学、管理学；参加过高校演讲比赛并取得名次；家庭状况一般，父母工作稳定、身体健康，暂时无后顾之忧；自己身体健康；性格上不属内向，但也不是特别活跃，喜欢安静。

What do you want? 首先，很想成为一名老师，这不但是儿时的梦想，而且比较喜欢这种职业；其次可以成为公司的一名技术人员；如果出国读管理方面的硕士，回国成为一名企业管理人员也是可以接受的。

What can you do? 做过家教，虽然不是自己的专业，但与孩子交流有天生的优势，当学生成绩进步时很有成就感；当过学生干部，与下属相处比较和谐，组织过几次有影响的大型活动；实习时在公司做过一些开发工作，虽然没有大的成就，但感觉还行。

What can support you? 家里亲戚推荐去一家公司做技术开发；GRE考得不错，已经申请了国外几所高校，但能否有奖学金还不确定，况且现在签证比较困难；去年曾有几家学校来系里招聘教师，但不是当老师，而是要去学校做技术维护，今年不知道还会不会有学校再来招聘教师；有同学开了一家公司，希望自己能够加盟，但自己不了解这个公司的具体业务，也不知道它有多大的发展前途。

What can you be in the end? 最后的选择可能有4种，分别如下。

1. 到一所学校当老师，自己有这方面的兴趣和理想，在知识和能力方面并不欠缺，在素质教育的大趋势下，与师范类专业相比，自己有专业方面的优势，讲授知识时可以让学生了解更多的前沿知识，特别是现在计算机在中学生中有了相当的普及和基础，并且自己有信心成为学生心目中理想的好老师；不足的是缺乏作为一名教师的基本训练以及一些技巧，但这可以逐步提高。

2. 到公司做技术人员，收入上会好一些，但通过这几年的发展来看，这种行业起伏较大，同时由于技术发展较快，得随时对自己进行知识更新，压力较大，信心不足，兴趣也不是很大。

3. 去同学的公司，丢掉专业从最底层做起，风险较大，这与自己求稳的心理性格不符，同时在家庭方面也会有阻力。

4. 如愿获得奖学金，能够出国读书，回国后去做一名企业管理人员。不确定因素较多，且自己可把握性较小，自己始终处于被动状态。

单纯从职业发展上看，这4种选择都有其合理性，但仅就个体而言，第一种选择显然更符合她本人的职业取向。从心理学上看，选择第一种能够使她得到最大的满足，在工作中也最容易投入，做出一定的成绩后会有很大的成就感；从职业前途看，教师这个职业也日益受到社会的尊重，社会地位呈上升趋势；从性格上看，这种职业也比较符合她的职业取向。主要困难是非师范生进入教师行业比较难，如果她能够在确定自己的最终目标后，努力去弥补与师范生在职业技巧方面的差距，那么她实现自己的职业理想将为时不远。

□ 职前教育：职业发展的前提保障

初等教育发展职业意识

从发达国家基础教育的发展趋势来看，职业规划教育已经逐渐渗透到普通教育的低年级，职业规划逐渐呈现出低龄化趋势。低年级学生的职业规划教育主要是了解社会各种职业、行业的工作性质、职业特点。

美国早在 1971 年就开始在全国实施职业规划教育，小学属于职业了解阶段，将两万多种不同的职业归纳为 15 个职业系列，让学生通过各种活动了解不同职业的特点，培养职业意识；小学一年级开始，就会定期邀请社会上各行各业的人来学校向孩子们介绍各自的工作，包括律师、拍卖师、汽车推销员、消防队员、警察、运动员和作家等。美国小学阶段的职业规划教育就是职业启蒙教育，让小学生了解与职业有关的常识性知识，包括各类职业的工作要求、工作内容、工作性质、求职方法和薪水报酬等，使学生懂得人在社会上是怎样生存的，也促使孩子们从小就思考自己将来有可能从事何种职业。瑞典规定在基础教育阶段，学校为学生提供至少 10 周的工作生活定向实践，实践的方式是：低年级和中年级学生一般是以小组为单位参观工矿企业，而高年级学生要被安排到某工作岗位工作一两周，要求每个学生必须熟悉制造业、商业、社会服务等至少 3 种不同的就业部门。德国的教育以重视职业技术教育而著称于世，德国的职业技术教育法规定，要有 80% 的青年必须接受不同类型的职业技术教育。德国的职业教育开始得非常早，在小学的高年级就有一个"观察阶段"，即注意观察学生的兴趣与爱好，因此，德国人是在小学阶段就开始为未来前途作准备并开始考虑选择生活道路和职业定向。德国中小学除了在学校的专用教室开展职业技术教育外，还有一个走出校门的实践环节，即学生到企业实习 3 个星期。一般安排在 8 或 9 年级，学生分头到工厂，和工人一样上下班，干一些简单的工作，目的在于了解相关职业的特点。学生实习的工厂，一般由学生自己联系，这对学生的能力也是一种锻炼。德国学校将基础教育中的职业技术教育不仅视作学生未来职业和社会生活的重要基础，而且视作学生全面素质教育的重要组成部分。德国学校强调，实施职业技术教育不是为了让学生将来就一定从事学到的某项技术工作，而是为了提高学生的综合素质。①

　　相比发达国家而言，我国学生的职业生涯规划观念比较薄弱，教育的开始时期也较晚，大多都在大学才开始真正系统的职业生涯规划教育。在高中阶段，对职业认识还处于朦胧时，他们就被分为文科生和理科生，在高考志愿的选择上，许多考生并不了解自己所选专业和今后的职业方向的关系，常常先选学校，再选专业，很少考虑自己的职业兴趣和能力倾向。可以说我国在中学阶段职业规划教育就已经落后于国外先进国家。由此可见，我国的职业规划教育应当前移至初等教育，尽早着手培养学生的职业意识。

中等教育确定职业方向

　　比塞尔是西撒哈拉沙漠中的一颗明珠，每年有数以万计的旅游者来到这儿。可是在肯莱文发现它之前，这里还是一个封闭而落后的地方。这儿的人没有一个走出过大漠，据说不是他们不愿离开这块贫瘠的土地，而是尝试过很多次都没有走出去。肯莱文当然不相信这种说法。他用手语向这儿的人问原因，结果每个人的回答都一样：从这儿无论向哪个方向走，最后都还是转回出发的地方。为了证实这种说法，他做了一次试验，从比塞尔村向北走，结果三天半就走了出来。比塞尔人为什么走不出来呢？肯莱文非常纳闷，最后他只得雇一个比塞尔人，让他带路，看看到底是为什么。他们带了半个月的水，牵了两峰骆驼，肯莱文收起指南针等现代设备，只挂一根木棍跟在后面。10天过去了，他们走了大约800英里的路程，第11天的早晨，他们果然又回到了比塞尔。这一次肯莱文终于明白了，比塞尔人之所以走不出大漠，是因为他们根本就不认识北斗星。在一望无际的沙漠里，一个人如果凭着感觉往前走，他会走出许多大小不一的圆圈，最后的足迹十有八九是一把卷尺的形状。比塞尔村处在浩瀚的沙漠中间，方圆上千公里没有一点参照物，若不认识北斗星又没有指南针，想走出沙漠，确实是不可能的。肯莱文在离开比塞尔时，带了一位叫阿古特尔的青年，就是上次和他合作的人。他告诉这位汉子，只要你白天休息，夜晚朝着北面那颗星走，就能走出沙漠。阿古特尔照着去做，3天之后果然来到了大漠的边缘。阿古特尔因此成为比塞尔的开拓者，他的铜像被竖在小城的中央。铜像的底座上刻着一行字：新生活是从选定方向开始的。

――――――――――――――

① 上官子木.从职业规划教育的缺失看我国基础教育的缺陷[J].教育科学研究.2009(6).

中等教育在职业教育中的作用，就好像是非洲本地人在撒哈拉沙漠寻找的北斗星，在中等教育开始选定职业的方向，才能开启职业人生的完美旅程。

在美国，初中教育是职业探索阶段，初中教育主要通过对农业、商业、通信、建筑、家政、文艺、医药、旅游、制造业、航海、销售与分配、私人服务、公用事业和运输业等门类的一般职业训练和社会实践，引导学生按自己的兴趣、爱好及特点尝试选择职业。美国的普通中学开设的职业课程内容极为广泛，工业、维修业职业技能；计算机技术，包括编程应用；商业技能，包括计算机应用、商业数学、商业管理、会计学；家政，包括儿童发展、烹调、儿童护理、服装与室内设计、服装制作；等等。美国学生在 7 至 10 年级时，将选择一组职业作深入的探究。如选修职业介绍课（包括实地考察），听事业上取得成功的专家来校上课，利用电视、电影作品等方式对当地的工业、就业趋势、就业机会进行研究；学生在11 至 12 年级时掌握一种技能，以便毕业后能找到一份工作。

英国的职业规划教育开始于初中二年级，主要内容是：帮助学生了解自己的兴趣、能力和个性；获得信息的技能；课程选择的指导。初三学生的职业教育内容是：帮助学生认识个人的兴趣、能力与相应的工作类型之间的关联；具备职业群体的相关知识；了解影响职业选择的个人因素、工资要求；发展收集和评价现有教育信息、职业信息的技能。

我国的中等教育几乎从未涉及职业教育的相关知识，即使在思想政治教育中有少量提及，也因为没有列入高考的重点知识而被忽略。中等教育主要以高考指挥棒为中心进行文化知识教育，学生在中学阶段并不能确定职业方向，在此前提下就任意选择了文科或理科，而在对自身发展没有规划之前，又先开始了高考志愿填报，在选择志愿时，学生并不考虑自身条件与职业兴趣契合，而是盲目先选择大学，再选择专业，以致进入大学，许多学生对专业不感兴趣，无法坚持，引发后续一系列的就业、职业问题。因而，我国的中等教育应该引以为戒，借鉴国外优秀的职业教育经验，将职业教育渗透到中等教育当中，能够为职业教育的终身化提供一个连贯、系统的序列。

设置职业目标的指导原则：SMART 目标

制定职业目标有一条"黄金准则"——SMART 原则。SMART 是英文 5 个词的第一个字母的汇总。好的目标应该能够符合 SMART 原则。

S（Specific）——明确性。

所谓明确就是要用具体的语言清楚地说明要达成的行为标准。明确的目标几乎是所有成功团队的一致特点。很多团队不成功的重要原因之一就因为目标定的模棱两可，或没有将目标有效地传达给相关成员。

M（Measurable）——衡量性。

衡量性就是指目标应该是明确的，而不是模糊的。应该有一组明确的数据，作为衡量是否达成目标的依据。

如果制定的目标没有办法衡量，就无法判断这个目标是否实现。比如领导有一天问：“这个目标离实现大概有多远？”团队成员的回答是“我们早实现了”。这就是领导和下属对团队目标所产生的一种分歧。原因就在于没有给他一个定量的可以衡量的分析数据。但并不是所有的目标可以衡量，有时也会有例外，如大方向性质的目标就难以衡量。

比方说，“为所有的老员工安排进一步的管理培训”。进一步是一个既不明确也不容易衡量的概念，到底指什么？是不是只要安排了这个培训，不管谁讲，也不管效果好坏都叫“进一步”？

改进一下：准确地说，在什么时间完成对所有老员工关于某个主题的培训，并且在这个课程结束后，学员的评分在85分以上，低于85分就认为效果不理想，高于85分就是所期待的结果。这样目标就变得可以衡量。

A（Acceptable）——可接受性。

目标是要被执行人所能够接受的，如果上司利用一些行政手段，利用权利性的影响力一厢情愿地把自己所制定的目标强压给下属，下属典型的反映是一种心理和行为上的抗拒：我可以接受，但是否完成这个目标，有没有最终的把握，这个可不好说。一旦有一天这个目标真完成不了的时候，下属有一百个理由可以推卸责任：你看我早就说了，这个目标肯定完成不了，但你坚持要压给我。

“控制式”的领导喜欢自己定目标，然后交给下属去完成，他们不在乎下属的意见和反映，这种做法越来越没有市场。今天员工的知识层次、学历、自己本身的素质，以及他们主张的个性张扬的程度都远远超出从前。因此，领导者应该更多地吸纳下属来参与目标制定的过程，即便是团队整体的目标。

R（Realistic）——实际性。

目标的实际性是指在现实条件下是否可行、可操作。可能有两种情形，一方面领导者乐观地估计了当前形势，低估了达成目标所需要的条件，这些条件包括人力资源、硬件条件、技术条件、系统信息条件、团队环境因素等，以至于下达了一个高于实际能力的指标；另一方面，可能花了大量的时间、资源，甚至人力成本，最后确定的目标根本没有多大实际意义。

T（Timed）——时限性。

目标特性的时限性就是指目标是有时间限制的。例如，我将在 2012 年 5 月 31 日之前完成某事。5 月 31 日就是一个确定的时间限制。没有时间限制的目标没有办法考核，或带来考核的不公。上下级之间对目标轻重缓急的认识程度不同，上司着急，但下面不知道。到头来上司可以暴跳如雷，而下属觉得委屈。这种没有明确的时间限定的方式也会带来考核的不公正，伤害工作关系，伤害下属的工作热情。

人职匹配理论及职业兴趣类型理论

人职匹配理论是由被人尊称为"职业辅导之父"的美国人帕森斯提出的，它是最早的职业辅导理论。1909 年，身为波士顿大学教授的弗兰克·帕森斯（Frank Parsons）在著作《选择一个职业》中提出了"人与职业相匹配是职业选择的焦点"的观点，他认为，每个人都有自己独特的人格模式，每种人格模式的个人都有与其相适应的职业类型。所谓"特质"，是指个人的人格特征，包括能力倾向、兴趣、价值观和人格等；所谓"因素"，是指在工作上要取得成功所必须具备的条件或资格。

这一理论后来由著名职业咨询专家威廉逊发展和定型。威廉逊认为，每个人都有自己独特的人格特征与能力特征，并与社会的某种职业相关联，职业指导就是帮助个人寻找与其特性相一致的职业，达到个人与职业的合理匹配。美国约翰·霍普金斯大学心理学教授、美国著名职业指导专家霍兰德于 1959 年依照这一理论，创立了人格类型与职业类型的学说，他把人格类型归纳为 6 个基本类型，把职业划分为相应的六大类，每一个人格类型对应一个职业类型。霍兰德根据他本人大量的职业咨询经验，提出现实型、研究型、艺术型、社会型、企业型和传统型六大职业兴趣类型（见第 1 章（三）性格与择业）。他的"职业兴趣类型理论"对于我国大学生职业测评体系的构建最具借鉴意义。

霍兰德认为，职业兴趣是职业选择和职业发展的最重要因素，相关调查研究表明，职业兴趣对一个人的职业发展具有至关重要的作用，能够促进或抑制个体才能的发挥。如个体从事的工作与其职业兴趣相吻合，将激发个体全部才能的 80%～90%，并能长时间保持高效工作而不疲劳；相反，职业者只能发挥其全部才能的 20%～30%，而且还容易感到厌倦。职业兴趣测验与评价可以帮助职业者认清自己的职业性向和职业兴趣爱好，从而获得个体最适宜的职业情境并给予最大的能力投入。根据霍兰德的职业兴趣理论，个体的职业兴趣性向影响其对职业的满意程度。当个体职业兴趣类型和所从事的职业相匹配时，职业者的潜在能力将得到最充分的发挥，工作业绩也大为提高。在职业兴趣测试的帮助下，个体可以清晰地了解自己的职业兴趣类型和在职业选择中的主观倾向，从而在纷繁的职业机会中找寻到最适合自己的职业，避免职业选择中的盲目行为。图 5-2 所示为一测试者对职业性向与兴趣测试的结果，在 6 种职业兴趣线中标示各值点，将六点连成一个多边形，职业兴趣一目了然。

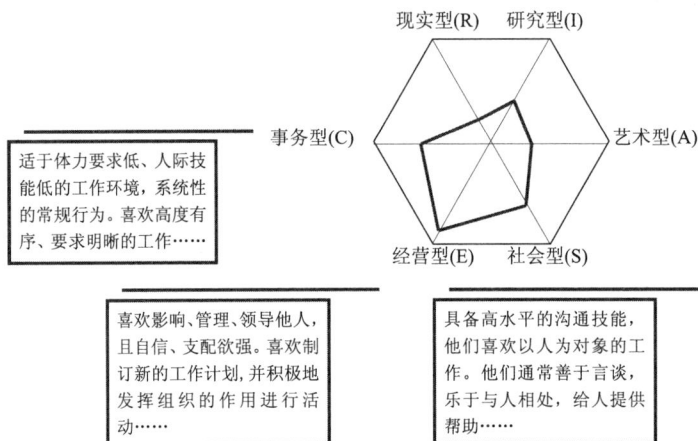

图 5-2 霍兰德职业兴趣测验结果图示样例

职业锚理论

职业锚，作为人们内心深层次价值观、能力和动力的整合体，在个人的职业生涯与工作生命周期中，在个人与组织的事业发展过程中，都发挥着至关重要的作用。

埃德加·施恩（Edger H. Schein）认为，职业规划实际上是一个持续不断地探索过程。在这一过程中，每个人都在根据自己的天资、能力、动机、需要、态度和价值观等慢慢地形成较为明晰的一个占主要地位的职业锚（career anchor）。所谓职业锚就是当一个人不得不做出选择的时候，他（她）无论如何都不会放弃的职业中那种至关重要的东西或价值观，实际上就是人们选择和发展自己的职业时所围绕的中心。一个人对自己的天资和能力、动机和需求以及态度和价值观有了清楚的了解之后，就会意识到自己的职业锚到底是什么。施恩认为，要想对自己的职业锚提前进行预测是很困难的，这是因为一个人的职业锚是在不断发生变化的，它实际上是一个不断探索过程所产生的动态结果。有些人也许直到他们不得不做出某种重大选择的时候，才清楚自己的职业锚是什么。正是在这一关口，一个人过去的所有工作经历、兴趣、资质、性向等才会集合成一个富有意义的模式

（或职业锚），这个模式或职业锚会告诉此人，对他个人来说，到底什么是最重要的。施恩根据自己对麻省理工学院毕业生的研究，概括出 5 种职业锚，即技术或功能型职业锚、管理型职业锚、创造型职业锚、自主与独立型职业锚和安全型职业锚。

职业锚能够清楚地反映个人的价值观与才干，也能反映个人进入成年期的潜在需求和动机。个人锚定于某一锚位的过程，实际上就是他真正认知自我的过程，认识自己具有什么样的能力、才干，自己最需要什么。通过对职业锚的认识，找到自己长期稳定的职业贡献区，从而决定自己将来的主要生活与职业选择。

职业锚清楚地反映出个人的职业追求与抱负。例如：技术型职业锚的人，其志向和抱负是在专业技术方面有所成就，有所贡献。同时，根据职业锚可以判断个人达到职业成功的标准，例如于管理型职业锚的雇员来说，他衡量职业成功的标准是能否升迁至更高的管理层，获得更大的管理机会。因此明确自己的职业锚，可以帮助个人明确职业成功的标准，职业成功要求的环境，从而确定职业目标，发展自己的职业角色形象。

职业锚是个人的长期贡献区，职业锚形成后，个体便会从事相对稳定的职业。早日认清自己的锚位，你将有更多的时间，从事自己喜欢而且擅长的工作，在所在行业中赢得更多发展空间。通过工作经验、知识与技能的积累，你的职业技能将不断增强，你的职业竞争力也随之增加。

高等教育培养职业素养

所谓职业素养，就是劳动者对社会职业了解与适应能力的一种综合体现，是指劳动者通过不断学习和积累，在职业生涯中表现并发挥作用的相关品质，一般包含职业道德、职业意识、职业行为、职业技能等几个方面的内容。职业素养既包含专业理论知识和专业技能以及由此而形成的专业创新能力，也包含政治意识、道德意识、职业认同意识、诚信意识、责任意识、团队意识、独立意识、服务意识、奉献意识、吃苦意识、竞争意识、抗挫折意识等诸多方面。职业素养是人类在社会活动中需要遵守的行为规范。影响和制约职业素养的因素有很多，其中包括受教育程度、实践经验、社会环境、工作经历等。一般来说，劳动者的就业能力在很大程度上取决于其具备的职业素养，职业素养越高，获得成功的概率就越大。

大学生是一个特殊的社会群体，校园是他们走向社会的最后准备基地，虽然社会上不同职业的行规业律各不相同，但各个行业对求职者的基本职业素养要求是一致的。因此，要教育学生在学习过程中注重培养良好的职业道德品质，培养他们的爱岗敬业精神和奉献意识，使大学生具备强烈的社会责任感和使命感，树立正确的择业观和创业理念。从个人发展的角度来看，只有具备良好的职业素养，才能在职场开辟出属于自己的天地。我们提出职业素养概念的基本定位是：职业素养是对职业能力概念的提升和深化，使职业能力培养中被忽视的因素重新得到人们的重视。

关于职业素养，我们设想的是职业素养一部分与职业能力的运用有关。换句话说，具备相同职业能力的人，在制作同等产品或提供同等业务时，往往存在着差别。这一部分职业素养包括严谨、团队意识、质量意识等，它们与具体工作任务相联系，是在运用职业能力完成工作任务的过程中得以体现的。另一部分职业素养则与具体工作任务无多大联系，但却与更大范围内的日常职业情境密切相关，如守时和爱护机器等。

职业素养与职业能力的关系

我们假定，一个具备职业素养的人必定是有职业能力的。没有运用职业能力完成具体工作任务的过程，就没有职业素养得以实现的载体。同时，职业素养通过指导我们在何种情境下如何行动，又成为职业能力得以更好发挥的利器。概念之间融合的关系决定了我们不能用传统的二元论观点看待问题，不能非此即彼，职业素养体现的是对职业世界的整体认识。

对职业能力的正确理解是职业素养得以凸显的前提。职业能力的内涵正随着技术的快速变化而处于巨大的变动之中。强调建立职业知识及技能与具体工作任务的联系，在复杂的工作情境中做出判断并采取行动是职业能力的本质。但是，当前仍然存在着对职业能力的不正确理解，将职业能力误读为职业知识和技能叠加的现象依然普遍。

在这里我们用一个类比进行说明，将完成具体工作任务看做是用砖建造房屋，每块砖都是与工作任务相联系的信息。传统教学观认为，学生的大脑是一个容器，向他们传授了一些东西后，学生就能够根据任务要求自己把房屋建造起来。现代教学观则认为除了教授学生知识和技能外，更重要的是告诉学生建造房屋的方法，知道某个砖头应该放在什么地方，能够运用各个砖头来达到完成工作任务的目的，这便是职业能力的培养。可以说，职业能力是在运用各个砖头建造不同"类型""房屋"的过程中获得的，是学生在职业活动中将知识及技能与具体工作任务联系并运用的过程中来提高的，它不是知识和技能的简单叠加。

在教学中，对职业能力的正确理解是非常重要的，如果我们仅仅将职业能力视为职业知识的获得或者是技能训练，我们就不会关注由职业世界的复杂情境性特征带来的对工作个体素质的高要求性，而是仅满足于灌输知识或者是传授技能，那么与工作世界相联系的职业素养将没有立足之地。因为职业世界恰恰是职业素养得以生成及存在的母体。还是借用上面的类比，形象一点来说，职业能力能建起房子，职业素养则能把房子建造得更美观和牢固。职业素养作为个体的心理特征，是一种"元能力"，是调控人们运用职业能力完成工作任务的"能力"。也就是说，职业能力决定了能否完成工作，职业素养则直接决定了工作质量。

除了直接通过完成工作任务而实现的职业素养外，还有部分内容可能对职业能力的提高和任务的完成没有多大的促进作用，但却是企业特别看重的，如前面所说的爱护机器、守时等。它们更多的是职业规范和职业道德等内容在个体身上的认同与内化，与更大范围内的日常职业情境相关，如一个爱护机器的员工会在一天的任务完成后主动清扫机器上的碎屑，"一天的任务完成后"这一情境即构成了"清扫机器"这一行为的始动因素。①

职业能力及其分类

能力是个体顺利完成某种活动所需要的并直接影响活动效率的个性心理特征。能力总是存在于具体的活动之中，并通过活动表现出来。职业能力是直接影响职业活动效率、使职业活动得以顺利完成的个性心理特征。它是在学习活动和职业活动中培养和发展起来的。职业能力有一般职业能力和特殊职业能力之分。一般职业能力是指人们从事不同职业活动所必需的共有能力，它可以渗入所有的智力活动之中。每个人都具有这种能力倾向，但是有水平上的差异。特殊职业能力是指人们从事某一特定职业所必须具备的特殊的或较强的能力。无论是一般职业能力还是特殊职业能力都是不容忽视的。学生的职业能力最基本的应包括职业认知和定向能力、社会交往能力、职业准备和转换能力以及职业适应和应变能力。此外，职业能力还包括言语理解与表达能力、数学运算能力、办公文书事务能力、口头指示语理解能力和空间判断能力、形态知觉能力、颜色判别能力等。

从构成要素来看。职业能力包括专业能力、方法能力和社会能力三部分。专

---

① 许亚琼.职业素养概念界定与特征分析[J].职教论坛，2010（25）.

业能力是在特定方法引导下有目的的、合理地利用专业知识和技能独立地解决专业问题并评价其成果的能力，包括工作方式方法、对劳动生产工具的认识和使用等。技术能力是专业能力的重要组成部分。按照与职业活动关系的紧密程度，可将技术分为职业技术与非职业技术两类。前者与职业工作紧密相关，而后者与职业工作的关系相对松散。职业技术包括许多与工作本身有关的"工作过程知识"和技能，经验起着非常重要的作用。而非职业技术即传统意义的工程技术。需要指出，学习这两类技术的方法有很大的区别。对职业技术而言，需要学习者参与特定的职业活动或模拟的职业情景，职业能力方能形成。

方法能力也很重要。在知识爆炸的年代，学校传授的知识已不能完全满足学习者未来参与社会竞争的需要。职业教育的一项重要任务是培养学生的学习能力，且是终生学习的能力，而方法能力则是学习能力的重要组成部分。所谓"授人以鱼，不如授人以渔"，正是方法能力重要性的真实写照。

社会能力是一个社会人必须具备的基本生存能力，包括听说读写、沟通交流等人际技能以及创业、合作、与人共事等基本技能。当今，生产技术知识和工作过程高度渗透，任何技术问题的解决在很大程度上都是一种技术过程和社会过程（职业活动）的结合。因而，社会能力显得格外重要。特别是随着第一、第二产业向第三产业升级演进，高校毕业生从事服务行业的人数将会大大增加，从事服务行业，涉及同客户打交道，要求从业者具备较强的人际技能、市场开拓等社会能力。

职业能力的层次

职业教育应突出人才培养的能力本位特征。传统的学科体系人才培养模式主要传授给学生知识，而用人单位更看重毕业生的职业活动能力。事实上，只有当知识转化为能力时，才能对社会作出更大的贡献。

职业能力包括职业特定技能、行业通用技能和核心技能 3 个层次。

1. 职业特定技能。职业特定技能是技能型人才从事特定的职业、岗位和工种必须或应当具备的技能。经济社会的高速发展以及分工的细化对从业人员的职业技能提出了更高的要求。相应的，职业特定技能所包含的因素也越来越复杂。

2. 行业通用技能。职业岗位或工种由若干共通的职业功能模块和职业技能模块构成。对特定行业而言，往往存在着一定数量的通用技能，它们是在一组特征和属性相同或者相近的职业群中体现出来的共性的技能和知识要求，称之为行业通用技能。

3. 核心技能。核心技能是人们在日常生活中所必需的，而且也是从事任何职业工作都需要的，并能体现在具体职业活动中的最基本的技能。借鉴发达国家最新研究成果，并结合我国实际，可以认为核心技能包括交流表达、数字运算、革新创新、自我提高、与人合作、解决问题、信息处理、外语应用等 8 类。核心技能具有普遍适用性、广泛迁移性，其影响辐射到整个行业通用技能和职业特定技能领域，对人的终身发展和终身成就影响极其深远。核心技能能为技能型人才提供最广泛的从业能力并为其终生发展奠定基础。因而，核心技能是平台基础性的能力，是行业通用技能和职业特定技能的基础。

自我效能感

自我效能感是职业素养的重要部分，它对人一生的职业具有重要的引领、调节、评价作用，也是在高校职业教育中应达到的培养目标之一。

自我效能感是班杜拉（Bandura，A.）1977 年提出的概念，是指人们对自己实现特定领域行为目标所需能力的信心或信念。它直接影响到人们在执行某项活动的心理过程中的功能发挥。当人们遇到困难和挫折时，那些拥有较高自我效能感的人，会采取更加积极主动的行为去更好地解决问题；相反，那些低自我效能感的人总是在脑海中想象失败的情节，这样必然会降低其努力水平。

首先，自我效能感影响人们的行为选择。日常生活中，人们时时处处都不得不做出决定，怎样行动以及持续多长时间。一个人对自我效能的判断，部分地决定其对活动和社会环境的选择。人们倾向于回避那些他们认为超过其能力所及的任务和情境，而承担并执行那些他们认为自己能够干的事。影响人们选择的任何因素都会对个人成长造成影响。在行动中，积极的自我效能感培养积极的承诺，并促进胜任能力的发展。

其次，效能判断决定着人们将付出多大的努力以及在遇到障碍或不愉快的经历时，将坚持多久。自我效能感越强，其努力越具有力度，越能够坚持下去。当被困难缠绕时，那些对其能力怀疑的人会放松努力，或完全放弃；而具有很强自我效能感的人则以更大的努力去迎接挑战。

最后，自我效能感影响人们的思维模式和情感反应模式。自我效能感低的人与环境作用时，会过多想到个人不足，并将潜在的困难看得比实际上更严重。这种思想会产生心理压力，使其将更多注意力转向可能的失败和不利的后果，而不是如何有效地运用其能力实现目标；有充分自我效能感的人将注意力和努力集中于情境的要求上，并被障碍激发出更大的努力。

研究表明，自我效能感对职业动机、职业适应性、创造性、幸福感、心理健康等都有重要影响，有显著的相关。可以使工作者积极主动从事职业活动、独立地计划、组织和评价自己的工作活动、自我调控以达到最佳职业效果。

具体的自我效能感培养策略，归纳起来，主要有以下几个方面的内容。

1．指导学生树立适当的学习目标和行为目标。

2．为学生提供更多学习成功的机会。

3．为学生树立合适的学习榜样。

4．言语说服。

5．归因训练。

6．对学习效果进行及时、直接的反馈。

7．加强对学生学习策略的指导。

8．努力建立宽松、和谐、平等的师生关系。[①]

职业自我效能感是个体在从事与职业活动有关的活动中，对自我效能信息进行认知加工的基础上逐步形成和发展起来的。它的形成与发展是个体经常综合自身和外部世界的各种信息，不断对自身职业能力进行评估和再评估的基础上作出职业自我效能判断的过程。

提高个人的职业自我效能感主要的途径有以下几个方面。

1．使个体获得更多的成功经验：增加个体成功经验的直接方式是提高其工作绩效，这方面主要可以应用培训等手段，通过提高个体的实际工作能力来达到这一目的。

2．树立成功的榜样：让个体了解某种职业上成功人物从平凡到成功的经历，能激发其信心和斗志。因此应让个体认识到自己与特定职业上有着杰出表现的人物具有某些特征相似性，就能促进个体超越个人实际能力的限制而考虑自己与榜样的相似性，有助于其职业自我效能感的形成和发展。

3．正面的言语劝导：给予个体正面的言语劝导尤其是在事实基础上的言语劝导，比如上级对下属、同事之间的言语鼓舞，以及个体的自我说服、自我激励都有助于激励其自信心，促进职业自我效能感的形成和发展。

4．良好的生理、情绪状态：主要可以通过提供给员工适宜的工作环境以及通过各种措施降低个体工作紧张度，促进员工形成积极的情绪，避免焦虑、疲倦等状态来实现。

---

① 张庆宗，吴喜艳.大学生自我效能感培养实证研究[J].外国语文，2010(5).

□ 职后教育：职业发展的持久动力

终身教育与职后教育

　　终身教育是在 1965 年由法国著名成人教育家、时任联合国教科文组织终身教育科科长的保罗·郎格朗于《论终身教育》报告书发表的。郎格朗认为，数百年来，把人生分成两半，前半生用于受教育，后半生用于劳动，这是毫无根据的，教育应当是每个人一生的过程，而"并非终止于儿童期和青年期，它应伴随人的一生而持续地进行。教育应当借助这种方式，满足个人及社会的永久要求。"终身教育概念的提出被称为"可与哥白尼学说带来的革命相比，是教育史上最惊人的事件之一"。从此以后，通过联合国教科文组织的推行，终身教育在世界各国迅速流行并逐渐发展成为一种教育改革和发展的思潮。

　　联合国教科文组织在 1972 年出版的《学会生存——教育世界的今天和明天》一书中提出了"终身教育"、"终身学习"的概念，并明确地把两者并列。终身教育着眼于教育客体，着眼于建立各种教育机构，提供各种教育的场所和机会，建立和架构一个使学习者能够终身受到教育的体系；而终身学习则着重从学习者的主体角度出发，强调个人在一生中能持续地学习，以实现个人在一生中各个时期各个阶段的各种学习需求的满足。终身教育侧重于创造学习的条件，使人们各种学习需求的实现得到保障；终身学习则是个人的学习主体性和主动性在一生中不断获得满足和发展，是学习权和发展权的实现。

　　终身教育观念认为，教育不是一次终结式的活动，而是终其一生的连续、不间断进行的过程。大学后继续教育也不是一次人生的终端教育，而是不终结于大学的终其一生的多次教育活动。大学后继续教育的终身性，就是这一新的教育理论的反映。由于工作需要，每一个大学后成人在一生中都要经历职位的多次变化，如晋职、晋级、转岗等。大学后成人的这种职位变化，要求他们应具备适应新工作、新环境的能力。这就充分说明，提高大学后成人素质不能靠一次性教育和训练来完成，教学内容也不能一成不变，而应根据职位的需要不断提出新要求，尤其是涉及新科学、新技术的知识和管理方面的知识，更需要把握其时效性和先进性。在科学技术日新月异的形势下，大学后成人要不断地接受教育和训练，用新的理论知识、新的信息结构网络来不断充实和武装自己，才能适应社会、科技发展突飞猛进的变化。这就要求对那些已经接受过高等教育的社会成员进行连续不断的知识更新，以满足他们业务工作的需要。

在当代社会，在实际工作中，大学后成人往往要超越自身专业范围、领域去思考和处理问题。这在客观上促使大学后成人不仅要接受与自己工作相关的教育与培训，而且要在巩固已有知识的基础上，使自己拥有的知识体系横向扩展，形成与社会发展相适应的主体知识网络。所以，大学后继续教育总是要求各类大学后成人根据职位或岗位的需要，工作一段，学习一段，再工作一段，再学习一段，如此相互交替、连续不断地进行，使学习与工作自然融为一体。

在全球终身教育思潮影响下，终身学习已成为人类文明史和教育史的一次观念革命，是从工业化社会向知识经济社会转型过程中人力资源开发的必然需要。义务教育是基础，高等教育是重要枢纽，而职业教育是贯穿人的一生的终身学习最为活跃和多样化的组成部分，其中，职后教育由于其长期性和重要性，开始逐步在学习型社会建设中占据重要地位。

众所周知，我国正规学校教育是由学前教育、初等教育、中等教育、高等教育四部分构成，其目的是为社会主义事业培养各种类型的建设者和接班人，因而它的任务是提供基本的文化知识教育、一般的道德品质教育和普通的职业技术教育。而随着知识经济社会的到来，知识更新周期缩短，岗位转换、职业流动日益加快，人们不可能终生都在一个岗位上工作，因此在完成一次一生的学校教育后只有继续学习、不断调整自身的知识和能力结构才能适应社会和时代发展需要，才能使个人发展和时代发展同步。职后教育作为成人教育和继续教育的最高层次，正是在正规学校教育的基础上，根据受教育者已具有的文化、技能水平与其职位需要之间的矛盾状况而开展的一系列理论性、应用性教育活动，直接对受教育者职业或岗位所缺乏的必备知识进行补充，"使受教育者的知识和能力得到扩展、加深和提高，使其结构趋于合理，水平保持先进，"更好地满足岗位、职务的需要，将他们培养成为了解、熟悉业务工作的规范和要求的物质财富、精神财富的创造者，生产经营的组织者和管理者，以及从事社会、经济、科技、文化、教育、卫生等工作的领导者。

新世纪我国职业教育的新定位，应当放在建设学习型社会的宏观背景当中考虑，应该贯穿中等教育、高等教育及以后乃至人的一生，核心就是就业教育、谋生教育和生涯教育。在我国实现全民教育目标之后，将重点转向"保障全民基本技能"上来，逐渐实现由"学历社会"向"学习型社会"的根本转变。因而，在职后教育方面，则主动要把视野拓展到社会人群，不仅要积极为工人转岗培训、农民致富向城镇或非农产业转移服务，还要主动适应民营企业、外资企业的管理技术人员、个体户、私营企业主、中介组织从业人员、自由职业人员等社会阶层对于职业技术教育与培训的多样化需求，与成人教育相互融合，充分发挥短期性、技能型和社区型的优势，为我国经济、社会与人的协调发展提供有力的支持和服务。

职后教育的内容：职前教育的有力补充

信念教育——维持心态平衡

一个天主教神父到新建中的教堂工地上随便走走，和工人聊聊天。他看到一个工人的工作是敲石头，就问他在干什么，这个工人便说在敲石头啊。神父继续走，看到另一个工人也在做同样的工作，问同样的问题，这个工人说在工作赚钱，神父也点点头，往前走。又看到做同一件事的工人，还是问他在干什么，这位工人看看他，然后说："我在盖一座大教堂，哥特式的建筑。"这 3 个人做的工作明明是一样的，为什么他们的回答有那么大的不同？因为他们有不一样的热忱，不同的价值观，同样的工作他们 3 个人有不同的归属感、满足感和工作着的成就感。不仅仅是在工作时有这样的区别，他们 3 个回家以后还会有不同的感觉。第三个工人很可能回家他的孩子就会冲过来抱住他，太太也和他很恩爱。第一个、第二个工人很可能回家不讲话，只是看看电视新闻，因为工作已经把他折磨得很惨了。

那么，你要做第几种工人呢？这个由你的人生观和价值观决定。

人生观和价值观是人们用来区分好坏标准并指导行为的心理倾向系统，它直接影响着一个人的心理和行为，为人们认为正当的行为提供充分的理由，它浸透于整个个性中并支配着人的行为、态度、观点、信念和理想。正确的人生观和价值观能够使人把握自己的心理活动，从而对周围事物有适度反应，能够使人在激烈的社会竞争中摆正方向，始终保持积极、乐观和向上的生活态度；使人自觉地培养高尚的道德情感，锻炼坚强的意志品质，确立正确的思想、兴趣与信念；能使人心胸开阔、豁达大度，正确对待他人，正确评价自己，经得起社会大潮中各种利益得失的冲击，经得起各种困难和挫折的考验，从而不断保持自我的心理平衡状态。

人们对自己从事活动所持的态度不同，导致的心情也不同。如果当你仅把工作视为谋生的手段，把学习当做迫不得已为家长、为老师、为面子、为虚荣时，你将会视工作、学习为负担，很难从中产生乐趣和激情；而当你把工作或学习视为表达自我，实现人生价值的方式时，你就会对工作、对学习乐而不疲，努力从工作中寻求满足和充实感，就会感到幸福无比。所以，学习、工作的理想状态应该是：学习、工作并快乐着。

生命里，人人都有泪有笑；生活中，人人都有苦有乐。为了快乐，人要努力使自己活得更自在，更充实，为此，要找回人生的一些基本要素，寻求一种开阔的人生觉悟，掌握一些基本心理调整方法。

专业教育——强化业务能力

因为信息化社会的"知识爆炸"以及信息的快速更新，导致人类再也不能像祖先在传统社会中一样一步就能掌握全部知识技能，社会发展决定了人类不断地学习新的信息及学会判断选择信息，以掌握新出现的知识，跟上社会和时代的步伐。因而，为了不被知识社会所抛弃，也迫使人类要不断获得新的知识，而这一知识获得的过程实质上也是一个终身教育的过程，必须贯穿于整个职业生涯。

如果说职前教育是一种储备知识和能力的预备性教育，那么相对而言，职后教育则是一种拓展知识和提高能力的提高性教育；如果说职前教育是为未来的劳动者奠定知识基础的话，那么职后教育就是将理论知识运用于实践，将潜在的劳动能力转化为现实的劳动能力。

职后教育很重要的一个方面，就是专门学习和培训知识、技能，这对于进一步提高劳动能力，尤其是脑力劳动能力十分重要，这能有效促进原有业务门类的进一步提高。旨在弥补或加强在职人员专业知识结构的缺陷和薄弱环节，增加本专业领域内新的专业知识和技能，扩展相邻学科的基础知识和基本技能，通过及时更新职业知识，强化和矫正职业技能，达到提高劳动能力的目的。同时，我们还应该看到，职后教育可以增强职工的劳动转换能力，在科技不断进步和变革的条件下，随着社会经济结构、企业的产业结构和技术结构的不断改变，要求人员实行全面流动，以达到人力资源的优化配置，而经过职后继续教育，通过改组在职人员的知识结构，以适应自身的职业、工种变化后的需要，或培养一专多能型的复合型人才。

心理调试——维持心理健康

2010 年 1 月至 2010 年 11 月 5 日，富士康已发生 14 起跳楼事件，共有 14 名18～28 岁的青少年员工通过跳楼等方式结束了自己年轻的生命或造成重伤，这些员工上岗时间绝大部分在 6 个月之内，有一些进厂还不到 1 个月。一时间全社会都为之震惊。富士康跳楼事件成为了社会普遍关注和网络上点击率最高的热点话题。包括富士康集团等企业、地方政府等监管部门、高校、社会学者、媒体等在内的社会组织或个人都纷纷加入到事件的讨论和研究中来。富士康集团似乎成为了众矢之的，人们纷纷把矛头指向了富士康集团的半军事化管理制度和缺乏人文关怀的企业环境，称其为所谓的"精神血汗工厂"；而富士康集团等企业纷纷为自己开脱，认为员工跳楼自杀属于员工个人因心理健康危机而导致的个体行为，与其成长经历、家庭背景和环境、学校的教育与管理、社会的影响等都有关系，并不是单纯由企业导致的，企业不应该成为最后一棵稻草而背黑锅；学校和家庭对于青少年的教育和心理健康指导也广受诟病，社会与政府也难逃其咎。

在这个事件里，似乎社会每一个组织或细胞都有不可推卸的责任。专家指出，屡次上演的富士康"跳楼门"事件跟时下激烈的市场竞争使青年人承受心理压力的力量不无关系，所以青年职工的心理危机问题再一次成为社会普遍关注的焦点。

国内的企业管理、企业文化建设和职业教育等，都应从富士康案例中吸取教训，作深刻反思。人生旅途，所遇不顺司空见惯，凡善于调理者，即使在生活的泥泞中也可以走出一条平坦的路，由"山穷水尽"走向"柳暗花明"，拥有健康的心身，赢得幸福生活。如果说大学是没有烦恼的"象牙塔"和"理想国"，那么工作之后，就会在社会这个"大染缸"里遇到许多无法回避的困境与烦恼。如何学会心理调适，维持心理健康，是职后教育在适应愈加复杂社会里应该增加的教育内容。

善于心理自我调节者，能把悲愤的不良情绪升华为一种力量，引向对己、对人、对社会都有利的方向，在获得成功的满足之时，亦解除心理压抑之忧，达到积极的心理平衡。我国古代之文王、孔子、屈原、孙子、韩非子、司马迁等，都能在灾难性的心理困境中以升华而拯救自己，塑造强者的形象，为万世传颂。因而，职后教育有必要开始关注职场人的心理健康，培养人正确的心理调适能力，化挫折为动力，做生活的强者。

政策普及——保障职后权益

根据"第十届职业性呼吸系统疾病国际会议"公布的数据：目前我国至少有1600万家有毒有害品企业，接触职业病危害的人超过2亿。其中，一是约1亿名在中小企业就业的农村进城务工者，二是1.36亿名在乡镇企业从事工业劳动的农村劳动力。而我国83%的乡镇企业存在不同程度的职业伤害，60%的乡镇企业没有配备必要的防护用品，90%的存在粉尘超标；乡镇企业职工中有30%接触有毒有害物质，职业病发病率高达15.8%。据有关部门统计，建筑施工中的伤亡事故90%发生在农民工身上。

资料来源：中国经济信息网：《"三农"问题研究》

面对这种严峻的现实情况，如何在职后教育加强从业人员权益保障教育内容，成为职后教育必须思索的问题。

尤其是农民工的劳动权益保障问题，目前正成为社会普遍关注的问题。由于农民工的受教育程度普遍较低，这就使得他们在进入劳动力市场时处于一个很不利的地位，只能在次级劳动力市场上寻找工作，因此他们的劳动条件一般较差，劳动报酬也相对较少。农民工无法在正规部门工作，也就限制了他们获得合法保护的权利。由于其安全生产素质更低，自我保护意识也较差，从事的又多是脏、乱、差、险工作，对易燃易爆化学品的危险性、对特种设备的性能等知之甚少，不安全行为大量存在，因此极易发生事故或职业病。不少外商投资企业在对新招收的农民工进行培训教育时，很少涉及安全卫生及防护方面的内容，而更多的是注重厂纪厂规或操作技能方面。

加强职业保障教育与培训，让就职者了解相关法律法规和国家政策性规定，不仅能了解自身的合法权益和享受的职业保障，包括工商、医疗、生育、子女教育、养老保险等各种权利，同时也必须加强维权和防范意识，培养其在自身权益受到侵犯时如何通过各种法律途径维护自身权益的行为，例如，法律诉讼程序、寻找仲裁机构帮助，以杜绝他人随意剥夺、侵害在职人员正当权益的现象。

大职业教育观：职前职后教育一体化

有许多用人单位抱怨，目前大学教育体制培养出来的毕业生都只是企业或单位应用型人才的"半成品"或"准成品"，而许多大学毕业生也抱怨，他们所学课程似乎与实践没有多少关联，这些课程太理论化，与工作实践的关系不密切。究其原因，首先因为大多数专业职前教育实习和实践时数严重不足，且没有得到真正的落实，导致职业技能训练和职业适应力的培养没有得到真正的实施；其次由于职前培养和职后培训的分割与脱节，影响人才需求和教育供给的协调。因而，有效连续的职业教育经历，加强职业教育与社会、职前与职后培养、知识与实践的联结，强化二者融合，使职前培养和职后培训实现一体化，能更好地满足我国对高素质人才的需求。

要实现职前培养和职后培训一体化，首要的任务是要努力实现职前职后教育的融合。这种融合有其特定的含义：对职前培养来说，除了要更充分地发挥系统知识传授效率高等优势外，还要使学生了解工作的实际，努力增加其工作经验，提高其实践能力，在"养"的过程中体现"训"和"练"的要义；增加课程设置的灵活性，允许、鼓励学生按照自己的思考和兴趣进行选择，培养有个性的毕业生；鼓励学生运用理论知识研究社会实践中的现实问题，倡导总结性和探索性的学习。对职后培训来说，必须深化各项改革，完善各项规章制度，严格要求，攻克管理难关，逐步确立创新性的、着眼本行业未来素质发展的培养目标，依据这一目标增强培训工作的系统性和规范性而不能仅仅局限于"补缺"的功能。

育人和用人的结合在教育为经济建设服务的前提下，普通教育、职业教育和职后的各类教育培训，由于它们的功能不同，与经济建设结合的程度是有差异的。普通教育是解决一个理论联系实际的问题，但它与经济建设的距离毕竟较远；职业教育则相对与经济建设距离较近，它与行业、职业、岗位联系较密切；而职后的各类教育培训，则与经济建设的关系最为密切。职教和成教若能沟通，则大大加强了教育与经济的联系，有利于教育为现代化建设服务。

职前培养职后培训一体化的实质是要构建职业的终身教育体系，使职前培养和职后培训加强衔接，实现融合，优势互补，克服各自封闭、各自独立的倾向。终身教育是一个职业知识掌握、经验积累、技能形成、观念确立、心态适应、职业道德铸造以及各方面不断得以矫正和重塑的连续过程。而目前职前培养和职后培训各自独立和相对封闭的状况造成了人才成长过程的不连贯，客观上也限制了各行业人才培养质量的提高。改变这种状况就需要将职前培养和职后培训整合为完全意义上的终身教育，这便是所谓的"职前职后教育一体化"。

健全培训机构

终身教育框架下，职后培训不仅要传授职业的知识、技能以及从事某种职业所具备的特殊态度、行为和特征，更重要的是在培养人的全面素质上的相互衔接。鉴于此，有必要打破当前各种类型教育之间的壁垒，构建统一的、相互衔接的教育体系，将职业学校、企业培训、社区培训进行有效整合，将实践终身职业培训的各种办学体制、各种教学地点、各种学习时间、各种学历层次、各种培训内容整合成统一的体系标准，用统一的体系来满足职业培训社会化、终身化、个性化的需求；健全职后培训机构，使职后培训真正成为学校、企业、社会教育培训系统的整合，以满足不同年龄、不同岗位、不同需求的公民的培训需要。

从职后培训机构的目的来说，是以工作需要为导向，职后培训机构不以培训对象获得学历、学位为目的，而是服务于学员专业生涯的持续发展，为他们的素质提升提供"增值"服务，为他们的未来发展创造价值；从职后培训机构的工作过程特点看，这些机构从事的不是某一阶段的、单纯的工作，而是包含从政策分析、前期调研，一直到追踪、监控等多个环节的全流程的专业活动，它是系统的、持续的、滚动循环而又不断调整提升的；从职后培训机构资源实力上看，这些机构不只是依靠自己的力量做事，而且着力整合各方面的优质资源参与专业建设。这些机构不仅要有一支较为专业化的教师队伍，而且要有一支具有较强的研发能力、设计能力、合作能力、管理能力和监控能力的培训管理队伍。这些机构在培训中所建立的师生关系呈现出更加动态化的特点，教学相长、互为资源。

　　职后教育与培训系统的质量与其教师和培训师的素养密切相关。对职后教育的教师来说，从学历教育的纯理论灌输转移到职后教育的重实践参与，要有一个重新学习适应的过程。这就难免会出现企业需要的业务培训，教师在进行指导时难以真正到位，而教师驾轻就熟的理论知识又并非企业所急需的现象。所以对承担职后培训任务的教师来说，也面临着一个"再培训"的新课题。如果教师只是囿于成见，安于学历教育的一套模式，长此以往，企业就可能将这种教育的投入视为一种负担，企业若采取将"社会"职能交给社会去办的方式，未尝不是一种选择。职后教育是要求教师和培训师应具有特殊的知识和能力，他们不仅应该是紧跟科技发展的专业人士，而且应该是教育和管理的专家，能够和企业以及当地社区进行对话，充分了解社会需求，在教育过程及相关职业领域进行创新、适应形势的快速变化。

充实教育内容

　　职后教育课程体系的构建要以适应人的全面发展为根本原则，为接受职后教育的学员提供多种类型的课程选择，适应职后受教育者的多种职业需要，包括业务知识、心理调适、政策法规等与职业密切相关的教育内容，要强调课程本身在贯穿职前职后教育过程的一贯性和整体性，而不是强调某一学科知识的系统性和完整性。[①]

　　充实职后教育内容，可以借助现代远程教育的网络资源库，以打破了资源的地域和属性特征，集中利用人才、技术、课程、设备等优势资源，为学习者提供丰富的信息内容，实现各种教育资源的优化与共享，以满足学习者自主选择信息的需要。尤其在缺乏教育资源的欠发达地区，职后教育薄弱，教育内容明显不足，借用远程教育数据库提高教育资源使用效率，能打破时空限制，有效节约教育成本。

创新教育方法

　　职后教育的方式方法不局限于在传统的学校和课堂，而应该借助多元的社会教育资源和发达的现代远程教育手段，创新教育方式和方法。职后教育更应该关

---

① 本部分内容在前面"职后教育内容"一部分阐述较多，恕此不赘述。

注学习者学会自我评价和自我调节，不断修订学习的目标、内容、方法和进度，帮助学习者培养业务能力，这不仅满足了学习者个性化的需求，也使其主体地位真正得到确立，使学习过程达到整体的最优化。由此，可以建立灵活的职后学习制度，推行弹性学制，实施学分制和插班制度，为终身职业培训创造宽松环境和较好条件。职后培训机构根据劳动力市场需求调整和把握培训方向，根据企业生产经营的实际需要合理调整培训计划、师资、设备和课程内容安排，与用人单位建立合作伙伴关系，实行"订单式"和"菜单式"培训，并主动加强与行业、企业和社会各方面的联系，紧密结合企业生产、经营、管理活动，引进先进的技术、设备，实现最佳办学效果。

另外，我们依旧可以借助远程教育的学习方式与手段，丰富职后学习。远程学习作为一种非正规和非正式的学习途径，其潜在的学习者应该是那些希望在现有行业寻求更好的职业发展或打算转行的人，他们希望通过更为灵活的方式提高自己的技能水平，实现个人发展目标。增强远程职后教育，可以有助于他们的个人发展，响应劳动力市场对技能需求的变化，尤其是在我国高等教育从精英教育向大众教育转变的今天，远程职后教育在解决毕业生就业难、农村剩余劳动力转移，甚至当前愈演愈烈的"用工荒"等经济及社会问题中发挥更大的作用。

此外，远程职后教育，可以有效地关注职后人员的个体差异性，可提供个性化的职业教育。因为相对而言，远程教育具有更大的灵活性，通过研发和提供多样化的教育产品，改变学习内容的设置，提供个性化的学习途径，并通过远程职后教育产品的模块化使接受职后教育人员将学习计划分为清晰的个性化的组成部分，以自己的步调集中学习某一模块，并逐渐学完所有模块获得相应的职业知识与技能。

□ 总结性评述

从"裸婚"到"裸辞"，从"卧槽"到"蚁族"，从"司马TA"到"橡皮人"，中国职场的新变化带来了职场热词的流行，它们代表了大多职场新人的现状和心声，面对变幻莫测的职场，热词调侃之余，只有冷静地践行"我的成功我规划"，坚持"不懈学习"，才是走向职业成功的真经。

然而，学习完本章，我们还必须知晓，生涯规划是不分贵贱的，是属于每一个踏实的人。职业生涯规划的最终目的不在于你找到了多么完美的人生目标，而在于你更加深入地认识自己、体验环境，不断追求和实现阶段目标，积累丰富的人生经验与资源，人生不因确定而美丽，却因独特而动人。

延伸阅读

霍兰德职业兴趣测量表

霍兰德职业兴趣测试由美国著名职业指导专家霍兰德编制，主要用于确定被测试者的职业兴趣倾向，进而用于指导被测试者选择适合自身职业兴趣的专业发展方向和职业发展方向。霍兰德提出的 6 种基本职业类型为：现实型 R、研究型 I、艺术型 A、社会型 S、企业型 E、传统型 C。

测试指导语：

霍兰德职业兴趣类型测试题量比较大，测量内容包括职业兴趣类型、职业能力倾向。这里提供的简化版只测量职业兴趣（也叫霍兰德职业倾向测试）。简化版并不影响职业兴趣倾向结果的准确性，只是无法得到自我报告的职业能力评测报告。

请根据对每一题目的第一印象作答，不必仔细推敲，答案没有好坏、对错之分。具体填写方法是，根据自己的情况，如果选择"是"，请打"√"，否则请打"×"

1．我喜欢把一件事情做完后再做另一件事。　　　　　　　（　　　）

2．在工作中我喜欢独自筹划，不愿受别人干涉。　　　　　（　　　）

3．在集体讨论中，我往往保持沉默。　　　　　　　　　　（　　　）

4．我喜欢做戏剧、音乐、歌舞、新闻采访等方面的工作。　（　　　）

5．每次写信我都一挥而就，不再重复。　　　　　　　　　（　　　）

6．我经常不停地思考某一问题，直到想出正确的答案。　　（　　　）

7．对别人借我的和我借别人的东西，我都能记得很清楚。　（　　　）

8．我喜欢抽象思维的工作，不喜欢动手的工作。　　　　　（　　　）

9．我喜欢成为人们注意的焦点。　　　　　　　　　　　　（　　　）

10．我喜欢不时地夸耀一下自己取得的好成就。　　　　　（　　　）

11．我曾经渴望有机会参加探险。　　　　　　　　　　　（　　　）

12．当我一个人独处时，会感到更愉快。　　　　　　　　（　　　）

13．我喜欢在做事情前，对此事情做出细致的安排。　　　（　　　）

14．我讨厌修理自行车、电器一类的工作。　　　　　　　（　　　）

15．我喜欢参加各种各样的聚会。　　　　　　　　　　　（　　　）

16．我愿意从事虽然工资少、但是比较稳定的职业。　　　（　　　）

17. 音乐能使我陶醉。　　　　　　　　　　　　（　　　）

18. 我办事很少思前想后。　　　　　　　　　　（　　　）

19. 我喜欢经常请示上级。　　　　　　　　　　（　　　）

20. 我喜欢需要运用智力的游戏。　　　　　　　（　　　）

21. 我很难做那种需要持续集中注意力的工作。　（　　　）

22. 我喜欢亲自动手制作一些东西，从中得到乐趣。（　　　）

23. 我的动手能力很差。　　　　　　　　　　　（　　　）

24. 和不熟悉的人交谈对我来说毫不困难。　　　（　　　）

25. 和别人谈判时，我总是很容易放弃自己的观点。（　　　）

26. 我很容易结识同性朋友。　　　　　　　　　（　　　）

27. 对于社会问题，我通常持中庸的态度。　　　（　　　）

28. 当我开始做一件事情后，即使碰到再多的困难，我也要执著地干下去。

　　　　　　　　　　　　　　　　　　　　　（　　　）

29. 我是一个沉静而不易动感情的人。　　　　　（　　　）

30. 当我工作时，我喜欢避免干扰。　　　　　　（　　　）

31. 我的理想是当一名科学家。　　　　　　　　（　　　）

32. 与言情小说相比，我更喜欢推理小说。　　　（　　　）

33. 有些人太霸道，有时明明知道他们是对的，也要和他们对着干。（　　　）

34. 我爱幻想。　　　　　　　　　　　　　　　（　　　）

35. 我总是主动地向别人提出自己的建议。　　　（　　　）

36. 我喜欢使用榔头一类的工具。　　　　　　　（　　　）

37. 我乐于解除别人的痛苦。　　　　　　　　　（　　　）

38. 我更喜欢自己下了赌注的比赛或游戏。　　　（　　　）

39. 我喜欢按部就班地完成要做的工作。　　　　（　　　）

40. 我希望能经常换不同的工作来做。　　　　　（　　　）

41. 我总留有充裕的时间去赴约会。　　　　　　（　　　）

42. 我喜欢阅读自然科学方面的书籍和杂志。　　（　　　）

43. 如果掌握一门手艺并能以此为生，我会感到非常满意。（　　　）

44. 我曾渴望当一名汽车司机。　　　　　　　　（　　　）

45. 听别人谈"家中被盗"一类的事，很难引起我的同情。（　　　）

46. 如果待遇相同，我宁愿当商品推销员，而不愿当图书管理员。（　　　）

47. 我讨厌跟各类机械打交道。　　　　　　　　（　　　）

48. 我小时候经常把玩具拆开，把里面看个究竟。（　　　）

49．当接受新任务后，我喜欢以自己的独特方法去完成它。（　　）

50．我有文艺方面的天赋。（　　）

51．我喜欢把一切安排得整整齐齐、井井有条。（　　）

52．我喜欢做一名教师。（　　）

53．和一群人在一起的时候，我总想不出恰当的话来说。（　　）

54．看情感影片时，我常禁不住眼圈红润。（　　）

55．我讨厌学数学。（　　）

56．在实验室里独自做实验会令我寂寞难耐。（　　）

57．对于急躁、爱发脾气的人，我仍能以礼相待。（　　）

58．遇到难解答的问题时，我常常放弃。（　　）

59．大家公认我是一名勤劳踏实的、愿为大家服务的人。（　　）

60．我喜欢在人事部门工作。（　　）

评分标准如下。

职业人格的类型：（符合以下"是"或"否"答案的记1分，不符合的记0分）。

传统型：是（7，19，29，39，41，51，57），否（5，18，40）。

现实型：是（2，13，22，36，43），否（14，23，44，47，48）。

研究型：是（6，8，20，30，31，42），否（21，55，56，58）。

企业型：是（11，24，28，35，38，46，60），否（3，16，25）。

社会型：是（26，37，52，59），否（1，12，15，27，45，53）。

艺术型：是（4，9，10，17，33，34，49，50，54），否（32）。

请将得分最高的三种类型从高到低排列，得出一个（或两个）三位组合答案，再对照《人格类型与职业环境的匹配》和《测试结果与职业匹配对照》得出人格类型所匹配的职业。

人格类型与职业环境的匹配

型态	人格倾向	典型职业
现实型 R	具有顺从、坦率、谦虚、自然、坚毅、实际、有礼、害羞、稳健、节俭的特征，表现为 1．喜爱实用性的职业或情境，以从事所喜好的活动，避免社会性的职业或情境 2．用具体实际的能力解决工作及其他方面的问题，较缺乏人际关系方面的能力 3．重视具体的事物，如金钱、权力、地位等	工人 农民 土木工程师

续表

型态	人格倾向	典型职业
研究型 I	具有分析、谨慎、批评、好奇、独立、聪明、内向、条理、谦逊、精确、保守的特征，表现为 1. 喜爱研究性的职业或情境，避免企业性的职业或情境 2. 用研究的能力解决工作及其他方面的问题，即自觉、好学、自信，重视科学，但缺乏领导方面的才能	科研人员 数学、生物方面的专家
艺术型 A	具有复杂、想象、冲动、独立、直觉、无秩序、情绪化、理想化、不顺从、有创意、富有表情、不重实际的特征，表现为 1. 喜爱艺术性的职业或情境，避免传统性的职业或情境 2. 富有表达能力和直觉、独立、具创意、不顺从（包括表演、写作、语言），并重视审美的领域	诗人 艺术家
社会型 S	具有合作、友善、慷慨、助人、仁慈、负责、圆滑、善社交、善解人意、说服他人、理想主义等特征，表现为 1. 喜爱社会型的职业或情境，避免实用性的职业或情境，并以社交方面的能力解决工作及其他方面的问题，但缺乏机械能力与科学能力 2. 喜欢帮助别人、了解别人，有教导别人的能力，且重视社会与伦理的活动与问题	教师 牧师 辅导人员
企业型 E	具有冒险、野心、独断、冲动、乐观、自信、追求享受、精力充沛、善于社交、获取注意、知名度等特征，表现为 1. 喜欢企业性质的职业或环境，避免研究性质的职业或情境，会以企业方面的能力解决工作或其他方面的问题 2. 有冲动、自信、善社交、知名度高、领导与语言能力，缺乏科学能力，但重视政治与经济上的成就	推销员 政治家 企业家
传统型 C	具有顺从、谨慎、保守、自控、服从、规律、坚毅、实际稳重、有效率、但缺乏想象力等特征，表现为 1. 喜欢传统性质的职业或环境，避免艺术性质的职业或情境，会以传统的能力解决工作或其他方面的问题 2. 喜欢顺从、规律，有文书与数字能力，并重视商业与经济上的成就	出纳 会计 秘书

测试结果与职业匹配对照

RIA：牙科技术员、陶工、建筑设计员、模型工、细木工、制作链条人员。

RIS：厨师、林务员、跳水员、潜水员、染色员、电器修理、眼镜制作、电工、纺织机器装配工、服务员、装玻璃工人、发电厂工人、焊接工。

RIE：建筑和桥梁工程、环境工程、航空工程、公路工程、电力工程、信号工程、电话工程、一般机械工程、自动工程、矿业工程、海洋工程、交通工程技术人员、制图员、家政经济人员、计量员、农民、农场工人、农业机械操作、清洁工、无线电修理、汽车修理、手表修理、管工、线路装配工、工具仓库管理员。

RIC：船上工作人员、接待员、杂志保管员、牙医助手、制帽工、磨坊工、石匠、机器制造、机车（火车头）制造、农业机器装配、汽车装配工、缝纫机装配工、钟表装配和检验、电动器具装配、鞋匠、锁匠、货物检验员、电梯机修工、装配工、托儿所所长、钢琴调音员、印刷工、建筑、钢铁工作、卡车司机。

RAI：手工雕刻、玻璃雕刻、制作模型人员、家具木工、制作皮革品、手工绣花、手工钩针纺织、排字工作、印刷工作、图画雕刻、装订工。

RSE：消防员、交通巡警、警察、门卫、理发师、房间清洁工、屠宰工、锻工、开凿工人、管道安装工、出租汽车驾驶员、货物搬运工、送报员、勘探员、娱乐场所的服务员、起卸机操作工、灭害虫者、电梯操作工、厨房助手。

RSI：纺织工、编织工、农业学校教师、某些职业课程教师（诸如艺术、商业、技术、工艺课程）、雨衣上胶工。

REC：抄水表员、保姆、实验室动物饲养员、动物管理员。

REI：轮船船长、航海领航员、大副、试管实验员。

RES：旅馆服务员、家畜饲养员、渔民、渔网修补工、水手长、收割机操作工、搬运行李工人、公园服务员、救生员、登山导游、火车工程技术员、建筑工作、铺轨工人。

RCI：测量员、勘测员、仪表操作者、农业工程技术、化学工程技师、民用工程技师、石油工程技师、资料室管理员、探矿工、煅烧工、烧窑工、矿工、炮手、保养工、磨床工、取样工、样品检验员、纺纱工、漂洗工、电焊工、锯木工、刨床工、制帽工、手工缝纫工、油漆工、染色工、按摩工、木匠、农民建筑工作、电影放映员、勘测员助手。

RCS：公共汽车驾驶员、一等水手、游泳池服务员、裁缝、建筑工作、石匠、烟囱修建工、混凝土工、电话修理工、爆炸手、邮递员、矿工、裱糊工人、纺纱工。

RCE：打井工、吊车驾驶员、农场工人、邮件分类员、铲车司机、拖拉机司机。

IAS：普通经济学家、农场经济学家、财政经济学家、国际贸易经济学家、实验心理学家、工程心理学家、心理学家、哲学家、内科医生、数学家。

IAR：人类学家、天文学家、化学家、物理学家、医学病理、动物标本剥制者、化石修复者、艺术品管理者。

ISE：营养学家、饮食顾问、火灾检查员、邮政服务检查员。

ISC：侦察员、电视播音室修理员、电视修理服务员、验尸室人员、编目录者、医学实验定技师、调查研究者。

ISR：水生生物学者、昆虫学者、微生物学家、配镜师、矫正视力者、细菌学家、牙科医生、骨科医生。

ISA：实验心理学家、普通心理学家、发展心理学家、教育心理学家、社会心理学家、临床心理学家、目标学家、皮肤病学家、精神病学家、妇产科医师、眼科医生、五官科医生、医学实验室技术专家、民航医务人员、护士。

IES：细菌学家、生理学家、化学专家、地质专家、地理物理学专家、纺织技术专家、医院药剂师、工业药剂师、药房营业员。

IEC：档案保管员、保险统计员。

ICR：质量检验技术员、地质学技师、工程师、法官、图书馆技术辅导员、计算机操作员、医院听诊员、家禽检查员。

IRA：地理学家、地质学家、声学物理学家、矿物学家、古生物学家、石油学家、地震学家、声学物理学家、气象学家、原子和分子物理学家、电学和磁学物理学家、设计审核员、人口统计学家、数学统计学家、外科医生、城市规划家、气象员。

IRS：流体物理学家、物理海洋学家、等离子体物理学家、农业科学家、动物学家、食品科学家、园艺学家、植物学家、细菌学家、解剖学家、动物病理学家、作物病理学家、药物学家、生物化学家、生物物理学家、细胞生物学家、临床化学家、遗传学家、分子生物学家、质量控制工程师、地理学家、兽医、放射性治疗技师。

IRE：化验员、化学工程师、纺织工程师、食品技师、渔业技术专家、材料和测试工程师、电气工程师、土木工程师、航空工程师、行政官员、冶金专家、原子核工程师、陶瓷工程师、地质工程师、电力工程量、口腔科医生、牙科医生。

IRC：飞机领航员、飞行员、物理实验室技师、文献检查员、农业技术专家、生物技师、动植物技术专家、油管检查员、工商业规划者、矿藏安全检查员、纺织品检验员、照相机修理者、工程技术员、编计算程序者、工具设计者、仪器维修工。

CRI：簿记员、会计、记时员、铸造机操作工、打字员、按键操作工、复印机操作工。

CRS：仓库保管员、档案管理员、缝纫工、讲述员、收款人。

CRE：标价员、实验室工作者、广告管理员、自动打字机操作员、电动机装配工、缝纫机操作工。

CIS：记账员、顾客服务员、报刊发行员、土地测量员、保险公司职员、会计师、估价员、邮政检查员、外贸检查员。

CIE：打字员、统计员、支票记录员、订货员、校对员、办公室工作人员。

CIR：校对员、工程职员、海底电报员、检修计划员、发扳员。

CSE：接待员、通讯员、电话接线员、卖票员、旅馆服务员、私人职员、商学教师、旅游办事员。

CSR：运货代理商、铁路职员、交通检查员、办公室通信员、簿记员、出纳员、银行财务职员。

CSA：秘书、图书管理员、办公室办事员。

CER：邮递员、数据处理员、办公室办事员。

CEI：推销员、经济分析家。

CES：银行会计、记账员、法人秘书、速记员、法院报告人。

ECI：银行行长、审计员、信用管理员、地产管理员、商业管理员。

ECS：信用办事员、保险人员、各类进货员、海关服务经理、售货员、购买员、会计。

ERI：建筑物管理员、工业工程师、护士长、农场管理员、农业经营管理人员。

ERS：仓库管理员、房屋管理员、货栈监督管理员。

ERC：邮政局长、渔船船长、机械操作领班、木工领班、瓦工领班、驾驶员领班。

EIR：科学、技术和有关周期出版物的管理员。

EIC：专利代理人、鉴定人、运输服务检查员、安全检查员、废品收购人员。

EIS：警官、侦察员、交通检验员、安全咨询员、合同管理者、商人。

EAS：法官、律师、公证人。

EAR：展览室管理员、舞台管理员、播音员、驯兽员。

ESC：理发师、裁判员、政府行政管理员、财政管理员、工程管理员、售货员、职业病防治、商业经理、办公室主任、人事负责人、调度员。

ESR：家具售货员、书店售货员、公共汽车的驾驶员、日用品售货员、护士长、自然科学和工程的行政领导。

ESI：博物馆管理员、图书馆管理员、古迹管理员、饮食业经理、地区安全服务管理员、技术服务咨询者、超级市场管理员、零售商品店店员、批发商、出租汽车服务站调度。

ESA：博物馆馆长、报刊管理员、音乐器材售货员、广告商售画营业员、导游、（轮船或班机上的）事务长、飞机上的服务员、船员、法官、律师。

ASE：戏剧导演、舞蹈教师、广告撰稿人、报刊、专栏作者、记者、演员、英语翻译。

ASI：音乐教师、乐器教师、美术教师、管弦乐指挥、合唱队指挥、歌星、演奏家、哲学家、作家、广告经理、时装模特。

AER：新闻摄影师、电视摄影师、艺术指导、录音指导、丑角演员、魔术师、木偶戏演员、骑士、跳水员。

AEI：音乐指挥、舞台指导、电影导演。

AES：流行歌手、舞蹈演员、电影导演、广播节目主持人、舞蹈教师、口技表演者、喜剧演员、模特。

AIS：画家、剧作家、编辑、评论家、时装艺术大师、新闻摄影师、男演员、文学作者。

AIE：花匠、皮衣设计师、工业产品设计师、剪影艺术家、复制雕刻品大师。

AIR：建筑师、画家、摄影师、绘图员、雕刻家、环境美化工、包装设计师、绣花工、陶器设计师、漫画工。

SEC：社会活动家、退伍军人服务官员、工商会事务代表、教育咨询者、宿舍管理员、旅馆经理、饮食服务管理员。

SER：体育教练、游泳指导。

SEI：大学校长、学院院长、医院行政管理员、历史学家、家政经济学家、职业学校教师、资料员。

SEA：娱乐活动管理员、国外服务办事员、社会服务助理、一般咨询者、宗教教育工作者。

SCE：部长助理、福利机构职员、生产协调人、环境卫生管理人员、戏院经理、餐馆经理、售票员。

SRI：外科医师助手、医院服务员。

SRE：体育教师、职业病治疗者、体育教练、专业运动员、房管员、儿童家庭教师、警察、引座员、传达员、保姆。

SRC：护理员、护理助理、医院勤杂工、理发师、学校儿童服务人员。

SIA：社会学家、心理咨询者、学校心理学家、政治科学家、大学或学院的系主任、大学或学院的教育学教师、大学农业教师、大学法律教师、大学工程和建筑课程的教师、大学数学、医学、物理教师、大学社会科学、生命科学教师、研究生助教、成人教育教师。

SIE：营养学家、饮食学家、海关检查员、安全检查员、税务稽查员、校长。

SIC：描图员、兽医助手、诊所助理、体检检查员、娱乐指导者、监督缓刑犯的工作者、咨询人员、社会科学教师。

LIFELONG LEARNING

AND CAREER DEVELOPMENT

第 6 章

规划自己的人生：未雨绸缪

> 所有的转变，甚至是我们渴望的转变，都有使人悲伤的地方；因为我们留下的，是我们自己的一部分；我们要向一个生命告别，才能进入另一个生命中。存在就是转变，转变就是成熟，成熟就要规划自己、不断更新自己。
>
> ——阿纳托尔·法朗士（Anatole France）

※章节引语

23 岁的周剑无疑是一个传奇，2001 年他第一次参加高考考上了武汉大学，但随后由于痴迷网络多次旷课而被退学。他复读 1 个多月后，又考回了武大，但随后"屡教不改"再次被退学。回家几个月后，他又参加高考，考上了华中科技大学。在华中科大读到大三时他由于学分不够又被退学。接着他第四次参加高考，今年 9 月份考回了华中科技大学。这种独特的经历，在中国的大学生里恐怕找不出第二人。

资料来源：何涛，廖杰华.《广州日报》2006 年 11 月 2 日

对于很多人来说，大学是人生转变的第一道门槛，这种转变需要耗尽自己很大的心力来应对种种不适。与周剑类似的这种不适在中国校园生活学习的人其实并不少见，我们从身边可以找到很多诸如此类的例子。特别是有很多来自农村的孩子，来到大城市由最开始的兴奋和喜悦，渐渐发现自己是游离于城市的边缘人，有的不会存银行，不会跳舞，不知道名牌的车子……这个时候，就会觉得自己处处不如别人，很多时候会产生极大的挫败感，这种挫败感很多时候侵蚀她的自尊，有的会感到自己特别卑微，找不到出路，而长久的脱离农村，也没有回家的路。

除了周剑这样的普通人，我们还可以在这类人里面找到诸如白岩松、俞敏洪这样的大人物。白岩松，中央电视台著名主持人，当年他从边陲小城海拉尔考到北京，最怕的就是别人问他是哪儿来的。俞敏洪，大名鼎鼎的新东方校长。他从苏北农村考进北大的第一天，提着行李走进宿舍，上铺有个北京同学捧着一本《第三帝国的兴亡》在读。他好奇地问了一句："上大学还要读这种书吗？"上铺的同学没有回答，不屑地白了他一眼。就这一眼，让俞敏洪很长时间都深感屈辱和自卑。

　　周剑、白岩松、俞敏洪这样的人或者都不知道，自己刚上大学时那种糟糕的感觉，是因为遭遇了"发展性危机"。

□ 个人成长中可能遇到的发展性危机

　　我们每个人生活中可能都会遇到一些困难的情境，如果我们过去的人生经验和支持系统不足以帮我们应付这些困难和压力时，就会产生暂时的心理骚乱，这种暂时的情绪失衡状态，就是人们常说的心理危机。有些心理危机是由罕见和超常的事件造成的，对这些事件，个人往往既无法预测也无法控制，比如自然灾害、恐怖袭击、突发事件、被绑架、突然患病及亲人亡故等，心理学家称这一类危机为境遇性危机（situational crisis）。境遇性危机的特点是随机的、突然的、震撼的、灾难性的。由于现代社会充满风险，人们对"境遇性危机"的认识大大提高了。但另一种类型的危机，却很少有人知晓，这种危机就叫做发展性危机（developmental crisis）。发展性危机是指人在正常成长和发展过程中，急剧的变化或转变导致的异常反应。例如，迁徙、升学、升职、孩子出生、中年的迷惘、退休等，都可能引起发展性危机。可以说，发展性危机是一个人出现了适应障碍。

　　境遇性危机是伴随着灾难出现的，发展性危机有时却是伴随着好事、喜事出现的，所以常常会被人忽视，也特别不容易得到别人理解。因此，在遭遇发展性危机时，一个人得到的支持可能远远低于境遇性危机。而且，和境遇性危机的突然而至不同，发展性危机是在不知不觉中形成的，你可能并不知道正在发生什么，等到情况变得日益严重时，才感到自己被困住了。

身边的发展性危机

一年级现象

　　发展性危机不像境遇性危机那样凶猛和刺激，但是因为它与"发展"有关，所以相当普遍和常见。它可能发生在学习期间，也可能发生在工作以后，还可能发生在人生的晚年。例如，人们发现，在初一、高一和大一，由于要适应新的环境和给自己重新定位，很多同学都会出现不同程度的自信心下降。这种"一年级现象"，其实就是发展性危机的表现。

文化休克

　　一个学子到哈佛大学读博士，仅仅3个月就自杀了，而出国后3个月至半年，正是所谓"文化休克"出现的时候。"文化休克"是指跨文化适应过程中因种种不适而产生的绝望无助状态，也是发展性危机的一种。

不仅仅出国可能遭遇"文化休克"，就是在国内升学、迁徙，也同样可能遭遇到跨文化适应的困难。比如北方的同学到南方求学，农村的人到城里工作，从国企跳槽到外企，都要面对不同的文化，都需要一个适应期。

女性危机

自从女性被冠之以"职业"两个字以后，危机也随之而来，无处不在。更有美国 GBH 心理学协会指出：将近 80%的职场女性正或多或少地面临着危机的困扰。工业文明飞速发展的今天，难道女性无法改变的生理机能构造也还能成为阻隔其职业进一步发展的鸿沟吗？答案竟然是肯定的！大自然天然的一种分工就是男人和女人的生理构造。与之相应的是女人要生孩子，女人的体力弱于男人。每个女人进入原先仅由男人控制的职场时，生理危机便出现了：整个社会的运作是不考虑性别因素的，企业的盈利也不以性别为考虑因素。这就是女性危机，特殊的发展性危机。

唯一不变的是变化

问题的复杂还在于，不仅仅随着年龄的增长我们会碰到新的发展课题，同时我们生活的这个社会本身就在飞快地变革。未来学家托夫勒说："变化如雪崩一般降临到每个人头上，人们惊呆了，根本来不及做好准备。"社会生活的急剧变革本来就需要极强的适应能力，如果同时要面对具体生活上的变化，那就好比在一节高速飞奔的列车上，从一个车顶跳到另一个车顶上，人会感到更加紧张和焦虑。

当这个世界上唯一不变的就是变化时，理解生活中的变化，提高自己的适应能力，已经成为每个人的必修课。面对变化给我们带来的不适，最重要的是将它理解为一个过程，一个正常的过程。当我们知道自己出现的惶惑、茫然、孤独和自我怀疑都是正常的时候，就会有更多的自我接纳，更少一些自责。

突破雷区，永不言败

适应的过程是由离开安适区，进入压力区，突破压力区，到达成长区组成的。对我们来说，安适区是熟悉的、安全的、自在的。但是，为了获得更高的发展，我们不得不离开"安适区"，进入了一个充满不确定性的压力区。这个压力区，其实是进入成长区的一条隧道。它很黑，所以在里面你看不清自己；它很曲折，所以你不知道出路在哪里；它很坎坷，所以你会摔跤崴脚，感到疼痛。不是所有人都能走出这条隧道。

有些遭遇发展性危机的人会选择逃避，退回到原来已经习惯和感到舒服的环境，以为这样一切就会好了。殊不知，从压力区退却固然会感到一时的舒服，但因为放弃了成长，反而会给今后带来更多的适应性问题。

还有些人身处发展性危机之中，感到非常孤独、沮丧，却不愿意寻求帮助。他们把自己封闭起来，逃避有压力的情境，或用其他的东西来获得虚假的满足，让自己感觉好一些。比如一些大学新生沉溺在网络中，有些遇到中年危机的人，会买一辆汽车，买一栋房子，增强自己的控制感和成功感，甚至通过性关系来获得一种自我肯定。但是，由于这些东西并不能使人找到真正的自我和生活的意义，它们所带来的满足感也会很快消退。

以积极的心态看待眼前正在发生的事情，会有助于人适应发展和变化。发展性危机既然是伴随发展而来的，也就意味着给新的发展提供了可能：当人面对新的情境和新的挑战时，何尝不是一个重新认识自我和学习成长的机会？面对变化，你可以更清楚地看到自己的长处和局限，也有许多新的知识和技能需要学习，压力或许还会帮助你发现自己的潜能。所以有心理学家认为，一个人根据自己的选择，主动打破自己原来的平衡状态，去寻求新的自我秩序，这是人更健康的标志，是人内心更富智慧的证明。或许一个人让自己处于混乱状态的能力对于人向更高水平的人格整合发展是非常重要的。

新东方创始人俞敏洪，这个从江苏渔村走出的孩子，曾经遭受过多次挫折：高考连续失败，出国申请受阻，辞职北大，自己开办培训班，上街贴小广告……他当年一定不会想到今天的成功。在我们灰心丧气的时候，想想这些成功人士当年的故事，或许对我们会有一些启发。一个人可以在生命的磨难和失败中成长，正像在腐朽的土壤中可以生长出鲜活的植物。失败固然可惜，但它可以激发我们的智慧和勇气，进而创造更多的机会。

□ 职业危机——没有人是不可替代的

进入 21 世纪，物质生活的空前繁荣使我们欣喜不已，但与此同时，有一种危机也离我们越来越近了。我们处在人口增长的高峰时期，社会对商品的需求量日益增多。然而，科技的高度发达却使得生产效率大幅度提高，所以，在人口增长的同时，社会对劳动力的需求并没有同步增加，这就意味着许多人无法通过就业的形式来获取生活必需的报酬。这种危机正在全球蔓延，身处于这个空前繁荣的社会里，每个成年人都可以感受到职业危机带来的巨大压力。

职业危机离你有多远

在职场中总是能够找到那么一批人，他们天真地认为，只要手中握着各类文凭和证书，就可以轻松地找到一份理想的工作，并能够安安稳稳地吃上一辈子安生饭。能够意识到"文凭、证书可以帮助你获得工作，但仅仅是一份工作而已"的员工并不太多。他们为眼前的好光景所陶醉，工作中不求上进，以为抢占了先机就可以从此高枕无忧。

简单来说，当为能不能获得一份工作而操心时，我们就正遭遇职业危机；当为自己的工作得不到成就感，在相对稳定的工作环境里不知何去何从时，我们就处于职业危机中。

任何人都会面临职业危机，即使公司董事长、总经理也有被别人取代的可能。或许，整体而言，某一行业是朝阳产业，但大多数从业者都知道，任何行业都会有被淘汰者。因此，只有时刻具有危机意识才能获得职业生涯的可持续发展。

2003年初，针对跨国公司的高层进行过这样一项调查：如果他们可以在一夜之间将公司中的所有"无用"的员工都裁掉，那么他们会裁掉多少？结果表明，这一比例在 60%～90%。这么高的比例意味着什么？还有人觉得自己在行业或企业里扮演着举足轻重、不可替代的角色吗？有些员工可能为一时的荣耀而固步自封，殊不知，在高速发展的社会环境里，今天你还是老板跟前的"红人"，明天你就有可能要加入到求职大军的行列里去了。

职场的成功，不在于我们过去曾经取得了多么令人羡慕的成绩，而在于我们是否能够获得可持续发展的能力，而持续发展，靠的是我们的职场竞争力。竞争是自然界的一个普遍规律，它也存在于职场之中。因为只有竞争才能使行业进步，只有出现危机，我们才会迫使自己进步，以适应大环境的前进步伐。关注一下竞争对手的工作情况，看看他们是怎样努力提高自己以避免失业的。这样，我们就会有紧迫感，就会绷紧神经、早做准备、多做准备，以免等到危机真的降临时手忙脚乱、不知所措。我们必须正视危机，大到就业问题、职业前景、行业危机，小到薪资多寡、工作压力、人际纠纷等，我们必须通过自己的能力和努力去解决。

你为什么陷入职业危机

中国有一句话说"生于忧患，死于安乐"，意思是人要有忧患意识。用现代的流行语言来说，就是要有危机意识。一个国家如果没有危机意识，这个国家迟早会出问题；一个企业如果没有危机意识，迟早会垮掉；个人如果没有危机意识，必会遭到不可测的横逆。然而，在物欲横流的现代社会，中国人普遍缺乏危机意识，主要表现在以下三个方面。

办事拖拉，效率低下

有的员工缺乏时间观念，对待工作总是延迟或半途而废，而且老是开会迟到或错过重要会议，甚至到了预定时间总是还没有办法完成上司交代已久的工作，并找各种理由一拖再拖。有为数不少的员工喜欢把工作放到最后期限到来之前再做，于是，由于赶工工作质量无法保证。如果要他们购买东西或收集信息，他们一般都需要被提醒很多次，结果还会出错或收集一些缺乏时效性的"废料"。

"等一会儿再做，我现在正忙着呢"，这是我们经常听到的拖延的借口。其实，有些员工在说这些话时，手头上正干着无关紧要的事情，如电话聊天，或上网娱乐，或打游戏。有些员工让"办事拖拉"这种惰性成了自己习以为常的工作方式了。因此，他们总是明日复明日，结果终身碌碌无为。一个资历浅但有效率的员工往往会比一个资历深但拖延成性的员工更容易获得领导的信赖和倚重。办事拖拉不是无伤大局的坏习惯，而是足以让我们抱负落空、幸福遭受破坏的"敌人"。

缺乏敬业精神

这样的员工不知道每天上班是为了什么，工作时常常感到茫然，没有激情和热情。上班时无精打采，下班后却生龙活虎。工作对他来说是"鸡肋"，而休假才是目标，周末就是把他们从漫长的五天"牢狱生活"中解脱出来的最开心的时光。

因为对工作投入的热忱非常低，不把心思放到工作上去，于是事事都让他感到棘手、头痛，从而精力衰退和情绪低落。有的员工在被要求完成一件任务时，感觉自己就像是用双手推动一堵牢固的城墙，要保质保量地完成任务似乎比登天还难。一些员工对工作失去热情，根本原因在于他们认为自己付出太多而得到薪水太少，于是他们便陷入了被动地接受工作的困境中，当被迫地接受任务时，情绪自然难以高涨起来。一个整天无精打采的员工必定是缺乏工作热情的人，至少对目前的工作，他是不喜欢的。于是，他们也就在这种工作状态中丧失了机会。

心胸狭窄、斤斤计较、自私自利

许多员工把个人利益与公司利益分得清清楚楚，在工作中表现出一副例行公事的态度，觉得一份报酬一份付出，这是天经地义的事情。许多员工认为，在一个崇尚等价交换的社会里，自己给公司提供智力和体力，公司给自己发工资，是情理之中的事。于是，有的员工日益变得心胸狭窄、斤斤计较、自私自利。这不仅给公司造成了损失，同时也扼杀了自己的创造力和责任心。这种类型的员工问自己最多的问题是："公司和老板能为我做点什么？""我要如何做才能让自己得到的好处最多呢？""我付出的辛苦对得起我的工资就行了，对吧？"他们会认为尽自己的能力完成分配的任务，对得起自己的薪水就可以了。

有的员工自认为在工作中已经投入了很多，可是还没能马上获得回报，于是心有不甘，心想既然不能升职，又不能加薪，还不如忙里偷闲，反正这样做也不会被扣工资或被开除。于是，他便有可能拖延怠工，以免把工作提前完成了会再揽上新任务。随着社会竞争的日渐激烈、企业管理制度的逐步完善和人们素质的不断提高，斤斤计较型员工会逐渐遭到淘汰。

你会是被替代的吗

在竞争日趋激烈的今天，最容易被他人所替代的也许就是"得过且过"型的职员了。"得过且过"型的职员对待自己的工作总是不能尽职尽责，抱着"混"的态度，"我行我素，超然物外"，尽管老板和上司都急着出业绩、见效益，但这些仿佛与他们无关。认为只要每个月能把工作"混"过去，把工资拿到手，把公司老板和上司都糊弄了，就是自己的一种本事。甚至一些还认为上司和老板让他干多少他就干多少，老板就给那么点钱，自己不值得付出太多。如果上司给自己讲大道理，他们就会装"傻"，说自己已经尽力了。他们为此费尽心思，找出各种各样的借口，所花掉的精力和"聪明智慧"要比真正干工作花掉的还要多。他们觉得，自己并没有好好上班，却能够糊弄住公司，能把薪水拿到手就是一种成就。

具体来说，这类型的员工主要分为以下两类。第一类是懒惰和"真傻"的员工，他们对生活的要求其实也挺高的，也想过上舒服的日子，但是他们就是不愿意付出，不想动脑子，不愿意多动手，他们一有时间宁可多去玩玩，他们觉得自己还年轻，有的是时间，以后再努力也不晚。第二类是"装傻"的员工，他们其实很聪明，有能力，并且也有想法，但是，由于他们认为老板给他们的薪水与他们的付出不能画等号，于是，他们逐渐地对工作能拖则拖、能推则推，实在推不了的，就草草完成了事。有时候，他们也是为了一份虚荣心，认为尽可能少地付出却获得了比别人多得多的回报，是能力强的体现，最能表现自己的优越，最能显示出自己的聪明才智。其实，他们都知道"天下没有免费的午餐"这句话，如果得过且过，那么他们很快就将面临被替代的危险，裁员名单上他们必定位居前列。

这些员工以为把老板和公司的钱糊弄到手是一种聪明，占了别人的大便宜就是一种成功，这种想法其实是大错特错的。因为，当员工以为把薪水"混"到自己的钱包是占了莫大便宜时，那么，他们就肯定不知道，糊弄工作的同时迅速流失掉的是自己的青春。到头来，吃亏最大的人只能是自己，不是老板和公司，更不是那些认真工作的人。我们应该明白，老板的钱花出去了还可以赚回来，但青春失去了就再也回不来了。更现实的问题是，老板完全可以从人才市场上轻松找到很多比那些"得过且过"的员工更优秀、更便宜的人才。所以，树立危机意识，勤奋工作，这样你才不会被替代。

□ 自我规划的系谱

爷爷奶奶们后悔什么

比利时的《老人》杂志曾在全国范围内，对 60 岁以上的老人开展了一次题为"你最后悔什么"的专题调查。调查结果十分有意思：

72%的老人后悔年轻时努力不够，以致事业无成；

67%的老人后悔年轻时错位选择了职业；

63%的老人后悔对子女教育不够或方法不当；

58%的老人后悔锻炼身体不够；

56%的老人后悔对伴侣不够忠诚；

47%的老人后悔对双亲尽孝不够；

41%的老人后悔自己未能周游世界；

32%的老人后悔一生过得平淡，缺乏刺激；

11%的老人后悔没有赚到更多的金钱。

老人们的这些判断，对他们来说是一种结论，对年轻人来说却不妨视为忠告。有句话说得好："记住该记住的，忘记该忘记的；改变能改变的，接受不能改变的。"如何判断哪些该记住，哪些该忘记？这就需要我们学会自我规划。为什么需要规划？因为生命对每个人都只有一次，谁都不可能重新来过。"花有重开日，人无再少年"，生命是有限的，如果不进行有效的规划，势必会造成时间和生命的浪费。《礼记·中庸》中有云："凡事预则立，不预则废。"做任何事情都要有一个明确的计划与准备，否则难以收获良好的结果，人生也同样如此。

人生规划是一件很复杂也很个人化的事情，虽然不是一句两句就能解决的，但对人生规划有所关注并适时调整的人肯定会更先接近自己的目标，进而实现自己的人生价值。缺乏一个明确的梦想，即对人生的一种设计，或许正是你很少得到提拔和不能够赚到更多金钱的原因。几年前，美国作家盖尔·希伊出版了一部畅销书，书名叫《开拓者们》，他在撰写这部书的时候，通过一份内容十分广泛的"人生历程调查问卷"，间接地访问了 6 万多名各行各业的人士，他发现那些最成功和对自己生活最满意的人至少有两个共同的特点：第一，他们喜欢有更多的亲密朋友；第二，他们都致力于实现一个其实际能力所难于达到的目标。根据希伊的研究，这些开拓者们觉得他们的生活很有意义，而且比那些没有长远目标驱使其向前的人更会享受生活。正像西方有一句谚语所说的，"如果你不知道你要到哪儿去，那通常你哪儿也去不了"。

自我规划六部曲

自我规划既是一个实现你终生目标的时间表，也是一个实现那些影响你日常生活的无数更小目标的时间表。自我规划的设计是要使你的注意力集中起来，在一个特定的时间范围里充分地利用你的脑力和体力。事实上，注意力越集中，脑力和体力的使用就越有效，自我规划可以合理地分配你的精力。

曲一：找到主要人生目标

所谓主要人生目标，应该是一个你终生所追求的固定的目标，你生活中其他的一切事情都围绕着它而存在。对于一些人来说，这个工作是一个自我发现的愉快的过程；但对于另一些人来说，它也许更是一个痛苦的过程。因为他们需要把其心绪拉回到年少的时代，在那个时候他们还没有对自己所怀抱的梦想产生疑惑。为了找到或找回你的人生主要目标，你可以问自己几个问题，比如"我是谁？""我想在我的一生中成就何种事业？""临终之时回顾往事，一生中最让我感到满足的是什么？""在我的日常生活中是哪一类的成功最使我产生成就感？"

也许你很快就可以知道你的终极目标是什么，但是大多数人则不是这样的。他们在找到自己的终极目标之前往往需要在不同的场合对自己重复上面的这些或类似的问题。每一次向自己提出这样的问题的时候，随意地记下你的所得。开始的时候，它们可能没有什么意义，但是，多次的累积会让你茅塞顿开。幸福的人通常是这样一类的人，即他的职业和生活方式与他的生活目标相一致。例如，一个有着很强组织意识、文字天赋和诲教倾向的人，就很可能从编辑、教师等职业生活中得到最大满足。

曲二：选择职业

当你能够用一个简单的句子表达出你的人生目标了，那么你就该着手准备实现这项目标了。在这方面，职业的选择就是你所要着重考虑的问题。你应该知道，职业是一个工具，是帮助实现你终极目标的工具。你规划自己的职业的重要性，就像将军筹划一场战役一样，也像一个足球教练确定一场重要比赛的作战方案一样。

你可以问自己："我的职业正在帮助我实现人生的最终目标吗？"如果答案是否定的，那就干脆重新更换职业。倘若更换职业是不现实的，那你可再进一步问一下自己："是否有一种途径可以让我现有的职业与我的人生基本目标一致起来？"对于第二个问题，答案常常是肯定的。例如，一个事业有成但又并不满足物质上富有的律师，他可能会利用他的部分精力做些公益事情并从中得到精神满足。又比如一个受雇于一家大公司的审计师可能会在工作之余到附近一所大学当兼职教授，从把实践经验概括成理论的讲授过程中得到他在日常枯燥工作中得不到的满足。

最理想的职业方面的人生规划，应该是在你从学校毕业之时就开始进行了的。在这个时候，只要你心中明确你的人生大目标，你就会知道你要选择或接受什么样的一份职业。毫无疑问，你会选择那份将有助于你实现人生目标的职业。不过，我们也该切记：只要你还没有到安享晚年的地步，任何时候开始你的职业规划都不为晚。无论你是 20 岁左右刚刚踏上职业征程的年轻人，还是 40 岁左右并且陷在一份你不喜欢的工作之中的中年人，现在仍然是你进行职业规划的好时机。

曲三：制定个人职业发展规划

在弄明白了你的职业将会帮助你实现人生更大目标之后，你应该着手考虑你的人生和职业规划中的具体细节了，你需要有一份详细的个人职业发展计划。这个计划可以是一个 5 年的计划，也可以是一个 10 年、20 年的计划。不管是属于何种时间范围的计划，它至少应该能够回答如下问题：我要在未来 5 年、10 年或 20 年内实现什么样的一些职业或个人的具体目标？我要在未来 5 年、10 年或 20 年内挣到多少钱或达到何种程度的挣钱的能力？我要在未来 5 年、10 年或 20 年内有什么样的一种生活方式?

对于这些问题的回答将给你提供一份有关你自己的短期目标的清单。在形成这些目标的过程中,不要纯粹地依靠逻辑思维。这一类的抉择,需要发挥你的创造力,应该把你的情绪、价值和信仰等因素全部调动起来。如果你是已婚者的话,你还需要考虑你的配偶的情绪、价值观和信仰等,因为在任何的重要抉择中,他(她)总是影响你个人生活的一个部分。

曲四:如何实现目标

在形成了上面具体的短期目标之后,你应该策划一下将如何去达成它们。例如,你现在是一个中层的管理人员,你的 5 年、10 年或 20 年个人职业发放规划要求你成为一个高级主管。那么,怎么才有可能实现你的目标呢?如果你能够回答好如下的各项问题,那么你就应知道自己该怎样做了。我需要哪些特别的训练才能使我够资格做一名高级主管?我该增加哪些书本知识?为使自己仕途坦荡,我需要排除哪些内部的政治上的障碍?我目前的上司在这方面是我的一个帮助还是一个障碍?在目前的这个公司我最终成为高级主管的可能性有多大?在这里的机会是否比在其他公司更大?得到这份职位者的一般教育程度、经验水平和年龄层次是怎样的?

曲五:行动

这是所有步骤中最艰难的一个步骤,因为要求你停止梦想而切实地开始行动。我们知道良好的动机只是一个目标得以确立和开始实现的一个条件,但不是全部。如果动机不转换成行动,动机终归是动机,目标也只能停留在梦想阶段。要想实现人生的终极目标,有两个方面的"陷阱"需要谨慎避免,一个是懒惰,另一个是错误,哪怕是小的错误。懒惰是事业成功的天敌,很多人不息地奋斗一辈子都没有能够完美地实现自己人生目标,更不用说懒惰了。要想有一个无悔的人生,除了认准目标外,还要集中精力全力以赴。在实现人生终极目标的过程中,难免受到各种妨碍或各种诱惑,任何的闪失或偏差都会使你远离你的既定目标。然而,人非圣贤,孰能无过?只是在通往理想的艰难跋涉途中,尽可能少地犯错误,这样就可以尽可能快地达到你的目标。

曲六:修改、更新人生和职业发展目标

人生目标的确定往往是基于特定的社会环境和条件的。这样的环境和条件总在变化,确定了目标也应该作出修改和更新,况且这样的目标虽然写出来了,但是并没有镶刻在石头上,它的存在只是为你的前进提供一个架构,指示一个方向。你是它的创造者,你可以在它看起来正把你引向歧途的任何时候更改它。

自我规划时间表

20岁以前，大部分的人是相同的，升学读书升学读书……建立自己基础，在父母亲友，社会价值观影响及误打误撞的情况下完成基本教育。选择读书，应该一鼓作气，在尚未进入产业时，能读多高就多高，毕竟何时进入产业，都是社会新鲜人。但是一旦已经有工作经验而又有心进修，当然渠道很多，相对的挣扎也多。因为不知现在的年纪、条件、资历……再去做进修这样的投资是否值得？如果认定一辈子要当上班族，相信学历是很重要的，否则，时间宝贵，不容许再走错路。

20～25岁，要懂得掌握与规划自己的未来，决定了就是一条无悔的不归路。刚得到法律赋予的种种权利，相对地也要尽义务及学习面对责任的承担。这时候的人，是喜悦、矛盾与痛苦交战，喜悦来自于开始被赋予一些自主权，矛盾来自于与父母割不断的脐带关系，痛苦的是开始要尝试错误，要开始为自己的未来规划，如升学、就业、感情……拿回自己对人生的主控权，而非一直受人影响对自己的未来摇摆不定。

25～30岁，像一块海绵，努力吸收也甘心被压榨，为的只是自我的成长。这时候的人，对工作取向、薪水待遇、升迁调职应该是斤斤计较的。唯有努力付出，相对地才敢积极争取，社会新鲜人的动力应该让人冲出自己的一片天，也因为没有经验，所以不懂挫折。因为资源不多，所以一切尽人事，听天命。这个年龄段的人，领取别人的薪水，学习别人的经验，付出自己的青春，建构自己的未来。

30～35岁，要学习判断机会、掌握机会，不能再有尝试错误的心态。这时候的人，应是事业取向和家庭取向，工作应该从体力转换为脑力。应该看到的是远景，而非现况，面对的是宽广人生，而非局限于自我。结婚是许多人面临人生第一次的重大抉择，面对婚姻，很多人以为结婚就是一个责任的结束，殊不知正是责任的开始。就像一些刚上市的公司，以为目标达成了，忘了自己的企业责任，忽略本业，反而是一个恶梦的开始。

人的本业就是经营自己的家庭，赚钱的目的就是希望给家人更好的生活，但这可不能成为忽略家人的借口，一个经营不好家庭的人，纵使赚到全世界，他得到的只是表面的掌声，在他人生的这个圆，永远有一个缺口。家应该是您最大的精神支柱、动力来源和坚强后盾。

35～40岁，要享受给人希望，功德无量的格局。这时候的人，应是企业取向，工作只是一种休闲，更可转化为对他人的责任。如果专注于研究，应该不只穷毕生之力，24 小时不眠不休地去做苦力，应该有成立研究机构，带领一群人做更多研发的雄心壮志。如果是企业主管，应该不只停留在汲汲营营，斤斤计较，应该有能力担负主导周遭的员工、家人，带领他们享受更好的生活。格局的大小，会影响成就的多少，做一个有影响力的人，而非被影响的人。

完美规划，完美人生

不论目前多风光，多有成就，在心中是否画得出 10 年后的你？

静心思考，我们现在所有努力的目的不就是为了父母、另一半、小孩吗？

工作，不应该等于是人生，更不应该是需要经营一辈子的事。

试问健康、财富、自我成长、人际关系和时间自由，什么是您努力工作的动力？

我相信没有人愿意放弃任何一点。

这些正是促使我们年轻人前进的动力。

10 年后，你是提早完成它？还是提早放弃它？

宁可因梦想而忙碌，不要因忙碌而失去梦想。

有太多优秀的朋友，可惜的是终日汲汲营营，投入更多的时间、精神、资源，却没有享受到应得的回报，原因无他，努力错方向，找错机会，拒绝机会而已。

正如打了一辈子的篮球，是很难在棒球场上找到自己的舞台。不要让忙碌蒙蔽了你的双眼再回头：廉颇老矣，尚能饭否？

分享与付出——完美人生的添加剂。

当你一个人成功，你只享受到一个人的快乐！

懂得分享与付出，真正的快乐来自于：周遭的亲友因你的成长而提升，不论是精神或物质。真正的成功来自于：周遭的亲友因你付出获得改善，给人希望功德无量。

我们不是在做慈善事业，尚没有能力普渡众生，但是，我们可以发挥一己之力，对亲友、对那些有缘相遇的陌生朋友。

伸出你的手，在他们需要的时候！

太多人在等生命中的贵人，聪明如你，何不先从帮助他人开始，这样你的人生将更加完美！

□ 完美职业生涯的诞生

在这样一个充满变化、竞争日趋激烈的时代，危机与压力已经成为我们生活的常态。当公众的目光一次次被政府组织、商业企业遭遇的突发性事件和危机风波所吸引，当艰难求职和频繁跳槽令人疲惫不堪，当各大城市高涨的房价让人望而却步，不少人开始静下心来思考一个更加现实而严峻的问题——个人的职业生涯。

职业生涯有广义和狭义之分。广义的职业生涯是指从职业能力的获得、职业兴趣的培养、选择职业、就职，直至最后完全退出职业劳动这样一个完整的职业发展过程。因此，其上限从 0 岁人生起点开始。狭义的职业生涯是指从踏入社会、从事工作之前的职业训练或职业学习开始直至职业劳动最终结束、离开工作岗位为止。

自主学习能力的持续培养

根据科学家们研究发现，人一生工作所需的知识，90%都是工作后通过学习而获得的。很多人在此阶段都会遇到知识更新问题，处在这样一个知识经济的时代，科学技术高速发展，知识更新的周期日趋缩短，只有不断完善自己，更新知识结构，晋升的机会才越多。在工作之余多补充一些新知识，维持和不断提升自身竞争力，已经成为多数职场人的共识。而这，需要的就是个人自主学习能力的持续培养，拥有越强的自主学习能力，越有可能获得完美的职业生涯。

解读自主学习

自主学习（self-regulated learning）又称自我调节学习。它主要表现出如下几点特征。

1. 自主学习是个人以自己的学习过程为监控对象。从最初的学习目标设置，学习策略的选择到学习过程中调节、控制和补救，再到对学习结果的评价与反省，都将由学习主体自主地选择和决定。而元认知监控是指主体在进行认知活动的过程中，将自己正在进行的认知活动作为意识对象，不断对其进行积极而自觉地监视、控制和调节的过程，包括制订计划、实际控制、检查结果，采取补救措施等具体环节。

2. 自主学习能力的培养是一个循环渐进的过程。个人具备自主学习的能力，需要经历一个从他主到自主的发展过程。从最初完全依赖教师、父母、他人的指导到逐渐过渡到自己独立思考学习，能力的获得遵循着循序渐进的客观规律。另外，学习是一个循环的过程，上一次学习任务结束时的自我评价，将反映在下一次任务最初对学习目标的设置，对自身能力的评价中；上一次学习过程中的经历与体验将作为下一次任务中学习策略选择，周围环境资源控制的依据之一。如此反复，自主学习能力逐渐发展完善。

3. 自主学习需要一定情感的投入，并能以意志控制学习过程中困难。自主学习并不排斥他人的帮助，相反能有效利用学习资源进行学业求助应是自主学习的一个评价标准。但这一切都必须建立在个体独立自主的基础之上，学习者自己决定是否求助以及如何求助，因而无形之中便增强了个人的独立性和责任心。另外，学习并不是一个轻松的过程，常会遇到困难与挫折，当随着学习过程的深入，困难越来越多、越来越大，而最初的学习动机的动力作用开始减弱时，便需要个人以自己坚强的意志力克服这些困难，继续学习。这时虽然可以寻求他人帮助，但更重要的是自己有毅力与恒心去克服这些困难。

信息素养——自主学习能力的必备品

信息素养对社会、对个人有着非常重要的意义。社会的信息素养是由每一个个体人的素养构成的。在新的人才评价指标中，信息素养将会占相当大的权重。信息素养不仅将成为当前评价人才综合素质的一项重要指标，而且将影响信息时代每一个社会成员的基本生存能力。无论你从事何项工作，都离不开这种能力。信息素养是一种综合性、关联性较强的素养，既有硬性的知识和技能要求，又有软性的知识和创意的要求，还有对传统的意识形态领域、政治、法律和道德认知程度的要求。在现代社会，人们需要用知识和信息来解决生存中的一切问题，谁掌握了知识和信息，谁就掌握了生存条件和命运。因此，信息素养成为自主学习能力培养中的必备品。

信息素养的范围相当广泛，除了一般意义上的信息意识和信息能力外，还包括信息道德和信息创造。

信息意识。信息意识指的是对信息需求的认知水平及对有用或可能有用信息的敏感程度。它包括了两层意思：首先要知道自己需要什么，这样才能有的放矢地去寻找所需信息；其次在有意或无意发现了有用信息时，要能够意识到。这种信息意识或敏感程度因人而异，既因其自身的年龄、职业、背景等方面不同而不同，更与其个人所具备知识的广度与深度等密切相关。虽然提高自身的知识层次并非一朝一夕的事情，而是一个日积月累的过程，但我们可以通过相关培训培养人们"信息是资源、是财富、是生存"的信息价值观，进而让人们产生有意识地去获取信息的压力与动力。

信息道德。信息道德指的是与信息社会生活相适应的信息伦理道德和法律法规观念，主要包括以下几方面。第一，信息发布的准确性。任何人都不得为了一己私利，发布各种虚假信息，这点无论对个人还是对组织、集体都非常适用。第二，信息的透明度和知情权。"谣言生于浊而止于清"，信息的透明度是文明社会的政府或其他社会团体与组织所应该具备的基本素质，公民对诸多国家事务都具备知情权。因此信息的透明度和知情权是信息素养的一部分，我们应当意识到自己的该项权利，任何人都享有这种权利，任何人都不得随意剥夺他人的这种权利。第三，信息的免疫力。当前互联网高度发达，各种色情、暴力、欺诈信息多如牛毛，互联网的法律问题已经成为信息产业界、法律界、教育界、思想界、家庭等社会各界特别关注的问题。信息的免疫力指的就是通过自控、自律、自我调节，自觉抵御和消除垃圾信息、有害信息的干扰和侵蚀。第四，人文素质。完美职业生涯的实现需要个人具备较高的人文素质，如知晓一定的古典文化、良好的社交礼仪、较高的个体行为自控能力，以及与社会环境和自然环境和睦相处的能力等。

信息能力。主要包括 3 个方面。第一，信息技术能力。指的是可以熟练应用计算机、互联网、多媒体等信息技术处理问题的能力。当前相当大量的信息都是来源于互联网。有人把那些受过一定教育，有基本的读、写、算等能力，却无法使用计算机技术、网络技术的人称作"功能性文盲"，换言之，如果不能利用计算机进行信息交流与管理，无法利用现代化生活设施，已经沦为新经济时代的文盲，甚至可能无法生存，更别提完美职业生涯的实现。第二，信息搜集能力。包括针对特定问题进行的文献调查和实地调查，搜集所需信息的能力，它既包括了根据特定需要，选择适当的网络搜索工具、数据库检索系统、数字图书馆，制定相应的检索策略，从巨大的信息海洋中搜寻出最符合需求的信息过程，亦即传统意义上的文献检索或情报检索能力；也包括实地的调查与研究，以及调查表的分发、回收、处理、评估等过程。在互联网高度发展的今天，数字图书馆、各类搜索引擎、网络超级链接等数不胜数，人们可以在工作单位、学校、家庭、网吧等各种地方十分方便地利用网上资源，对其信息收集能力的要求就显得强烈而迫切起来。第三，信息处理能力。指的是对信息的可靠性、先进性、针对性等方面进行评估，并进行归纳、分类、鉴别、遴选等去粗取精、去伪存真、由此及彼、由表及里的分析处理。该能力还应包括学习策略水平，它要求在信息加工处理的基础上，通过学习者个体自我调控，掌握学习规律的内在本质，从而提高学习效率，改善学习效果。第四，信息协作能力。现代社会人们的一切活动都必须与其他人相互协作才能完成，因此个体间通信、交互、协作等能力也是信息时代的重要能力，是信息素养的重要组成部分。很多组织与团体都把个体的亲和力、协作能力、团队精神作为对员工的基本要求。

信息创造。指的是对现有信息进行深入加工并产生新信息的能力。因为学习是在原有基础上获得新知识、新技能、新本领，或对前人已有的知识与技能产生的新理解、新认识、新解释、新应用，并产生新成果的过程，因而是一个与时俱进、不断创新的过程。一方面人们在获取信息后必须分析加工，在此基础上再进行综合、概括、抽象、表述；另一方面更重要的是在此基础上能够利用多种信息的交互作用，产生新的创造性思维，生产出新的有用信息，并用已有信息或新创造的信息解决现实或潜在的问题，从而让信息发挥最大的社会和经济效益。这是信息素养的高级目标或终极目的。

当前的错误观念之一是，不少人误把学历当作知识、把经验当作能力。我从来不认为拿到文凭或学位等同于学到了知识，并且在现有的教育体制下，在学校内学到的东西能够直接用于实际工作的，可谓少之又少。真正的知识是在相关学科理论指导下，通过广泛收集各类资料信息，吸收借鉴他人的思想和见解，进行二次思维加工后归纳总结得出的成果。只有全身心投入经过深刻思考和归纳，才能拥有属于自己的知识，才能奠定自主创新的理论基础。而关于经验，有的人所谓的十年行业经验也只是对行业有点粗浅了解，有的人干了两三年已经有了很深的见识。或者有的人让你感觉，虽然他的经验很不够，但他的思维方式非常好，按照这个趋势发展下去肯定会有不错的发展。而这些人，就是具有极强自主学习能力的人，也是最有可能诞生完美职业生涯的人。

学会跨阶段摆脱危机

受年龄增长、知识老化、科技更新、社会发展这些内外因素的综合影响，越来越多的人感受到生活的压力和发展的迷茫，陷入职业危机之中。从刚刚走出校门的天之骄子到闯荡职场多年的白领人士，从普通企业职工到高级经理人员，不同角色、不同性别、不同年龄、不同行业、不同职位的人们的字典里，职业危机一词开始出现并日渐清晰起来。在持续提高自主学习能力的前提下，我们还应该如何把握各年龄阶段的特征、学会跨阶段的摆脱危机、塑造完美的职业生涯呢？

20 岁～25 岁：把握起点，融入社会

20 岁到 25 岁，这个年龄段的人正处于生理上的黄金时期，他们充满活力、精力旺盛、富有进取心、对未来充满憧憬，但却普遍缺乏社会经验。一方面非常渴望成功，希望尽快取得成绩得到社会和他人的认可，一方面心境又比较浮躁，初涉职场，不少人会感到很难适应，甚至有时会怀疑自己的选择。由于受到自身性格、价值观、社会经验以及客观环境等因素的影响，比较容易出现职业选择的危机和困惑。所以，选择第一份工作，找到一个良好的职业生涯起点，对于这一时期的人来说显得至关重要。

对于毕业生们，面对眼花缭乱的职业和岗位，在感到"外面的世界很精彩"的同时，也往往会迷失方向，不知道如何选择。在危机和压力面前，很可能出现两种极端。一是过于自卑，二是自视清高。初涉职场，没有工作经验的大学生们在市场上几次碰壁后，一些人容易产生自卑情绪。在这种情绪感染下，有人会选择继续进修，把读研究生作为暂时的避风港。有人会降低要求，草率地找份工作。还有一些人由于家庭经济条件比较好，干脆在家待业逃避就业。而自视清高的人由于对工作单位、岗位职务、薪酬福利的期望值太高，在求职过程中也可能遇到挫折，从而陷入盲目就业的境地。

在职业状态上，大部分人刚刚完成从学校到社会的过渡。从职位分布上看，这一阶段的人基本上是企业普通职员或基层人员，或政府部门及事业单位的科员、干事等。当然，不排除一部分特别优秀的人，在天时地利等多种因素作用下，在这个时期就取得了不错的成就。但整体上，这个阶段的人多数处于职业发展的探索期。

这一阶段的最重要任务之一，就是选择第一份职业。在这一过程中要特别注意考虑两个因素，首先是自我剖析，包括准确分析自己的核心优势、核心劣势、能力短板、发展潜能等。这个环节做好了，在择业时可以减少很多弯路。举个例子，如果你很不习惯与别人沟通，就不要试图做人力资源的招聘经理；如果你天生嗓音很差，就不要尝试成为歌手。自我剖析还包括认识自身性格和兴趣，这一点也非常重要。性格外向、喜欢与人沟通交流的人，比性格内向的人去做销售和市场，通常会更容易成功；让不喜欢小孩的人去做幼儿教师，只会误人子弟。

要理性分析和把握地域、行业前景、企业环境等因素。俗话说，男怕入错行，女怕嫁错郎。同样资质相近、素质差别不大的人，有人在很短时间内就获得职业发展的成功，很可能就由于行业选择的不同。所以，初涉职场，应该在做好充分自我分析和内外环境分析的基础上，理性地思考和选择适合自己的第一份职业，

设定明确的人生目标，制订相应的职业发展计划。

1．树立形象。 要尽快完成角色的转换，树立自己作为职业人、社会人的形象。年轻人从学校踏入社会，给人的最初印象、表现如何，对未来的发展影响极大。一些年轻人，特别是刚毕业的大学生，总认为自己有知识，有文化，到单位工作后不屑于做琐碎小事，不甘于从底层做起，不能给同事们留下良好的印象，这对年轻人的发展而言，可以说是一个危机。

2．平衡目标。 由于大部分为白手起家，缺乏经济基础，初涉职场的年轻人对物质往往有很强烈的追求和依赖感，他们希望尽快拥有车子、房子，过上体面地生活，这种心理往往导致在择业方面更具功利性，总希望在最短的时间内获得最多的报酬。笔者并不反对在选择工作时追求薪酬福利，甚至当年在刚刚工作时也有很强烈的类似想法，但前提是必须要有一个合理的期望值。天上不会白掉馅饼，一个人的薪水收入，基本上是和他为组织创造的价值相对应，如果能力达不到，一味地追逐高薪职位只会竹篮打水一场空。还有一点，某些短期收益很高的行业和职位，从长期发展的角度来看对个人职业生涯的推动作用并不大；而某些行业则属于短期内直接收益不高，但却具备广阔的发展空间。因此，在选择职业生涯的起点时，需要平衡考虑短期利益和长期职业发展目标。

25岁～35岁：准确定位，厚积薄发

经历了从学校到社会的过渡和融合，人的职业发展将迎来第二个阶段：从25岁到35岁的调整和定位时期。这个阶段是职业生涯规划最重要的时期，这一时期的职业基础和平台，将直接决定以后的职业高度和成就。譬如在公务员队伍中，35岁前能够做到处长，那以后就很有可能上升到厅局级领导。商业企业中，30多岁就已经是人力资源总监或分公司总经理，那日后进入总公司或集团决策层的几率将会非常大。因此，把握好这10年时间，以后的职业生涯将变得平坦畅通，而错失这段宝贵的黄金时光，将很难再有机会弥补。

中国人常说"三十而立"，30岁就如人生的期中考，是检验前阶段成绩的时期，审视过去，思考未来，并自觉不自觉地将此当作人生的重要门槛。许多人会对自己的人生进行了调整：有些打工的自主创业了，有些从这个行业跳到另一行业，有些人尝试在公司内不同部门和职位间进行轮换，"定位和调整"成为30岁左右职业人士的主题词。因而，处于这一年龄段的人们最容易出现的职位危机为定位危机。

导致这种危机出现的原因归结起来主要是两方面。首先是外部环境因素影响。时代的发展和竞争的加速，让一些看似前途无限的行业和职位在短短几年内变成

冷门，曾经风光无限的商业巨人则纷纷倒下，这一变化趋势必然直接影响到组织中的个体。当三株公司从年销售额 80 亿元的顶峰迅速滑落直至宣布破产，其引以为豪的 15 万员工不得不重新选择职业；当 20 世纪 90 年代繁荣一时的 IT 产业泡沫在 21 世纪初期相继破灭，无数软件公司研发人员开始重新思考职业前景；当长期占据垄断性资源的国有企业逐一暴露于公众面前，丧失"铁饭碗"的职工们只能选择接受市场经济的游戏规则。其次是对自身认知的不足。认识自我对于个人的成长和职业定位实在是太重要了，但要清晰、准确地认识自己却不是一件容易的事。特别地，越是有些能力的人，越不容易客观的剖析自我和判断周围的环境。认识自我的两个层面，说通俗点就是首先要清楚你有什么能耐，你能干什么；其次要明确你打算干点什么。道理非常简单，但很多人却不能真正明白，反而深陷其中。许多有素质、有能力的优秀人才，就是由于定位不准而在职场上反复受挫。

小王大学 4 年成绩一直都很优秀，英语水平非常好，思维活跃，也特别有创意，2000 年毕业时经过层层面试，过五关斩六将后进入一家全球 500 强公司。全班同学仅他一人进入这样著名的跨国企业，其职业发展可以说前途无限，但半年时间不到他便辞职了，原因是他不甘于过那种替人打工的生活，想要做些属于自己的事情。尽管时机非常不够成熟，他还是非常执着地开始了创业。一个缺乏行业经验和必要社会资源支持，一个没有明确创业思路而仅仅有满腔热情的 20 多岁的年轻人，将生命中最宝贵的时间用来进行闭门造车式的创业，其结果可想而知。最终，在历经 3 年多没有任何实质性成果的创业尝试后，他不得不接受失败的现实，重新规划其职业生涯，选择了在一家华外企连锁餐饮店做见习经理。

在今天的市场环境中，类似的例子还有很多，这类人大多都有一个共性，那就是最初的时候不知道自己应该在哪个领域开始自己的职业生涯，所以频繁跳槽换工作。而且越是聪明的人越容易产生这样的问题。因为似乎什么工作都难不倒聪明人，他们就有机会尝试不同的工作，结果却都是"蜻蜓点水"。几年过去了，稀里糊涂地换了几家公司，回过头来才发现，年龄不断增长，实质性工作经验并未随之增加，反而造成了自己缺乏专长、缺乏核心竞争力的局面。

这个时期应该是一个人风华正茂之时，是逐渐展现自己才能、获得晋升、事业得到迅速发展之时，但前提必须是保证职业方向的正确以及自身不懈的努力。

1．确定职业发展方向。此时的首要任务，就是要全方位审视自身及职业的现状和未来，明确职业发展方向。事实上，许多职业人在 30 岁以前对自己的定位不明确，没有好好地规划过自己的未来。或者由于年轻功力太浅没有经验，所以把事情想得太简单；或者由于年少，多少有些轻狂；或者仅仅囿于职业来考虑职业，没有能够从更高的高度上来考虑职业定位的问题。到了 30 多岁，随着阅历和经验的增加，应当对自己、对环境有了更清楚的了解。看一看自己选择的职业、选择的生涯路线、确定的人生目标是否符合现实，如有出入，应尽快调整。方向的确定有几个不同的路线和模式，譬如定位成为某一行业或领域的资深专家；或者致力于跻身企业组织中高级管理层；或者自主创业；或者步入仕途等。具体选择哪一条道路因人而定，但一定要综合个人志向、能力特长、社会资源及外部环境等因素确定。

2. 培育核心竞争力。 机遇往往偏爱有准备和有真正能力的人。今天的社会，竞争和变化是永恒的主题，成功人士们的资质、素质及个性固然不尽相同，但一个共性便是他们拥有不同程度的他人难以超越或复制的核心竞争能力。不论任何行业或组织，出人头地、鹤立鸡群的人毕竟是少数，只有经过不断积累和学习，厚积薄发，培育属于自己的核心竞争能力，才能大大加速职业发展和成功的步伐。

那么，如何培育属于你的笑傲职场的核心竞争能力呢？第一，最大程度发扬自身核心优势。上帝是公平的，他不会将所有的优点和幸运赐予同一个人，每个人都有自己的优势和缺点，很多缺点甚至是难以克服的。真正聪明的人不会用自己的劣势去和别人比较，那样只会自欺欺人。只有将自身的优点和长处最大程度发扬和扩展，把天赋运用在自己最擅长的领域，才可能培育核心竞争能力。第二，要专注。每个人的精力和时间毕竟是有限的，一个人即使知识再渊博，也不可能做到面面俱到；一个人即使再能干，也不能完成所有的工作。在社会化分工如此细致的时代，只有在一定时期专注于某一方向和领域，你才能做到更加专业。在同等条件和形势下，当你比别人眼界更宽、思考更加深入、行业经验更加丰富时，你的核心竞争力就开始形成了。

3. 在跳槽中成长。 更多时候，只是简单的自我分析还很难准确定位自己的职业方向。很多人找到适合自己的行业和职位，往往是通过职位的变动实现的。个人因为跳槽而更好地认识自己和发现机遇，企业由于员工的适当流动而保持活力、不断创新。但也有不少人，却是为了跳槽而跳槽。有的人做出的每一步选择看起来都没有错，他们或者通过跳槽增加了薪水，或者职位有所提升，或者遇到了一群好同事，但当所有的选择加起来其整个过程却是失败的。

从职业生涯规划的角度，跳槽要避免 3 个错误。第一，不要轻易跳槽。也就是说，不要受短期利益影响而轻易改变职业方向。当你的职业规划方向已经确定，特别是知道自己适合在哪个行业、哪个职位工作，就不要受一些小的利益诱惑而随便改变。例如，如果你打算成为 IT 行业的资深研发人员，并且也在这个行业积累了多年的经验，你就不要再为了一两千元的加薪而贸然进入你并不熟悉的快速消费品行业去做营销。请记住一点，只有连续不间断在同一领域的工作经历才能积累成为有效的工作经验。第二，不要辞职跳槽。应该骑驴找马，而不要杀驴找马。从跳槽的技术操作层面来说，一定要在职跳槽，实在有特殊情况不得不先辞职再找工作也不要失业太长时间。人必须要务实，当失业太久连生存都有困难的时候出去找工作总会显现出底气不足。特别是职业履历的空白将普遍会降低雇主对求职者的信心，在这种情况下即便可以拿到 offer，薪水也很难突破预期。第三，不要频繁跳槽。跳槽本身不是目的，而是通过适当的工作的变动和探索尽快确定适合自己发展的方向。任何行业和职位，不经过一段时间的观察和感悟都很难做到真正了解，遇到挫折迷茫时，多些理性思考或请教有经验的朋友及同事。世界上没有完美的企业和职位，任何工作都难让人完全满意，不要总是想着用跳槽来解决问题。在职业发展初期，太过频繁跳槽更容易让自己迷失方向，也常给招聘单位一种欠缺稳重、急功近利的不良感觉。如果职业方向和发展目标已经确定，随着职位的上升，应该控制在不低于 3 年才换工作。超过 3 年，也要在有特别好的机会和收益的前提下才跳槽。

35 岁～45 岁：调整心态，更新知识

从 35 岁开始的大约 10 年时间，大多数人将相继达到职业发展的最高点，这个年龄段的职业人士的特点是：心态稳定、有信心，年富力强，积累了丰富的经验，能力很强，工作上也驾轻就熟。一个人在事业上所能达到的成就和职业高度，基本上在这个阶段可以定型，这一时期被认为是人的职业生涯的第三个阶段。

事实上，35 岁和 45 岁，往往成为职业发展的两道坎。在企业层面，许多公司招聘人员时都会将 35 岁作为一个分界线，招聘 35 岁以下员工主要侧重于考虑学历、个人素质和工作潜能等因素，超过 35 岁人员求职时则需突出以往工作业绩、行业经验和专业技术职称等方面优势。在提升中高层管理人员时，45 岁以下的候选人则更容易获得晋升机会。而在政府部门，提拔任用领导干部时也往往将是否在 45 岁以下作为一个重要因素。

从现状来分析，这一年龄段的职场人士，应该算是各类组织中的"少壮派"，相对于二十来岁的人来说，他们褪去了浮躁，多了些沉稳；相对于 50 岁的人来说，他们仍然充满活力，但稍缺火候。这样一群收入逐渐丰厚、实权逐渐在握的人，自然对事业、生活、家庭都有不少要求，但各种压力也随之而来。

1. 经济上的压力。如果"混"的还可以的话，这批人在生活上是比较体面而丰富的，房子、车子、孩子、旅游都成为生活的一部分。但基本生活的维持离不

开金钱支持，高高的房价、一路攀升的油价、昂贵的子女教育开支、家中老人的健康医疗、出外旅游及自身进修的学费，哪方面花的钱都不少。在这种情况下，如果职业发展方面再遇到挫折或重大变动，稳定而高尚的生活质量将迅速下降。

2．横向对比带来的无形压力。 人类有一个普遍的弱点，不论工作、生活、还是情感，都喜欢拿来和其他人对比。有能力并不算太出众的同事晋升了，祝贺别人的同时总觉得有些不快；参观完别人装修华丽的豪宅，回到自己家中难免感慨一番；同学朋友聚会，见到他人名片头衔不是处长就是总经理，本来自我感觉良好的状态荡然无存。快乐，来源于自我满足；而痛苦，往往来自互相比较。

3．来自于后继者的压力。 岁月真是可怕，总在不知不觉间让你感到青春的远去。一边是逐渐逝去的青春与活力，一边是越来越大的竞争压力。虽然有着经验上的优势，但面对"后生晚辈"咄咄逼人的态势，中坚力量们总是会担心被别人赶超替代，因此难免产生危机感。

这一阶段，应该算是职场生涯中的收获季节，也是事业上获得成功的人大显身手的时期。这个年龄段遇到的最大危机，往往成为能否再上一个台阶，实现进一步突破与发展的问题。

1．塑造阳光心态。 身在职场，总会有许多事情引发我们的感慨。有天生智者，自命不凡却四处碰壁、施才无门，因为他的心态太过浮躁，总是认为老子天下第一。这类有"才"无"德"的人，不论到任何组织都只能"怀才不遇"；有人没有很好地规划自己的职业生涯，走了很多弯路，他不知道不同人的发展轨迹不同，所以难以面对和接受被同事和下属纷纷超越，甚至成为自己的上司的现实；两个资质、能力相近的人，由于心态不同，一个脚踏实地目标明确，一个好高骛远投机取巧，几年下来身价可以相差数倍。可以说，在一定程度上，心态决定着我们能否成功。所以，当不能改变环境时，就努力适应环境；当不能改变别人时，要学会让自己改变；不能超越强者时，就转而向下比较。同时，要学会分解压力，更多的时候压力是我们施加给自己的。怨天尤人、自命不凡者，经常将通向成功的道路亲手堵死。而以一种坦然、平静的心态对待工作和生活，更容易获得快乐和晋升的机会。

2．拓展人际网络。 这个时期的职场人士的工作经验、专业技能及管理水平已经趋于稳定，这时应该更加注意提升与他人交往沟通的能力，树立良好的个人形象，形成自己的做事和领导风格，并着重于人际关系和外部资源的构建培育。在此阶段获得提升和实现职业发展突破往往已不仅取决于自身的能力和素质，良好的外部社会关系网络和资源常常发挥出更大的影响力。良好的社会关系和人际网络可以通过发展以下几个层面的人员来逐步实现。一是同行精英及业内人士。通过参加同行交流、主题研讨等形式，可以认识一批行业精英和资深人士，分享他人好的经验和观点，既促进自身专业技能及管理经验，又可不断挖掘一批行业朋友。二是其他领域的优秀人士。这个社会，在一定程度上是属于人际关系网络的社会。多个朋友多条路的道理，在信息社会同样非常适用。拥有一些不同行业和领域的朋友，不仅可以拓宽眼界、增长见识，还可能会有意想不到的收获。三是结交猎头公司的朋友。当你的经验、阅历和职位开始上升到一定层次，需要进一步突破时，这时可以考虑借助猎头公司的资源和力量。大量事实也说明，与一两家信誉良好、品牌影响力广泛的猎头公司建立长期联系，认识结交一些猎头朋友，将会大大拓展职业发展的空间。

45岁～55岁：健康至上，规划晚年

45岁以后，多数人的职业生涯逐渐进入晚期。成熟与无奈，非常形象地描绘出这个年龄段人的心理状态。一方面他们仍然具有一定年龄优势：处事老道、经验丰富、专业精湛。但同时又具有明显劣势：来自家庭和工作的压力变大，在工作中感到从未有过的寂寞，担心被时代淘汰，低学历、低职位者更加容易出现"饭碗"危机。不过需要指出的是，一些专业性职业人士如律师、医生、教师、研究领域技术人员等，其身价和职业成就则与年龄成正比关系。对这类职业人士来说，姜总是老的辣，年龄的增长反而对其职业发展具有推动作用。

整体而言，处在这个年龄段的人，事业成功与否已基本见分晓，大部分人的状况是在原地踏步，什么晋升、工作野心反倒是次要的问题。伴随着年龄的增长身体状况也大不如前，因此最害怕健康出现问题，最担心失去工作，工作稳定对他们来说是压倒一切的问题。

特别对女性来说，不论事业是否成功，她们的世界观、人生观、价值观已定型，物质基础和社会地位已明确，其生存状态也比较稳定，因而生活满意度较高，但同时也最怕出现任何变数。她们对家庭更依赖，更注重家庭的温暖。男性的状况略有不同，一些人仍然可能在50岁前遇到人生的又一次上升机会。

1．学会放弃。50岁左右还驰骋职场的人，往往已经成为商业组织、政府部门内的顶尖级人物或某些行业的资深专家。如果是管理者和领导，随着退休年龄的逼近，人对权利的占有欲望可能会特别强烈，前些年出现了不少国企老总的"59岁现象"，近年来随着激励体制的改革这一趋势有所改善。从职场人士自身来讲，应该要有放弃的勇气，当然并不是说将权利全部放弃，而是应该避免事必亲躬，

要适当授权，将主要精力用在考虑战略层面及全局性问题。如果为专业技术性专家或行业资深人士，大可以将自身多年技术经验和行业底蕴发挥得淋漓尽致，这样更能树立权威和行业影响者的形象。

2. 规划晚年。完美的一生，必定要包括幸福的晚年生活。人近晚年，对物质层面的需求和依赖程度逐渐下降，随着个人业余时间的增多，精神追求将上升成为生活主题。在此阶段，有意培养一两项兴趣爱好，如音乐、摄影、书画、艺术等，将令生活变得更加充满情趣和充实。还可以多投入些时间在家庭，照顾家人、抚养孙儿，尽享天伦之乐。有些生活经历丰富的人，不妨在退休后静下心来将自己的人生和职业生涯回顾总结，写写文章甚至出书作著等，都是种不错的生活方式。

3. 保有健康。对于进入职业生涯晚期的人来说，没有什么比健康更加重要的了。50多岁的人，学习的热情和更新知识、充电的能力也远远不如后来者，除了极少数人外，多数人的事业、职位、名利等在这阶段大局已定。而决定一个人在这一阶段以及退休后生活幸福与否的最主要因素便是健康。事实上，健康问题决不是只有在职业晚期才需要注意的，拥有幸福完美的人生，必须从年轻时就关注身体保健。中国著名医学保健专家洪绍光提出的健康新观念：60岁前基本没病，80岁前不衰老，轻松活到100岁。要达到这一目标，只有按照正确的健康理念身体力行。这里给朋友们推荐国际医学组织维多利亚宣言中提出的四大保健理念：合理膳食、适量运动、戒烟限酒、心理平衡。

总之，职业危机本身并不可怕，可怕的是对它的漠视。只要认清人生职业生涯的规律，理性分析，准确定位，把握好人生的方向，每个人都可以拥有完美的职业生涯。

□ 总结性评述

人为什么活着？活着是为什么？生命有何意义？人生的价值是什么？每一个充满幻想的青年，几乎都会思索这个亘古难题。于是，许许多多的青年带着这种困惑走进了中年，他们中有的人成功了，有的却失败了，更多的只是平庸地活着。在耗费了宝贵的时间之后，他们才发现：人生有无数条单行的轨道，条条都通向未来，而他们的所谓"探索"，往往表现为无从选择地、漫不经心地、甚至刻意地走错了人生的单行道，或许他们会终于明白，人生终究不是用来盲目"探索"的，而是要合理"规划"的。

　　人的一生中可能遇到很多危机，诸如自然灾害、恐怖袭击、突发事件等境遇性危机，又如迁徙、升学、升职等引发的发展性危机，尤其进入 21 世纪，职业危机已愈发明显，困扰着无数年轻人。如何有效预防和跨越这些危机，同样需要合理地自我规划。

　　自我规划就是一个人根据社会发展的需要和个人发展的志向，对自己的未来的发展道路做出一种预先的策划和设计。它包括：学习规划和职业规划。学习规划即对个人学习的规划，其中自主学习能力的持续培养至关重要，它是终身学习和学习型社会最终实现的必要条件。职业规划使我们在规划人生的同时可以更理性的思考自己的未来，初步尝试性的选择未来适合自己从事的职业，并从学生时代开始培养自己适应未来职业需要的综合能力和综合素质，充分认识自己，客观分析环境，正确选择职业，并能采取有效措施跨越职业生涯发展中的各种危机，塑造完美人生。

　　人生如人海航行，人生规划就是人生的基本航线，有了航线，我们就不会偏离目标，更不会迷失方向，才能更加顺利和快速地驶向成功的彼岸。

延伸阅读

人生成功生涯规划的 **50** 个观点

　　1. 生涯即人生、生涯即竞争，生涯规划就是个人一生的竞争策略规划。

　　2. 生涯要规划，更要经营，起点是自己，终点也是自己，没有人能代劳。

　　3. 生涯规划就是规划人生的远景，彩绘生命的蓝图，发挥自己的才能，写出人生的剧本。

　　4. 生涯规划包括如何成长、学习、谋生及生活，是一连串思考、选择、计划、打拼、发展的终生历程。

　　5. 生涯规划目的，在于掌握住现在，看得见未来；促进自我了解、自我定位、自我发展及自我实现。

　　6. 成功的人生，需要自己去经营，别再说了，莫再等了，现在就为自己的人生做好规划，为人生点亮一盏明灯，应在人生起跑点上。

　　7. 人生是一趟旅行，只卖单程票，不卖回程票。

　　8. 时间就是生命，人生何其短暂，请珍惜有限岁月，活出自己，活出生命。

　　9. 人生之路要自己走，要过怎样的人生，完全是自己的选择，只有自己才能赋予生命最佳的诠释。

10．人生像演员，不同的场合、不同的阶段，扮演不同的角色，重要的是，无论演什么，就要想什么。

11．人生的愿望，在于：成为自己的老板，掌握自己的命运，主宰自己的时间，创造自己的快乐，追求自己的幸福。

12．人生的标的，在于：感觉被欣赏，人格被尊重，成就被肯定，生而能尽欢，死而能无憾。

13．生活的目的，在于：活得实在，活得自在，活出健康，活出品位，活出快乐，活出豪气，活出尊严。

14．人生最重要的事，不是您现在站在何处，而是您今后要朝哪个方向，只要方向对，找到路，就不怕路远。

15．成功的人生，胜于成功的事业，一味追求事业的赢家，最后可能变成人生的输家。

16．佛前的灯，不必刻意去点，最重要的是，点亮自己的心灯，知道自己的起跑点及目的地，想出最适合自己的方式，按部就班跑向目的地。

17．人的一生，是一连串决定交织而成的过程，其精华在于自己如何选择。生命的最高境界，就是选对舞台，尽情挥洒才华，走出自己的路。

18．人生成功的定义，要自己去找寻；人生快乐的感觉，要自己去诠释；千万不要迷失在别人的看法中。

19．价值观，就是我们对事物好与坏、对与错的看法，我们觉得好的、对的、重要的、应该的，都代表了我们的价值观，因人而异，系于一念之间。

20．在对人、对事方面，如果能尽量选择朝快乐的方向去想，就会感到越来越快乐。

21．一个人只要想法愿意改变，事情就有转机，改变的意念越强，胜算就越大，成功的机会，愿留给拥抱变化，渴望改变的人。

22．人生是计划的过程，计划的主人是自己，计划做得具体，执行做得确实，胜算必然属于自己。

23．积极的人，充满乐观，展现活力，总是知道自己的方向，要的是什么？更清楚地知道，自己该如何去做。

24．人在高潮时，千万不可得意忘形，否则骄兵必败；人处于低潮时，千万不可灰心丧志，否则郁卒自灭。

25．一个人如果心态开放，保持好奇，破除成见，不断进修，求新求变，将会使视野开阔，拥有创意人生。

26．快不快乐在自己，快乐从心起，自己求，要学习。

27．当一个人感到很知足，心不烦，身不疲，无所求，心能安的时候，快乐就在其中。

28．当一个人感到能吃得下，玩得动，睡得好，没牵挂，很满足的时候，幸福就在其中。

29．快乐的源泉在于：知足、无求、尽责、无怨、宽容、感恩、舍得、放下、忘记。

30．生涯规划的步骤是：先觉知、有意愿、量己力、衡外情、定目标、找策略、重实践、善反省、再调整、重出发的循环历程。

31．生涯规划的前提在于：主角是自己，愿意改变自己，要量力适性，参考家人意见，有求好心，有企图心，有行动决心。

32．一个人就算饱学之士，如果不能了解自己，掌握自己，就称不上是个有智慧的人。

33．知己是生涯规划的起点，唯有充分了解自己，生涯规划才能做到量力适性，人生才能过得如自己所想。

34．要了解自己，就要勤于自我生涯对话，认清我是谁？我是怎样的一个人？我有哪些生涯资产及资源？我要到哪里去？我要如何达到目的？

35．目标代表个人的愿景，是心中的罗盘，人生因有目标，才会执着去追求，才会有成功的希望。

36．人生有梦，筑梦踏实，将自己的梦想，以阶段性的小目标，落实在具体的计划中，然后身体力行，积极实践，就是生涯规划最具体的表现。

37．人生是连续的过程，珍视过程，就是钟爱自己；渴望、信心及行动是圆梦三部曲。

38．人生以 40 岁为分水岭，前 20 年，为人作嫁，工作以量为中心；后 20 年，为己多活，工作要以质为中心。

39．人生幸福三诀：一、不要拿自己的错误惩罚自己；二、不要拿自己的错误惩罚别人；三、不要拿别人的错误惩罚自己。

40．人生虽有终点，生命却是无涯，生活可以随便，生命却要认真，怎样安排此生，是自己的责任。

41．圆满人生的八大领域是：婚姻美满、家庭和乐、道德修养、终身学习、事业发展、身体健康、理财得法、善缘广结。

42．全方位的生涯规划，至少包括 4 个领域：缤纷生活路、快乐工作路、丰富学习路、职涯成功路。

43．缤纷生活路包括美满婚姻、和乐家庭、健康生活、休闲生活、人际关系、时间管理、消费理财等。

44．快乐工作路包括善尽职责、纾解压力、精益求精、工作丰富、寻找乐趣、追求创新等。

45．丰富学习路包括修身养性、自我进修、短期进修、在职进修、学艺专精、网络学习等。

46．职业生涯成功路包括终身受雇、职位晋升、专长发展、绩效创高等。

47．人生的地图，画满了各式各样的关卡，每过一关都是成长，能够过关便是幸运，经历种种关卡所积累的教训及经验，更是人生的智慧。

48．人生的关卡，成败在于自己，过关的是自己，卡住的也是自己，人生自古谁无关，只要过关就是赢家。

49．生涯警讯要觉醒，生涯危机要诊断，生涯挫败要探因，逆转危机为转机，生涯革命要进行。

50．挫败是人生必修的学分，除了勇敢面对它、接受它、处理它，没有第二条路。